会计与投资者保护系列丛书
Series of Research on Accounting-based Investor Protection

Case Study of Accounting-based Investor Protection of China's Listed Companies (2013)

中国上市公司会计投资者保护案例库（2013）

谢志华 张宏亮 王峰娟 穆林娟 等／编著

经济科学出版社
Economic Science Press

本书系北京市教委创新团队项目“投资者保护的会计实现机制及其效果研究（IDHT20140503）”、北京市教委社科规划重点项目（SZ201210011007）和“科研基地—科技创新平台—会计与投资者保护研究基地”项目的阶段性成果。同时得到北京工商大学国有资产管理协同创新中心项目（GZ20130801）、北京市科技成果转化和产业化项目——“北京市国有企业预算管理体系完善对策及实施（PXM2013_014213_000099）”以及国家社会科学基金项目（11CGL025、11BGL022）、教育部人文社科项目（10YJC790374、11YJA630080、12YJC630124）、北京市社科基金项目（13JGB056）等的资助，在此表示衷心的感谢。

北京工商大学
投资者保护研究中心（www.zgtzzbh.org）
“会计与投资者保护”项目组

前　言

投资者是证券市场的基本细胞，保护投资者利益是维持资本市场健康发展的重要环节。有关投资者利益保护的做法，以美国为代表的集中型证券监管体系始终秉持一条核心原则，即强调信息公开披露下的买者自负。监管机构确保证券发行人充分披露真实信息，投资者基于此做出自己的判断，对自己的交易行为负责。然而，这种针对投资者利益的保护措施并未充分考虑到投资者个体的多样性与差异性，不同的投资者在信息获取和信息处理方面的能力可能存在巨大的差异。当市场分层越来越多，交易品种越来越复杂时，普通投资者将拙于应对。现在越来越多的学者承认，会计在投资者保护的机制完善、目标优化和效果评价方面发挥着越来越重要的作用。基于此，北京工商大学依托会计优势学科，组建了以谢志华、杨有红为首的会计投资者保护团队，成立了全国首个高校投资者保护研究中心，开展了会计投资者保护的深入研究，并且已经连续四年面向社会公开发布上市公司投资者保护指数，从会计角度对上市公司投资者保护程度进行评价，该体系为评价上市公司投资者保护程度提供了重要的基础数据，对中小投资者、政府监管部门、上市公司以及金融中介等具有重要的参考价值，课题组在此基础上进行了一系列投资者保护相关研究，引起了相关学术界和企业界的较大反响，该指数被社会称为“上市公司会计投资者保护的晴雨表”。此次课题组对指数进行二次开发利用，针对编制指数的过程中发现的亮点问题撰写文章，形成了这本案例集。

课题组 60 多名硕士生在老师的指导下，经过多轮的筛选最终选定 26 篇文章汇集成该案例集。这些案例从四个方面讨论了投资者保护问题。第一，从公司会计真实性、会计信息披露、投资者使用会计信息等角度，分析会计信息的投资者保护作用与机制。第二，从上市公司公司治理角度分析我国上市企业公司治理上的薄弱环节，具有一定的启示意义，并具有一定的政策启发。第三，从内部控制与风险控制的角度，分析上市公司内部控制与风险管理运行中存在的问题，并寻求解决对策。第四，从企业的某一具体财务行为分析其对投资者保护的影响，涉及投资行为、融资行为、股利分析行为、重组并购行为等，重在分析这些业务行为和其引发经济后果对投资者产生的影响。本书中，孔令巧同学的《“ST家族”的“壳保护”真的有效吗?》、黄同鹤同学的《“高送转”与投资者保护——基于国海证券的案例分析》、赵雅娜同学的《上市公司“涉矿必涨”的异象及其启示：ST天一的分析》等文章已经被《财务与会计》期刊收录并出版。

本案例集的顺利出版要感谢王简、刘婷、支春红、王欣冬、张继德、刘红晔、杜海霞、王纪平副教授以及牛红军、刘恋等老师对学生的辛勤指导。由于会计投资者保护评价研究领域复杂而深奥，项目组成员的水平与精力有限，案例分析难免有所欠缺，我们希望广大读者在阅读这本案例集时能有所收获。敬请读者多提供宝贵意见和建议，以利于持续改进。

本案例集的写作与出版还得到北京工商大学商学院王国顺院长、欧阳爱平书记、毛新述副院长、科技处杨有红教授、北京师范大学崔学刚教授的指导与帮助，他们提出了很好的意见与建议，本书的出版也离不开经济科学出版社齐伟娜、易莉老师耐心、细致而专业的工作，在此一并表示感谢。

编者

2013年12月于北京

目 录

会计信息篇

公司治理篇

内部控制篇

财务运行篇

会计信息篇

从会计 100 股价指数看投资者保护的重要性①

孙玥璠　杨　超　张宏亮

北京工商大学商学院

从上市公司的角度看，会计信息质量不高、管控机制薄弱、内部控制乏力和财务运行效率低下是出现财务舞弊案的深层次原因，直接影响了投资者保护，也给公司价值造成极大损害。因此，用一套科学客观的投资者保护评价指标来揭示这些问题，分析问题的症结，是除法律和监管外促进中国上市公司投资者保护的第三条道路，对完善上市公司治理具有重要的实践意义。将这一评价指标构建为股价指数后，其走势可以清晰地反映出投资者保护对上市公司、相关监管机构和广大投资者的重要性。

一、会计 100 股价指数概述

发达国家资本市场的经验表明，资本市场越发达，会计在投资者保护机制中的重要作用表现得越明显。随着资本市场在我国经济发展中扮演着越来越重要的角色，构建基于会计角度对上市公司投资者保护进行评价的指标也越发迫切。中国上市公司会计 100 股价指数（简称会计

① 本文受北京市教委“科研基地—科技创新平台—会计与投资者保护研究基地”（PXM014213000031）、教育部人文社科青年基金项目（12YJC630181）、北京市哲学社会科学规划项目（13JGB047）和 2013 年北京高校“青年英才计划”的资助。

100 指数，英文缩写 AIPI100），是在会计投资者保护理论体系和中国上市公司会计投资者保护指数的基础上，遵循科学性、代表性和实用性等原则，借鉴国内外主要指数的编制经验并根据国际惯例，结合中国资本市场实际情况，将中国所有 A 股上市公司的会计投资者保护评分指数进行综合排名，选取前 100 名上市公司作为成分股构建出的股票价格指数。会计投资者保护评价理论体系如图 1 所示。

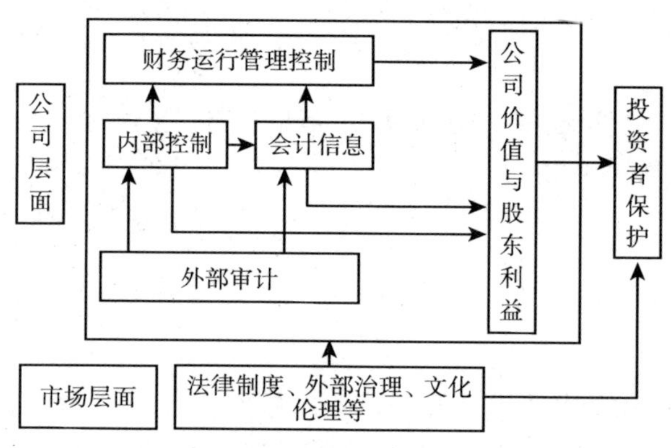

图 1　会计投资者保护评价理论体系

会计 100 股价指数以会计投资者保护评价体系为理论基础，从会计信息、内部控制、外部审计、管理控制和财务运行 5 个相辅相成的维度综合全面地评价上市公司投资者保护状况来选定较高质量的样本股。选取的前 100 名上市公司拥有高质量的会计信息、完善的内部控制、良好的外部审计、高效的管理控制以及总体健康的财务运转，在整体上具有较高的投资者保护水平，在公司运营发展的层面保证公司资产的利用情况、资金流动的持续性和方向性以及公司管理运营体系的良性发展，能够以独特的会计视角将现代会计的反映与控制职能通过对公司运营发展情况和投资者保护水平的评价体现出来。

二、会计 100 股价指数的核心价值及特征

我们知道，股价指数的编制对象是上市公司的股票价格，所具有的标尺作用使其成为股票市场投资者、证券从业人员和专家学者研究、判断股票价格变化趋势必不可少的参考依据。而无论是投资者还是研究人员，对于股价指数的关注都应该更侧重其长期变化趋势。短期的股价波

动与股票市场的行情变化因具有较大的不确定性而难以预测，而注重股价指数的长期变化趋势是股价指数倡导价值投资的核心内容，也是股价指数的真正价值之所在。作为典型的质量指标指数，会计 100 股价指数从会计对投资者保护作用的理论视角，对我国上市公司的再评价和我国上市公司投资者保护的深层次分析，它在长期趋势上的特征，能揭示其区别于其他股价指数的核心价值——衡量上市公司的投资者保护水平。

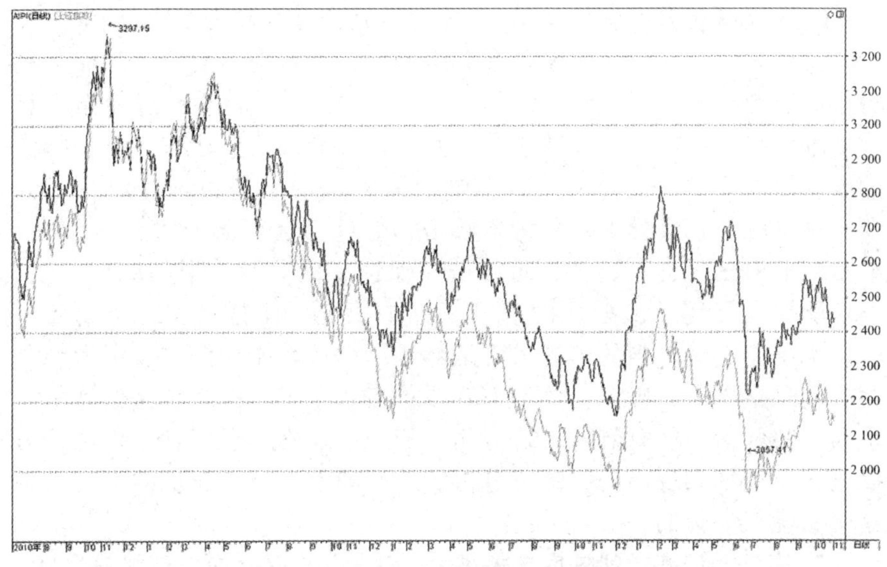

图 2　中国上市公司会计 100 股价指数与上证指数的长期趋势比较

注：图中上方曲线为会计 100 股价指数的日线；下方曲线为上证指数的日线。

会计 100 股价指数的基期为中国上市公司会计投资者保护指数首次发布后的第一个股票交易日 2010 年 5 月 4 日，其截至本文撰写日的长期趋势如图 2 所示。在长期趋势上，会计 100 股价指数具有下列 3 个特征。

1. 与上证指数的波动轨迹基本一致，具备了作为股价指数的基本功能

股价指数的基本功能是能够反映出股票市场的变化趋势，为投资者进行投资决策提供必要依据。从与上证指数的长期趋势比较图中我们可以看到，会计 100 股价指数在整体上与上证指数的波动轨迹基本一致，这表明会计 100 股价指数的成分股具有较强的市场代表性，具备了作为股价指数的基本功能。此外，会计100股价指数在编制过程中充分运用了基于会计角度的评价理论体系，综合考虑了上市公司的整体运营和发展状况，避免了单纯从股票交易情况的角度进行筛选分析而不能对上市公司的整体运营状况和投资者保护水平做全面考察的情况，不仅能够协助监管者全面了解上市公司的整体状况，而且在上市公司提高自身的投资者保护水平以及为上市公司的整体发展提供指导建议等方面都具有重要作用。

2. 市场表现普遍优于大盘，有着较强的市场风险抵御能力

会计100股价指数不仅具有个体评价、排名与预测能力，而且具有市场层面的投资指导能力。从图2可以看出，会计100股价指数日线基本均在上证指数日线的上方，并且在大盘行情低迷时比上证指数的波动幅度更小，这表明会计100股价指数的市场表现普遍优于大盘。这是因为，会计100股价指数根据会计投资者保护评价体系的5要素对上市公司进行综合评价筛选，保证了成分股公司的综合质量，不仅能够真实地反映公司的投资者保护状况，而且在应对市场变化时，也普遍有着较强的市场风险抵御能力，从而能够保护投资者的利益免受严重损失，确保了会计100股价指数在用于投资者保护评价时作为参考和指导的有效性。这说明，从长期来看，投资者保护也是可以反映在市场表现上的，投资者保护较好的上市公司股价的市场表现是普遍优于大盘的。

3. 高出上证指数的幅度越来越大，在长期趋势上更能保护投资者

一般而言，市场越低迷，上市公司对投资者保护就越差，但如果在这种环境下，公司还能把投资者的利益保护好，则其绩效表现将更为突出。这种绩效表现可能不是在股市行情上涨的时候涨得更高，而是在股市普遍低迷的情况下降的幅度更小。从图2中可以看出，随着时间的推移，会计100股价指数日线高出上证指数日线的幅度越来越大，呈现出逐渐拉大的现象，这表明在综合考虑了公司的会计信息质量、内部控制程度、外部审计效果、管理控制成效和财务运行效率等多方面因素后，投资者保护做得好的上市公司的股票价格降幅比大盘平均降幅要小，表现出会计100股价指数长期视窗的预测性，即投资者保护做得好的公司当年投资效益不一定突出，但在长期视角下，必定会呈现优于大盘投资效益的趋势，同时其股价较其他上市公司也更具有稳健上升的趋势。

三、对上市公司的启示及建议

1. 构建内部控制体系

内部控制体系主要基于控制运行、信息披露和外部监督三个层面进行构建。在三个层面中，控制运行是信息披露和外部监督的基础，信息披露和外部监督是对控制运行的补充，投资者保护目标的最终实现要依赖它们之间的协同效应。在我国构建内部控制体系过程中，很多企业通过内部控制体系的构建和实施，有效地提高了企业管理水平，防范了各种经营风险，增强了市场竞争力，获得了巨大的经济效益，使公司价值得以提升。但也有一些企业，由于缺乏对内部控制体系内涵的准确理解，构建的内部控制体系存在诸多缺陷，给公司价值和股东财富带来巨大的危害。以中国石油（股票代码：601857）为例，虽然号称亚洲最赚钱的上市公司，但其股东财富持续缩水，由上市时的8万亿市值蒸发到现在的不足1.5万亿，仅2012年全年股东财富就损失1 300亿。究其原因，正是其存在的信息披露质量低下、控制运行乏力和外部监督不足等内部控制问题造成的后果。

要加强会计在投资者保护中的作用机制与作用效果，离不开高效内部控制体系的构建与完善，上市公司可以通过不断完善公司的内部流程管理控制运行体系来实现公司的价值战略。作为上市公司的参考性标尺，会计100股价指数对于推进市场化的外部监督约束体系具有重要的作用，可以在更大范围上保证公司控制运行和信息披露的有效性，降低经营风险，提升企业核心竞争力和公司价值，促使上市公司更加注重对投资者利益的保护，承担更多的社会责任，从而帮助上市公司开拓未来更具价值的发展道路。

2. 注重会计信息质量

由于资本市场存在信息不对称和代理问题，管理者基于自身利益最大化的逆向选择和背德行为，可能会损害公司价值和股东利益。而及时和透明的会计信息能够解决由于公司内部人和外部投资者信息不对称而产生的代理问题。此外，会计信息质量与公司提供财务会计的动机密切相关，投资者保护程度较低的上市公司，更有动机提供高质量的会计信息，以补偿法律及执行对投资者保护较弱带来的负面影响。万福生科（股票代码：300268）在2013年曝出会计信息虚假等重大违规问题，给公司价值和股东利益造成极大损害。而早在 2012 年，便有机构和媒体质疑其财务业绩，指出其在会计信息披露和财务报告稳健性上存在严重问题，可能存在虚增收入和利润的情况，此后问题全部暴露，表明会计信息质量具有警示作用。

在公司治理结构中，会计信息发挥着监督、评价与契约沟通的作用，而会计 100 股价指数所反映出来的财务报表之外的会计信息能够通过定价功能，有效地减轻信息不对称情况，降低代理问题。通过制定有效的旨在协调管理层和投资者利益的管理层激励合约，能够提升契约效率，抑制管理层机会主义行为，保障公司价值和股东利益。并且，契约的设计和执行的效率越高，对高质量财务会计信息的需求就越大。在我国后股权分置改革和会计准则国际趋同的制度背景下，通过公布高质量的会计信息能促进上市公司对投资者保护的重视，并最终建立市场化的声誉机制与惩戒机制，促进投资者保护的市场化机制的完善与运行。

3. 加强外部审计独立性

在资本市场发展中，外部审计的本质是投资者保护的执行机制，其根本职能是为投资者提供保护。随着市场经济的不断发展和现代企业制度的逐步完善，外部审计在公司运行中发挥着越来越重要的作用。从契约观的角度看，由于契约的不完备性，投资者与公司之间存在信息不对称，为了保证契约的有效实施，需要一种机制来缓解信息不对称问题，外部审计便充当这种角色。作为国内首宗因 IPO 造假被处罚的撤单企业，山西天能科技股份有限公司（以下简称“天能科技”）主要的造假手段便是通过关联方交易，提前确认收入达到虚增利润的目的。而事实上，在此前一段时间内，证监会行政调查工作的重点就是内部交易，内部交易往往针对的是信息获取与交易行为之间对应性的确认。这些造假手段之所以能够在这样的环境下成功实施，并使天能科技一路闯进 IPO，外部审计独立性的缺失有着不可推卸的责任。

我们知道，审计的角色是减少企业与外部投资者之间的信息不对称的机制，独立审计是公司外部担保机制和监督机制，其主要作用是为了缓解企业的代理冲突。当法制环境较薄弱时，外部审计还可以充当法律的替代机制，从而为投资者提供保护。上市公司通过加强外部审计的独立性，能够降低中小投资者与上市公司之间的信息不对称，从而更好地代表投资者的利益，对投资者负责。

4. 提高财务运行效率

现代企业以股东价值最大化或公司价值最大化为终极目标。价值在采购、生产到销售的经营活动中形成和实现，而这一过程自始至终伴随着资金运动，这就是财务运行过程。财务运行过程是通过一系列的财务活动实现的。使投资者的价值最大化是投资者保护的终极目标，财务运行质量决定着投资者价值增值的程度，两者的目标是契合的。财务运行质量的评价由投资质量、资金运营质量、筹资质量和股利分配质量四个方面构成，通过对上市公司财务运行质量的监测可以测度投资者保护的程度。在2012年因遭到与公司有业务往来人员的实名举报受到关注的国恒铁路（股票代码：000594）是财务运行方面的极佳案例。举报人员指出国恒铁路在2011年披露的巨额应收账款与交易事实不符，揭开了国恒铁路财务运行巨大漏洞的冰山一角。天津证监局随后对其的调查发现，国恒铁路的财务运行程序极不合理，效率十分低下，并且多次以闲置资金为名用募集资金来补充流动资金，严重违反了财务运行规定。

企业财务运行是基于企业主体的行为逻辑而展开的。企业之所以存在，根本目的在于为投资者创造价值。因此，这一逻辑起点也就决定了不同财务活动间的逻辑关系，即从整体上，筹资活动、投资活动、分配活动和日常资金运营是以一个整体的身份出现的，不能单独地割裂开来，它们的目标只有一个：创造价值。这就表明，上市公司可以通过整合不同的财务活动间的逻辑关系来为价值目标的实现奠定基础。

5. 完善管理控制机制

管理控制是管理者执行战略、实现目标的手段，其目的是使战略被执行，从而使组织的目标得以实现。从公司治理的角度来看，管理控制机制是公司高效运转的保证，在公司决策过程中引入管理控制机制，把决策的风险管理前置，能够降低管理层的道德风险和决策风险，以此探索和完善高效的管理控制机制是充分发挥会计对投资者保护的关键。中国远洋集团下属上市公司*ST远洋（股票代码：601919）公布的2013年三季报显示，公司前三季度净利润亏损达20.34亿元，同比增长68.24%，相比上半年，三季度主业亏损情况进一步加剧。如果四季度*ST远洋再度亏损，将面临暂停上市的风险，而目前航运主业仍然处于不景气的周期之中，公司缺乏完善的管理控制机制来应对经营环境变化，只能通过继续出售资产自救。此前，*ST远洋就已经宣布出售旗下的中远物流和中远集装箱工业公司给中远集团，寄希望于中远集团通过

“左手挪右手”的关联交易来实现“补血”。

管理控制作为投资者保护理论体系的维度之一，应该在投资者保护机制的构建中扮演着非常重要的角色，而*ST远洋等上市公司连续巨额亏损的现象再一次提示我们，虽然是衡量投资者保护的重要维度，但管理控制在投资者保护中的作用并没有得到充分发挥。对上市公司而言，要建立全面有效的投资者保护机制，离不开管理控制体系的完善，需要在法律法规不断完善的同时，充分发挥并不断改善管理控制机制在投资者保护中作用机制。

财务预测信息披露与投资者保护
——基于通辽化工的案例分析

安红月

北京工商大学商学院

财务预测信息作为一项未来信息，对投资者行使决策权有着重要的影响。相对一般的会计信息，财务预测信息更具决策相关性，更体现出企业的未来价值。上市公司财务预测信息的披露降低了信息使用者与企业管理层之间的信息不对称的程度，帮助投资者更好的判断企业投资风险，从而做出正确的投资决策。因此会计信息就成为了投资者与目标公司进行沟通的“桥梁”。然而，如今我国个别上市公司存在会计信息的虚假陈述现象，这就严重违反了诚信以及公平竞争的原则，误导了投资者，损害了投资者利益。辽通化工（股票代码：000059）业绩预期“骆驼变瘦马”就是个中案例，对此我们就应该质问作为上市公司的辽通化工在做业绩报告时依据的是什么，如果当时依据不充分，那么业绩变脸，就有可能涉嫌误导投资者。

一、辽通化工业绩变脸事实及业绩预测依据

辽宁华锦通达化工股份有限公司（以下简称“辽通化工”）于1997年1月3日向社会公开发行人民币普通股13 000万股，并于1997年1月30日在深圳证券交易所挂牌交易，发行上市后总股本为61 500万股。1997年1月23日，辽通化工在深圳市工商行政管理局正式注册成立，领取深司法N24701号企业法人营业执照。经中国证监会证监上

字（1998）86 号文批准，辽通化工于 1998 年 9 月 11 日向全体股东配售 48 225 214 股普通股，配股后总股本变更为 663 225 214 股。2002 年 10 月 8 日，公司更名为辽宁华锦通达化工股份有限公司，注册地址变更为辽宁省盘锦市双台子区化工街，并换领了辽宁省工商行政管理局颁发的 2100001051272 号企业法人营业执照。辽通化工是一家以生产化肥、石化产品、精细化工产品和塑料制品为主营业务的老牌上市公司。2013 年 1 月 9 日，辽通化工发布 2012 年业绩修正预告，将 2012 年 10 月末预期的全年盈利额 1 亿 ~2 亿元的利润极度缩水成 1 000 万 ~2 000 万元，与 2011 年同比下降 97.62% ~98.81%，2012 年公司业绩大幅下降，令投资者直呼看不懂。2012 年 10 月 22 日辽通化工公司在 2012 年第三季度报告中披露业绩预告如表 1 所示：

表 1　　修正前 2012 年业绩预计与 2011 年业绩对比

项目	2012 年 1 月 1 日 ~2012 年 12 月 31 日	2011 年同期
归属于上市公司股东的净利润	盈利：10 000 万 ~20 000 万元	盈利：84 200 万元
基本每股收益	盈利：0.0833 ~0.1666 元	盈利：0.7014 元

修正后的预计业绩同比下降，如表 2 所示：

表 2　　修正后 2012 年业绩预计与 2011 年业绩对比

项目	2012 年 1 月 1 日 ~2012 年 12 月 31 日	2011 年同期
归属于上市公司股东的净利润	比 2011 年同期下降：97.62% ~98.81% 盈利：1 000 万 ~2 000 万元	盈利：84 200 万元
基本每股收益	盈利：0.0083 ~0.0166 元	盈利：0.7014 元

对此辽通化工在公告中表示，公司在 2012 年度第三季报中所做出的全年业绩预测主要是基于以下因素：第一，公司在 2012 年 10 月下旬将完成大修，届时石化装置和化肥装置将恢复正常运转。另外，此次大修将公司柴油、燃料油产能提高 4 万吨/月，柴油为公司石化产品中毛利较高的产品，柴油产品的产销量增加将提高公司盈利水平。第二，负号柴油进入销售旺季，2012 年 10 ~12 月预计可销售柴油 61.39 万吨，实现主营业务利润 5.26 亿元。第三，公司的化肥产品收入可稳定增加。

公司2012年10~12月化肥类产品将销售45万吨，预计实现净利润1.5亿元。第四，2012年10月份上半月，辽通化工生产经营结果经测算明显优于前几个月，根据前几年生产经验，随着进入冬季，负号柴油进入市场，石化板块第四季度都有大额盈利情况。据此，公司乐观的估计2012年10~12月份石化也会出现一波新行情，尽管可能不如上年度，但是全年预计可以实现盈利1亿~2亿元。

辽通化工在公告中给出了造成业绩大幅下降的实际情况。由于国际国内经济环境的影响，整个市场形势低迷不振，导致公司预期的行情没有出现，各种聚烯烃、成品油及液化产品价格并未随原油价格上涨而同幅度上涨，而是持续低迷，产品价格同比下降幅度较大，而且市场需求持续疲软，产品销售困难。公司通过加强管理，节本降耗，控制费用支出，加大化肥产品生产销售力度，全年生产销售尿素产品达到174万吨，创历史新高。新疆化肥、锦天化公司全年实现所得税超过19 000万元。经过努力，公司2012年全年预计实现1 000万~2 000万元。

二、辽通化工违规信息披露对投资者利益的侵害

2012年第一季度，辽通化工实现营业总收入973 443.1万元，虽然净利润比上年同期减少了57.89%，仍实现赢利17 176.1万元。到第二季度，辽通化工开始亏损。2012年半年报显示，辽通化工上半年净亏损7 734.6万元，同比大降116.51%。如表3所示：

表3　　2011年与2012年净利润对比　　单位：万元

	第一季度	第二季度	第三季度	第四季度
2011年	40 784.50	6 054.50	6 397.70	30 963.50
2011年累计	40 784.50	46 839.00	53 236.70	84 200.20
2012年	17 176.10	-24 910.70	-48 349.30	58 077.20
2012年累计	17 176.10	-7 734.60	-56 083.90	1 993.30

对于上半年的亏损，辽通化工在半年报中解释称，经济增长趋缓，需求不足严重影响石化企业的运行质量、国内产能扩张，极大影响了公司盈利能力，旧装置的设备老化、新装置的技术问题以及公用工程保障不足都对企业经济运行产生一定的影响。2012年第三季度，辽通化工

净亏损 48 349. 3 万元，净利润比上年同期减少 855. 73%，而前三季度辽通化工累计实现营业总收入 246. 9 亿元，净亏损 56 083. 9 万元。虽然辽通化工在前三季度巨亏 5. 6 亿元，但是对 2012 年全年的预期却相当乐观。在第三季报关于 2012 年全年的业绩预告中，辽通化工称，因为 2012 年 10 月下旬将完成大修，届时石化装置和化肥装置将恢复正常运转，此次大修将提高公司柴油、燃料油产能，加之负号柴油进入销售旺季、化肥产品收入稳定增加等原因，预计 2012 年全年可实现净利润 1 亿 ~2 亿元。然而这样的预测无疑是画大饼故意炒作。

按照 2012 年前三季度的亏损情况计算，辽通化工在 2012 年第四季度需要实现 6. 6 亿 ~7. 6 亿元的净利润才能够完成该业绩预期。然而，辽通化工公司的定期报告显示，2011 年前三季度实现净利润 53 236. 7 万元，2011 年全年盈利 84 200. 2 万元。可以看出辽通化工 2011 年第四季度盈利不过 30 963. 5 万元。在行业刚刚回暖的时候，辽通化工是如何预测出 2012 年第四季度净利润会超过上年同期的两倍的呢？在业绩修正公告中，辽通化工对第四季度实际情况的表述为，由于国际国内经济环境的影响，整个市场形势低迷不振，导致公司预期的行情没有出现，各种聚烯烃、成品油及液化产品价格并未随原油价格上涨而同幅度上涨，而是持续低迷，产品价格同比下降幅度较大，且市场需求持续疲软，产品销售困难。2012 年第四季度石化行业没有明显的好转，化工行业整体不如上年第四季度好。在没有出售资产的情况下，第四季度净利润想超过上年同期两倍基本不可能。辽通化工业绩“骆驼变瘦马”损害投资者利益可谓令投资者难以接受。辽通化工 2012 年 10 月 22 日公布第三季报和业绩预告，该股当日股价曾出现涨停板，现在看来着实令人生疑。2013 年 1 月 9 日，辽通化工报收 7. 04 元，同上一交易日持平。虽然业绩预告只是上市公司业绩的一个预测，但是在第三季报发布的时候全年已经过去了 3/4，正常情况下此时的业绩预告是可靠的。从辽通化工相关股的走势来看，其股价曾在 2012 年三季报及全年业绩预告前后出现剧烈波动，受业绩大变脸的影响而逆势下跌，而辽通化工公司做出如此大程度的业绩预测，这就明显涉嫌侵害投资者利益。

三、通辽化工案例的启示以及建议

会计的目标是为信息使用者提供决策有用的信息，投资者根据公司的财务预测信息分析投资风险、估计公司未来价值，会计信息作为投资者和目标公司之间的桥梁，是投资者进行投资决策的主要依据。有效的会计信息披露能够更好地降低投资者和公司管理层之间的信息不对称程度，从而保障投资者的合法权益。虚假的会计信息则会扰乱市场秩序，有损市场公平公正原则，误导投资者，进而损害投资者利益。对此，为了保护投资者利益，我国不断完善上市公司的会计信息披露相关法规，对以身试法者严惩不贷。笔者认为对上市公司财务预测信息虚假陈述行为的监管，必须紧密结合我国的经济制度、法律环境、文化背景以及上市公司的现状和未来发展态势，进而建立以政府监管为主导、以自律监管为前提、以司法监管为保障、以社会监督为约束的各个市场主体共同监督的具有中国特色的财务预测信息监管体系，同时配合其他相关政策，以期提高财务预测信息的有效性。具体措施体现为：

第一，建立完善的财务预测监管制度体系，使得我国上市公司财务预测信息的披露以及监管有法可依，在源头上保障财务预测信息的可靠性与有效性。

第二，矫正财务预测信息的权责安排，明确政府监管、司法监管、自律性监管以及社会监督的主体责任，保证权力的制衡以及产权体系的有序运转。

第三，坚持强制性披露与自愿性披露相结合的原则，但应重视盈利预测信息在资本市场上的导向作用，由于现阶段该信息具有公共物品的属性，基于我国资本市场实际状况，为了有效防止公司管理层的操纵以及内幕交易，应对盈利预测信息采取强制披露方式。当我国的资本市场达到半强式有效阶段时，自愿性披露就会成为理性的选择。

第四，完善上市公司内部治理，从内部遏制财务预测信息的虚假陈述行为。首先，对大股东和管理层侵害中小投资者利益的行为，一旦发现就应该采取法律手段及时遏制并进行相关处罚。其次，上市公司大股东以及管理层也应当严于律己，保证会计信息披露的及时、准确、完整、有效。

第五，明确企业管理当局对财务预测信息的编制责任以及会计师事务所、注册会计师对该信息的审核责任。财务预测信息也应注重过程监管与结果监管的结合。

第六，建立并且完善财务预测信息的需求表达机制，改变我国上市公司财务预测信息供给过程中供需不对称的现象，保证信息供给的有效性、真实性。

第七，努力培养一支权威、高效、高素质的财务分析师队伍，并充分发挥财务分析师在财务信息预测中的重要作用，从而促使市场形成竞争机制，保证财务预测信息的供给来源以及质量。

第八，借助专家和舆论监督的力量，促进完善、健康、高效的会计市场的形成。

参考文献：

［1］金珍霞：《上市公司财务预测信息披露的探讨》，江西财经大学硕士论文，2010年。

［2］谭军：《上市公司财务预测信息虚假陈述的监管》，江西财经大学博士论文，2011年。

［3］李锦霖：《信息披露的投资者保护效应研究》，暨南大学硕士论文，2012年。

［4］蓝文永：《基于投资者保护的信息披露机制研究》，西南财经大学博士论文，2009年。

会计诚信与投资者保护
——透视银河科技公司财务违规事件

张　丹

北京工商大学商学院

会计信息的作用是为投资者提供决策的依据。真实可靠的会计信息对保护投资者的利益至关重要。相反，虚假的会计信息会导致投资者作出错误的决策，损害投资者的利益。近年来，证监会不断完善关于投资者保护的法律法规，以保护投资者的利益。但是仍然有公司置法律于不顾，公然违法，银河科技公司财务违规事件便是其中的一例。

一、银河科技公司简介

银河科技公司（股票代码：000806）于1998年4月16日获准在深圳证券交易所挂牌上市；根据2000年1月27日召开的2000年第一次临时股东大会决议，公司将原名称“北海银河股份有限公司”更名为“北海银河高科技产业股份有限公司”，股票简称由“北海银河”改为“银河科技”。同时，公司为了适应其发展战略，经2013年1月16日召开的2013年第一次临时股东大会审议通过，公司名称变更为“北海银河产业投资股份有限公司”。

北海银河产业投资股份有限公司的经营范围包括：对高科技项目投资、管理及技术咨询、技术服务，变压器设备、电子元器件、电力系统自动化软件设备及高低压开关设备的开发、生产、销售，计算机软件开发、技术咨询及技术服务，科技产品开发，自产机电产品、成套设备及相关技术的出口，生产、科研所需的原辅材料、机械设备、仪器仪表、备品备件、零配件及技术的进口（国家实行核定公司经营的商品除外），开展本企业中外合资经营、合作生产及“三来一补”业务，自有房地产经营管理（国家有专项规定的除外）。

二、银河科技公司违规情况

银河科技公司自从上市以来屡屡违规，财务经营状况一直不尽如人意，大股东为了自身利益多次进行资本的违规运作，多次被证监会、财政部、深交所立案调查并责令整改。公司虚增2004年度销售收入17 942.70万元，利润6 931.87万元；虚增2005年度销售收入3 475.76万元，利润795.16万元；隐瞒关联方资金往来事项；隐瞒对外担保事项；隐瞒银行贷款事项；未及时披露因重大违法违规行为被财政部广西专员办检查和被地方政府处罚的情况。2011年6月10日，银河科技由于违规事件受到证监会的处罚，对其予以警告并处以50万元罚款。

北海银河产业投资股份有限公司的经营业绩如下：

2008年，公司净利润亏损1.9亿元；2009年净利润为9 360.3万元，之所以扭亏为盈是由于累计出售所持长征电气股票3 228万股，总成交金额30 049万元，获得投资收益26 162万元。

长征电气与银河科技同系广西银河集团有限公司控制的企业。从2008年年底开始，长征电气股价从3元多涨至10元多，市场质疑这是股东利用风电概念炒高股价趁机出货。

2010年，公司尽管有0.23亿元的投资收益，然而净利润还是亏损了0.61亿元。继2010年亏损后，银河科技2011年亏损进一步扩大至1.78亿元。

2012年度，公司实现营业收入95 730.57万元，同比降低0.0282%，净利润2 409.28万元，同比上涨113.51%，其中通过处置部分金融资产及长期股权投资，共获得投资收益2 120万元。这说明北海银河产业投资股份有限公司的利润主要来源仍是投资收益，而不是其主营业务。从图1可以看出，北海科技产业投资股份有限公司的盈利状况一直不尽如人意，盈利能力较低。

由于北海银河产业投资股份有限公司2010年度、2011年度连续两

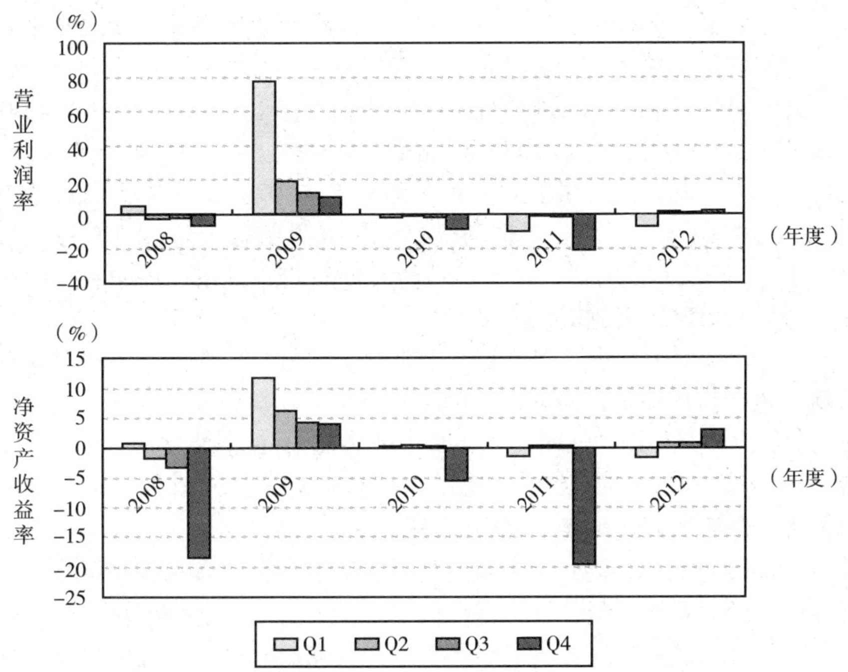

图1　北海银河产业投资股份有限公司营业利润率和净资产收益率

年经审计的年度净利润为负数，公司股票于 2011 年 4 月 25 日停牌一天，26 日起实行“退市风险警示”特别处理。股票简称变更为“*ST 银河”。

在银河科技的财务报表附注中说明，银河科技于 2012 年 1 月 18 日收到广西证监局下发的《关于对北海银河高科技产业股份有限公司采取责令改正措施的决定》，决定中明确指出了广西证监局在例行现场检查过程中发现公司在公司治理、信息披露、财务管理与会计核算等方面存在的问题，并责令公司针对存在的不足进行相应改正。

就是这样一个劣迹斑斑、并且面临退市风险的公司，却在 2012 年大幅扭亏，实现净利润 2 409 万元，这不得不让人怀疑其经营业绩的真实性。

北海银河产业投资股份有限公司 2011 年的资产减值损失为 6 252 万元，2012 年却变为 -6 765 万元，同比降低 208.20%。查看其财务报表附注，可以发现本期的发生额全部来自于冲减坏账准备，直接为利润贡献了 6 000 多万元。

在北海银河产业投资股份有限公司的财务报表附注中显示与日常经营有关的关联交易中，有一笔是北海银河产业投资股份有限公司向贵州长征电力设备有限公司采购货物支付235.9万元，并向其销售货物共17.9万元，但是在长征电力设备有限公司的财务报表附注中却显示，长征电气向北海科技有限公司销售产品675.41万元，购买产品和劳务共计527.00万元，并且二者同为受银河天成集团有限公司（简称“银河集团”）控制的子公司，这很容易使人怀疑北海科技公司在利用关联方交易来虚增收入和利润。

此外，北海银河产业投资股份有限公司2012年的非流动资产处置损益（包括已计提资产减值准备的冲销部分）达到了1 805.9万元，而公司2011年和2010年的非流动资产处置损益分别为244.64万元和535.71万元，数量差距如此之大，不得不让人怀疑公司借此来操纵利润，扭转亏损从而实现避免退市的目的。

北海银河产业投资股份有限公司所在行业状况一直很好，可是北海银河产业投资股份有限公司却是个例外，图2显示了北海银河产业投资股份有限公司和所在行业前五名的公司经营状况和财务状况的对比。从图中可以看到，北海银河产业投资股份有限公司的经营状况和财务状况都远远低于行业的平均值。

排名	名称	主营收入(万元)▼	净利润(万元)	总资产(万元)	股东权益(万元)
1	上汽集团	43 309 548	2,022 187	30 265 724	11 455 645
2	美的电器	9 310 806	369 880	6 495 989	2 140 371
3	格力电器	8 315 547	523 694	10 840 888	2 470 251
4	中国南车	8 071 081	386 415	10 548 958	3 149 939
5	青岛海尔	7 366 250	269 002	4 678 367	1 066 173
279	*ST银河	95 731	2 409	211 041	83 967
	行业平均	499 720	30 283	646 844	263 742

排名	名称	每股收益▼	销售净利率(%)	净资产收益率(%)	资产负债率(%)	流动比率(%)
1	格力电器	1.77	6.96	21.58	76.45	1.07
2	三诺生物	1.46	37.98	15.24	10.68	10.48
3	上汽集团	1.46	4.59	14.08	56.60	1.24
4	一汽富维	1.39	5.27	10.50	29.92	1.55
5	宇通客车	1.38	7.31	14.24	48.03	1.63
418	*ST银河	0.03	2.51	2.86	58.97	1.21
	行业平均	0.24	0.06	0.05	36.99	3.62

图2　北海银河产业投资股份有限公司和行业前五名的公司对比

三、银河科技公司的违规根源

1. 迎合资本市场的要求

目前，我国的资本市场还是一个受政府管制的市场，政府对企业的上市、配股、交易及退出等市场行为都通过一系列会计指标进行管制。如上市公司连续3年平均净资产收益率必须达到10%（除受政策保护行业可适当放宽），上市公司每年净资产收益率最低不得低于6%才有配股资格；上市公司连续两年亏损，公司的股票就要被特别处理，连续三年亏损就要被暂停交易等。银河科技公司2010年和2011年的净利润接连为负，面临着暂停交易的危险，在2012年这样敏感的一年却大幅扭亏，净利润达到2409.28万元，再加上公司以前就有过违规的前科，我们有理由相信，银河科技公司为了避免被摘牌的风险，很可能对2012年的财务报表进行粉饰。

2. 银河科技对资金的饥渴

自从2002年完成增发后，银河科技真实的业绩一直没有达到平均净资产收益率10%的再融资指标要求。为使公司2002至2004年连续三年的业绩达到再融资指标的要求，银河科技便虚增了部分收入和利润。银河科技利用旗下众多的子公司和关联公司，持续伪造公司经营业绩和生产记录。在无真实交易、无销售合同、无销售发票的情况下将关联方资金往来确认为销售收入，伪造与公司有业务往来的客户单位的销售收入、成本从而达到虚增利润的目的。

银河科技渴望快速发展，但是公司进入的电子元器件、电力设备等行业为成熟行业，竞争激烈，同时由于自身缺乏核心竞争力，产品销售利润率普遍不高，净利润和现金流均不理想，导致资金趋紧。于是，银河科技的融资欲望与日俱增。

3. 内部治理结构存在问题

电力设备企业，一般都拥有比较好的业绩，但银河科技是个例外，只能借助关联交易的投资收益勉强盈利。从整个资本市场来看，我国许多上市公司之所以频繁出现违规问题，就是由于公司内部的治理结构存在缺陷，公司治理机制不当造成的。而北海科技公司在同行业中的反常表现让我们有理由推断银河科技内部的治理结构有很大问题。

北海银河科技公司的第一大股东是潘琦，占有公司52.27%的股份，而第二大股东广西银河集团有限公司占 14.68% 的股份，这说明北海公司的股权结构过于单一，公司内部存在着“一股独大”的现象，这会导致第一大股东拥有绝对的权力，权力行使无法受到约束，使公司内部的治理结构形同虚设，就可能会出现违规行为。

独立董事是股份公司两权分离条件下为防止“内部人控制”和“一股独大”，同时保护公司内部弱势群体而设置的。银河科技迟迟未能披露相关违规事实，直至由于媒体曝光，才被迫承认。整个过程中，独立董事未能很好地起到监督的作用。

4. 注册会计师的渎职

2005 年 4 月，华寅会计师事务所有限责任公司在知悉银河科技虚增收入且未进行重大差错更正的情况下，仍然出具了无保留意见审计报告，并且没有对银河科技明显的舞弊迹象实施必要的审计程序，没有对函证程序保持合理控制，对未回函的客户，未选择继续函证或其他替代程序，于 2011 年受到证监会的处罚。

5. 当地政府的包庇

地方政府在银河科技违规事件中也充当了不光彩的角色。对银河科技因 2002 年、2003 年会计信息质量问题被财政部广西专员办和北海市人民政府内部处罚的情况没有予以披露，地方政府甚至还要求华寅会计师事务所“妥善处理”银河科技 2004 年年报审计工作。

四、银河科技违规事件对投资者的利益侵害

近年来，投资者保护问题特别是中小股东的利益保护问题，越来越受到关注。投资者保护关系到整个资本市场和经济的发展，投资者保护做得好，投资者就有信心，参与资本市场的人数和资金量就多，资本市场就发展得好，抵御风险的能力也强。

因此，证监会要求上市公司及时披露经营成果的亏损或大幅变动，旨在降低投资者因信息不对称而造成的投资风险，保护投资者权益。银河科技公司却公然置投资者利益于不顾，自从上市以来，屡屡违规。例如，公司 2005 年度净利润同比大幅下降达到 95%，直至 2006 年 4 月 26 日才刊登业绩预警公告，时间严重滞后；多次通过将与大股东及其关联企业的资金往来确认为收入的方法，虚增销售收入和净利润。银河科技于 2011 年受到证监会的处罚，根据证监会下发的《行政处罚决定

书》显示，证监会认定银河科技的违法事实多达6项。即使在受到证监会处罚后，北海科技公司仍然顶风作案，并于2012年又接到广西证监会的责令整改通知。

北海银河产业投资股份有限公司的这些违规行为严重损害了投资者的利益，在2006年曾经受到中小投资者的起诉，因其虚假陈述严重侵害了中小股东的合法权益，使投资者做出了错误的判断，并造成了重大经济损失。

北海科技自上市以来的种种表现一直未赢得投资者的好感，公司股价不尽如人意，一直维持在每股4元以下。一个如此缺乏诚信的公司在2012年的扭亏为盈时也受到投资者的质疑，特别是北海科技即将面临暂停上市的风险，这更使北海科技公司有充分的造假动机。

因此，从长远来看，上市公司的财务违规行为不仅会对投资者的利益造成损害，同时也阻碍了公司前进的步伐。由于投资者对企业的不信任，公司未来筹资的成本会加大，同时也使公司的社会形象受到损害，影响其他公司与企业的合作。

五、银河科技公司违规事件的启示与建议

1. 启示

银河科技违规事件表现出来的一大特点是信息极度不公开，主要体现在两个方面：第一，证监会对于银河科技的处罚采取的是内部整改的形式，在当时，外界对银河科技财务舞弊的事实一无所知；第二，在有人举报银河科技2004年舞弊之后，证监会广西监管局正式立案调查，但是对银河科技公司的处罚却不得而知。

中小股东由于不参与公司治理，无法获得公司的内部资料，只能依靠公司披露出来的信息。一旦公司缺乏诚信，披露不真实的会计信息，就会对中小股东产生误导，从而做出错误的财务决策。因此，保护中小股东这些弱势群体的利益，成为一个亟待解决的问题。

2. 建议

现代公司的投资者保护可以依赖两种机制保护其权益。一种是制度机制，一种是政策机制。另外，还要依靠社会各方面的努力确保投资者的利益不受损害。

（1）证监会应该进一步完善对投资者的保护制度，加强对上市公

司的监管力度，一旦发现上市公司存在违规事件，要及时进行披露，并对其严加惩罚；同时要健全相关的法律法规，防止一些上市公司利用制度的漏洞实现自身利益。

（2）公司应该完善公司治理结构和内部控制制度，合理设置独立董事的职责和权限，并在制度上使之能够有效行使，同时制定相应的报酬激励与约束的机制，使独立董事能够充分发挥监督公司治理的作用。

（3）会计师事务所应该遵守职业道德准则，保持自身的独立性，以保证能够公正的发表审计意见，并对审计过程中的重点项目实行必要的审计程序，尤其要关注关联方交易，防止上市公司利用关联方交易虚增收入和利润。

（4）政府部门应该做好自己的本职工作，对上市公司要加强监管，以保证市场的正常运作，避免为了政府业绩对上市公司的违规行为进行包庇，成为上市公司的保护伞。

（5）在完善的市场规则、健全的公司治理、严密的政府监管的基础上，新闻媒体和其他相关的专业人士的积极介入，对于增强信息透明度有重大意义。

参考文献：

［1］刘婷：《透视绿大地财务违规事件》，载《财务与会计》2011 年第 12 期。

［2］魏景义：《上市公司财务舞弊问题探析——以广东科龙财务舞弊案为例》，载《现代商业》2008 年第 29 期。

［3］周小川：《投资者保护关系整个资本市场和经济发展》，投资者保护国际研讨会，2002 年。

一起蹊跷的 IPO
——浙江世宝 A 股上市闹剧损害投资者利益

张晓丹

北京工商大学商学院

中国股市从无到有、从小到大，走过了风风雨雨的 20 多年，为中国经济作出巨大贡献。中国的股市想要大发展必须重视保护广大投资者的利益，没有民众的投资中国的股市就是无源之水无本之木。对中小投资者的保护，从来便是资本市场的题中应有之义，令人遗憾的是，这却是中国股市缺失的品质。虽然政府在投资者保护方面做了相当大的努力，但是，中国资本市场尚不成熟，缺乏完善的制度保护股票市场投资者尤其是中小投资者的利益。公司通过首次公开发行（IPO），从一个由少数人所有的企业转变为公众持股公司，是形成经营者和股东、大股东与小股东之间委托代理关系的起点。为了加强投资者保护，我国不断完善上市公司会计信息披露法律法规，完善股票发行制度，但是北京工商大学会计投资者保护项目组研究发现，一些公司的 IPO 过程中仍然存在损害投资者利益的现象，以浙江世宝（股票代码：SZ002703）为例，勉强挤上 IPO 末班车的浙江世宝，其 A 股上市之旅可谓令人瞩目。

一、浙江世宝回归 A 股之旅

提到浙江世宝，很多人可能不太熟悉，但是 2009 年 10 月 1 日，国庆 60 周年大阅兵，胡锦涛总书记阅兵时乘坐的红旗 CA－7600J，HQE 全防弹车的液压助力转向器为世宝公司 3016 转向器；受阅装备方阵的引导车全部是东风猛士军用越野车（悍马），该车的方向机为浙江世宝公司生产的SB8062.2循环球液压助力方向机。浙江世宝股份有限公司（以下简称“浙江世宝”）最早在1993成立于义乌市佛堂镇，是一家上市公司，注册资金17 594万元。于2006年5月发行8 671.4万股H股，每股面值为1元人民币，并在香港联交所创业板上市。2011年3月浙江世宝由香港联交所创业板转至主板。2012年11月浙江世宝在内地A股上市。公司主要从事汽车转向器及其他转向系统关键零部件的研发、设计、制造和销售。集团总部在杭州，并在杭州、长春、四平、芜湖、义乌等地拥有六家子公司，整个集团已经形成100万台/套各类汽车转向系统产品的生产规模。浙江世宝在中国的主要客户包括一汽集团、东风汽车集团、金龙客车、奇瑞汽车以及江淮汽车等。

（一）浙江世宝A股上市闹剧

浙江世宝注定是一只能够载入中国股市史册的股票，浙江世宝的A股上市之旅，接连打破多项纪录，股价像过山车一样震荡，浙江世宝的瘦身发行，以及上市遭爆炒，使浙江世宝成为2012年最具争议的股票。

1. 缩水发行

浙江世宝的A股回归之路要从2012年9月28日说起，2012年9月28日浙江世宝公布了招股意向书。招股意向书中提到，浙江世宝计划发行6 500万股，募集资金5.1亿元，以此估算每股发行价7.85左右。10月24日，浙江世宝发布公告称，网下配售初始设定不超过3 250万股，即总发行量的50%，此时，浙江世宝还坚持发行全部6 500万股。但是仅隔一天，10月25日，浙江世宝公布了招股说明书，该公司实际发行价格为2.58元/股，发行股数1 500万股，募集资金量仅为3 870万元，较原计划缩水93%。至此，A股证券史上绝无仅有的一只以超低发行价、超低市盈率、超低发行规模发行的“三低”新股——浙江世宝（股票代码：SZ002703）诞生。浙江世宝3 870万元的募集资金甚至未能弥补发行费用。

2. 上市遭爆炒

浙江世宝上市首日换手率高达95.15%，盘中因换手率超过50%、交易价格较开盘价上涨超过20%而临时停牌三次，引起了市场广泛关注。发行价仅2.58元的它，首日却以开盘价15.62元、收盘价18.75元，高达626.74%的收盘涨幅，为自己的A股首秀画上惊叹号。浙江世宝的网上申购中签率仅为 0.135%，股市的流行语一时变成了：“浙江世宝你申购了吗?”

浙江世宝 A 股发行当天创下了股市的“六宗最”。

第一宗最：IPO 募资规模缩水比例之最。浙江世宝原计划募资 5.1 亿元，对应发行价为 7.85 元。最终发行价只有 2.58 元，仅募资 3 870 万元，较原计划缩水 92%。

第二宗最：网上超额认购倍数之最。公告显示，浙江世宝的网上申购中签率仅为 0.135%，超额认购倍数达 742 倍。网下机构认购倍数达 730.67 倍，创 A 股历史认购倍数之最。

第三宗最：从发行到挂牌上市时间最短。若以一般 IPO 的发行日程安排，一般新股的挂牌时间将在发行完成后的五到十个工作日内。但浙江世宝 9 月 28 日招股，10 月 26 日网上发行，30 日完成发行工作后，11 月 2 日便登陆 A 股，创近三年来发行到挂牌上市时间短之最。

第四宗最：上市首日开盘涨幅最大。“白菜价”的浙江世宝开盘暴涨 505.34%，第一笔交易换手率达 38.84%，成交额为 9 101 万元，全天涨幅达到 627%。

第五宗最：停牌最快。由于资金热情高涨，浙江世宝开盘 4 秒后就遭到深交所临时停牌。创新股首日盘中临时停牌新政以来最快停牌时间。

第六宗最：上市首日交易时间最短。由于被三度临时停牌，浙江世宝实际交易时间仅 15 分钟，加上集合竞价时间，在第 25 分钟的时候，股价飙升了 6.27 倍，速度惊人。

（二）浙江世宝回归 A 股原因

浙江世宝在香港知名度不高，尽管 2006 年就曾登陆香港创业板，随后在 2011 年转投香港主板，但其近年业绩下滑，且由于公司所属汽车配件行业并不被海外投资者看好，公司股价长期低迷，在 A 股发行之前，单日成交量仅为几百万港币，2012 年 8 月还出现过单日成交不足5 000 港币的凄惨状况。创始人张世权家族持有公司 67% 的股份，一股独大，流通率非常低，一度还因此停牌。浙江世宝在香港股市的待遇和“仙股”① 无异，这样的情况下，浙江世宝很难再从香港联交所融

① 仙股最初源于香港股市，指市价跌至 1 元以下的股票。“仙”是香港人对英语“cent”（分）的音译，由于其股价已经低于 1 元，因此只能以分作为计价单位。

资。浙江世宝显然看到了A股市场巨大的融资能力，寻求新的融资之路也成了浙江世宝回归A股的原因。

二、浙江世宝投资风险

浙江世宝究竟是一家什么样的公司呢，能够在市场引起如此大的反响。透视浙江世宝，浙江世宝的业绩不佳、公司发展前景不大、财务状况堪忧。从整体来看，这样的企业在市场上很普遍，既不是行业龙头，技术上也没有优势，再加上二级市场也萎靡，没有一点值得投资者如此疯狂的申购。

（一）经营业绩下滑

回顾浙江世宝A股上市之前，2009年、2010年、2011年及2012年1~9月，公司毛利率分别为37.33%、35.86%、35.25%及31.46%，呈现下降趋势。2012年1~9月，公司营业收入为4.4亿元、净利润为6 012.3万元，较前一年同期分别下降了5.99%和25.08%。此外，汽车行业是浙江世宝的主营业务，汽车行业受经济周期和国家政策的影响较大，如果未来宏观经济出现周期性波动或者国家政策发生转变导致汽车行业经营环境变化，公司将面临盈利能力受汽车行业波动影响的风险。

（二）募集资金不足增加了公司项目建设风险

公司原计划募集资金5.1亿元投向总投资额2亿元的汽车液压助力转向器扩产项目、总投资5.94亿元的汽车零部件精密铸件及加工建设项目和总投资5 000万元的汽车转向系统研发、检测及试制中心项目。8亿多的资金需求相对于不够发行费用的融资额，浙江世宝的资金状况堪忧，公司缩水融资，募投项目无法按期完成、项目建设成本上升等问题将接踵而至。公司表示，前两个项目的预计完工期分别为2013年和2014年，但条件是“在资金到位的情况下”。

（三）财务状况不良

浙江世宝财务状况亦不乐观，截至2012年9月30日，公司现金只有3 500万元，欠银行的长短期贷款合计却达1.97亿元。此外，出口伊朗的汽车转向器业务是公司唯一的海外项目，由于受到国际经济制裁的影响，贷款也无法及时到账。此次缩水 IPO 更加重公司的财务负担。

（四）专利技术储备不足

作为汽车转向系统生产厂商，研发和技术优势是业内企业保持竞争力和发展十分重要的因素之一。从其专利来看，绝大多数是实用新型和外观设计专利，发明专利并不多。浙江世宝在招股说明书里表示“公司历来注重技术研发投入，具有较强的技术实力及设计开发能力。”然而相关数据却显示，公司对研发的投入却很低。报告期内公司研发费用分别为 952.61 万元、1 232.94 万元、1 467.86 万元和 654.88 万元，占当期营业收入的比重分别为 2.61%、2.26%、2.35% 和 2.10%。所占比重呈现出下滑的趋势。公司虽然号称有 24 项专利和 2 项软件著作权。但这些专利大多是在公司上市前才突击申请获得的，2009 年、2010 年和 2011 年公司获得的专利数目分别为 8 项、7 项和 5 项，占公司专利总数的比例高达 83.33%。而且这些专利几乎全部集中在子公司杭州世宝，浙江世宝不拥有其中任何一项。招股说明书同时还显示，公司于 2010 年收购北京奥特尼克股权时，由于北京奥特尼克未能及时缴纳专利年费，导致两项专利——电动助力转向控制器的检测台及电动助力转向控制器失效。这体现出公司对专利的保护不重视，企业内控存在一定的问题。

（五）业绩过度依赖大客户

浙江世宝招股书显示在 2009 ~ 2011 年三年中，公司对前五名客户的营业收入，分别占到公司当期营业收入的 71.27%、75.63% 和 78.60%，这种模式导致浙江世宝与这五名客户福祸相依。一汽集团及下属公司是浙江世宝最大的客户，公司向一汽集团旗下单位的销售收入分别占到四至五成，招股说明书显示，报告期内公司对一汽集团的销售额分别为 18 989.37 万元、28 669.58 万元、26 459.75 万元和 10 972.25 万元，占收入的比例分别为 51.99%、52.51%、42.27% 和 35.21%，一汽基本占据世宝销售收入的半壁江山，已经形成了对单一客户的依赖。而且公司董、监事、高级管理人员与一汽的渊源也颇深。相关资料显示，公司独立董事赵春智曾任一汽锻造厂科长及厂长助理、一汽转向机厂副厂长、一汽辽泵厂总经理；监事杨迪山曾任一汽集团技术中心工程师、底盘部副部长、轻型车部副部长。

（六）家族企业

浙江世宝作为浙江一个家族企业，张世权一股独大，且其他的大股东也都是家族内成员。由于不想被稀释股本，导致浙江世宝不能大规模发行股票融资。

（七）未来发展空间小

公司主要业务是转向器生产，但转向器业务只局限于供应自主品牌，我国自主品牌的发展滞后，公司在产业链又处于低端。合资整车的市场空间更大，但是市场格局稳定，公司难以渗透。

（八）企业上市包装

浙江世宝早在香港上市时就存在上市前包装利润，上市之后业绩马上变脸的前科。此次 A 股 IPO 面临的竞争更大，800 多家企业排队 IPO，浙江世宝赶上这辆末班车，可能存在包装利润的情况。浙江世宝的实际控制人张世权先生也在香港上市时就被质疑过诚信问题，在上市之前公开向投资者保证利润会上市，但是一上市业绩马上变脸。2006 年浙江世宝在香港上市时恰逢汽车行业发展良好之时，但浙江世宝的利润反而下降，充分说明企业竞争力弱。

三、浙江世宝 IPO 闹剧原因

（一）行政定价缩量发行

浙江世宝的发行定价受到证监会的窗口指导，要求浙江世宝的股价与 H 股并轨，浙江世宝最终发行价格调到 2.58 元。在发行价腰斩的情况下，为使总股本不被摊薄，浙江世宝只有缩水发行，发行量只有 1 500万股，浙江世宝摇身一变，成为了“袖珍”小盘、超低发行价的微型 A 股，吸引了一批爱炒新、小盘和低价股的投机者申购。浙江世宝如此低的发行规模，如此低的发行价，导致众多投资者偏离理性选择，小股民的投资热情也日益高涨。

（二）投资者不理性

我国A股投资者偏好炒新股，普遍关注短线，而不关注企业的长远发展。没有突出的行业背景，没有超强成长性，仅仅因为流通盘稀缺，浙江世宝就遭到了散户投资者的追捧。A股投资者还不够理性，管理层不能寄希望于投资者通过自我约束来抑制新股恶炒，尤其是针对浙江世宝这样的超级袖珍新股。

（三）发行时机

浙江世宝是党的十八大之前最后一只上市新股，可以算是赶上了一个时机，而且经过2012年10月的空窗期，作为11月唯一一只上市的新股，许多游资都抱着搏一把的心态去对待它。此外，2012年有800多家公司排队IPO，证监会对IPO的监管越来越严格，因此，赶上末班车的浙江世宝就成了游资的目标。

（四）目前政策漏洞

深交所规定新股上市首日股价涨幅不得高于900%。2012年以来首日收盘价格涨幅超过100%的新股仅三只。在总共155家上市公司中，107家的开盘价格较发行价格涨幅不超过30%。这充分说明现行的政策无法对股票市场进行有效监管。此外由于网下认购倍数普遍低于网上认购倍数，这样机构投资者的中签率会明显高于普通投资者。

四、谁为IPO闹剧买单：击鼓传花最后一棒
——中小投资者

浙江世宝的首日买入主力主要是中小投资者，账户分布总体分散。全日个人投资者买入股数占比99.86%，基金等专业机构首日未买入。从投资者资产规模分类看，资产规模在5～50的个人投资者最多占90.90%。且股价越高，中小投资者买入占比越高。

数据显示，炒新股会给二级市场的投资者带来巨大的损失。据统计，截至2012年10月31日，深市2012年以来上市的128只新股中，首日买入的投资者中有52%的账户亏损。浙江世宝遭到如此疯狂的爆炒，中小投资者获利了吗？答案是显而易见的。爆炒浙江世宝的游资在

获利之后“快炒闪退”从 11 月 5 日（上市次日）交易所盘后公布的个股龙虎榜数据来看，上市首日对浙江世宝进行首日爆炒的主力资金全线撤退。具体来看，占据该股上市首日买入前五交易席位的中原证券股份有限公司驻马店解放路证券营业部、中银国际证券有限责任公司武汉武珞路证券营业部、江海证券有限公司厦门吕岭路证券营业部、华泰证券股份有限公司南京中山北路证券营业部和国信证券股份有限公司长春解放大路营业部，一个不少地在上市次日卖出席位的前五名出现，获利出逃迹象明显。

从浙江世宝具体的成交数据来看，11 月 5 日盘后的资金流向表明，当天代表主力资金的特大单和大单资金净流入金额分别为 -947.77 万元和 -2 298.23 万元，唯独散户资金净流入 3 720.84 万元。浙江世宝的股价在经历首日暴涨之后，一路狂跌，毫无疑问，冲动的散户投资者再次接下了这击鼓传花的最后一棒。

五、启示与建议

浙江世宝的这次蹊跷的 IPO 再次为新股发行敲响警钟，面对国内 800 多家等待上市的企业，如何避免再次出现浙江世宝这样上市损害投资者利益的事情，值得深思。新股发行体制改革是资本市场的一项基础性制度改革，牵涉面广，难以一蹴而就，配套制度的完善和市场各方的归位尽责有一个过程。对此笔者给出以下几点建议。

（1）完善上市公司股本结构。对于中小板、创业板公司而言，首发流通股份不低于总股本的 50%，能避免一股独大，大股东侵占小股东利益。

（2）新股发行引入价格对赌。一旦股票上市后二级市场价格跌破发行价，则由上市公司、实际控制人以及保荐机构回购公司股份，且对赌有效期不得低于 5 年。也可以在新股发行时发行认沽权证，一旦新股跌破发行价格，投资者可按发行价格将股票回售给发行人，新股认沽权证的有效期同样不得低于 5 年。

（3）将股票上市当日价格涨幅上限下调至 100% 或者是 50%，这样能加强监管。

（4）不能缩量发行。不能对小盘股采取缩减发行规模来控制新股发行总量的办法，如果管理层有意呵护市场，可以减少发行公司数量。

（5）上市首日限制买入股票数量。

（6）发行制度市场化。浙江世宝的瘦身发行打上了监管的烙印，目前的A股市场不成熟，证监会要求浙江世宝的A股发行价向H股靠拢，也是保护A股投资者利益的措施。因此，要提高市场的成熟度，让市场调节公司股价，让股价真正反映公司价值。

（7）严厉打击欺诈上市行为。对于弄虚作假、欺诈上市的公司，一经查实，坚决退市，并且要赔偿投资者损失。

（8）提高中小散户中签率，实现机构投资者与中小散户机会均等。

参考文献：

[1] 牛红军：《基于核准制的中国股市IPO定价研究》，经济科学出版社2010年版。

[2] 胡华勇：《股票市场操纵行为》，法律出版社2005年版。

[3] 彭正昌：《股票市场错误定价、企业并购与财富效应》，中国经济出版社2012年版。

[4] 谢志华、崔学刚、张宏亮、王峰娟：《会计投资者保护评价及其指数研究》，经济科学出版社2012年版。

[5] 黄世瑾：《“IPO缩水王”浙江世宝业绩降幅扩大》，载《上海证券报》2013年1月31日。

上市公司"涉矿必涨"的异象及其启示：基于ST天一的分析

张宏亮　赵雅娜

北京工商大学商学院

2012年股市，绿景控股、ST金叶、科学城、江南化工等股票创出50%以上的涨幅，但这几只股票巨大涨幅的背后并不是这几家公司主营业务的较好业绩，而是有着一个共同点：都涉及矿业投资，作为热议的概念股在资本市场中谱写了"涉矿必涨"的股市神话。因此涉矿股深受投资者追捧。

一、"涉矿必涨"异象概述

股票的价格是由其内在价值决定的，但是当股票被资本市场炒作进而错误的定价时，股票的价格就会偏离其内在价值，股票的回报也会偏离正常回报。当一部分股票的回报异常，且这种异常可以预测时就形成了所谓的异象。涉矿概念股在二级市场上的热炒以及投资者的过度追捧便产生"涉矿必涨"异象，即凡是涉及投资矿业的上市公司其股票价格必然会上升，进而可以提前预测获得超额回报。

2013年我国A股市场中至少有60只新增"涉矿"概念股，从涉矿股行业分布来看，房地产、化工、机械、建筑等行业涉矿比例较高，而以房地产行业最高，涉矿股数量占所有涉矿股票数量20%。此外，上市公司采取多样的涉矿形式，除了传统的购矿外，还有签署合作框架协议，获取采矿权等。可见在我国资本市场中，涉矿概念股数量较多，涉矿形式种类繁多。涉矿也是公司股价上涨的重要催化剂，例如五洲交通（股票代码：600368）涉矿公告发布后的两个交易日连续涨停，山东高速（股票代码：600350）、中润资源（股票代码：000506）等上市公司发布涉矿公告后的1至3个交易日内日涨幅均在5%~10%。推而广之，以“涉矿”事项公告当日为起点计算，之后1个月内上市公司股价的累计涨幅平均值仍高达7.8%。因此，“涉矿必涨”异象在我国A股市场中还是广泛存在的。

涉矿概念股在我国资本市场中会如此受追捧，其背后的原因有待深入研究。一般情况下，矿业项目具有前期投资高、实施周期长、不确定性大等特点。涉矿的经营风险以及市场炒作风险不可忽视，几乎一半以上的“涉矿”概念股在大涨之后出现了大跌，这与中小投资者“涉矿必涨”的看法形成了较大的反差。然而，仔细研读一些涉矿上市公司的公告发现，其中不少上市公司涉矿方案都还停留在计划阶段，有些甚至是一时兴起。显然，上市公司涉矿的目的更多的是为了保壳以及短期内振奋股价，并非为了公司的长久发展而进行的适宜的战略转移。面对原本的主业经营不振，现金流短缺以及股价大幅下跌等问题，上市公司不顾投资者利益和经营风险选择涉矿概念股炒作促进股价短期大幅上涨。然而这样大涨大跌背后损失的是广大投资者的利益，涉矿的市场炒作风险最终由广大中小投资者来承担。此外上市公司获得采矿权后，后续的矿产资源开发需要大量的资金。从短期来说，涉矿对公司的业绩增长难以发挥显著作用，不能从根本上扭转公司的经营困难。在某种程度上说，涉矿只能促进股价短期上涨，提振股民信心，增加每股收益。从长期来看，股价的持续稳定还是要靠稳定的经营业绩。因此，盲目投资矿业并没有显著地促进公司价值的提升。

当下有不少中小投资者追捧涉矿股，甚至一些研究机构也把涉矿作为荐股的重要标准。但是，深交所却向中小投资者发出警示：涉矿股表现出高振幅、高换手率、高个人参与率的“三高”特征，波动性更大，风险更高。因此，作为热议的涉矿概念股，究竟是否有利于企业发展，能否提升公司价值和股东价值有待全面研究。本文依托ST天一（股票代码：000908）涉矿案例进行分析，研究上市公司涉矿的动机以及该过程中与投资者的关系，保护投资者利益。

二、案例背景与过程

(一) ST天一涉矿事件概述

ST天一全称为湖南天一科技股份有限公司，是一家创建于1958年的地方国有农机制造企业，历经五十多年发展转变为集工、农业各种泵类、油田输油设备、电气自动控制设备制造销售的科技型上市公司。1999年2月，公司股票于深圳证券交易所挂牌上市，总股本2.8亿元人民币，总资产8亿元人民币。公司下辖7家控股公司。2006年中国长城资产管理公司入主天一科技，现为中国长城资产管理公司旗下绝对控股的上市公司。

2004年，因对2002年、2003年的会计差错进行更正，导致这两年亏损而被实施退市风险警示特别处理开始，ST天一便挣扎在暂停上市的边缘。2005年、2010年ST天一又因其相关违法行为遭到中国证券监督管理委员会行政处罚。新退市制度出台后，ST天一面临巨大的退市风险，然而重组迟迟没有进展的ST天一，一直致力于拓展原有业务，争取资产重组扭转局面。

2012年4月，ST天一发布《非公开发行股票预案》，公司拟非公开发行4.6亿股股票，募集约25亿元用于收购高雪东所持有的黑龙江省东宁县大向东矿业100%股权。公司希望借此次交易将业务拓展到有色金属矿产资源（铜金属）采选等新领域。

大向东矿业成立于2007年7月13日，注册资本5 000万元，经营范围为铜矿勘探，共持有黑龙江省东宁县洋灰洞子铜矿普查0.46平方公里、9.78平方公里两个探矿权证。当前正处于矿山采选系统项目建设阶段，尚未正式生产，也未实现销售，尚处于亏损状态，不仅不能为公司扭亏贡献利润，反而还会增加公司负担。

2012年4月12日，ST天一增发预案显示，公司拟以5.46元/股向开元泰富等10名特定投资者增发4.6亿股，募集资金24.66亿元收购大向东矿业100%股权。当时大向东矿业100%股权的预估值为30亿元，收购资金不足部分由公司自筹解决。

此后，ST天一陆续发布了多份有关此次非公开发行的公告。公告均显示非公开发行在顺利进行当中。然而，在2013年1月26日，大向东矿业面临30%股权的归属问题的诉讼案件。由于大向东矿业股权为公司非公开发行股份购买的唯一标的，因此该诉讼事项对公司的非公开发行产生重大影响。随后的2013年2月22日，ST天一公告称，收到拟注入资产东宁大向东矿业的原股东来函，内容显示，为了避免干扰因素，保障公司收购大向东矿业100%股权项目的顺利进行，已将大向东矿业100%股权转让给广东贤丰矿业集团有限公司。该股权转让事项无疑对ST天一尚在筹划中的定向增发重组事项构成重大不确定性影响，在拟注入上市资产的产权归属法律问题未解决的前提下，ST天一的重组将搁置。

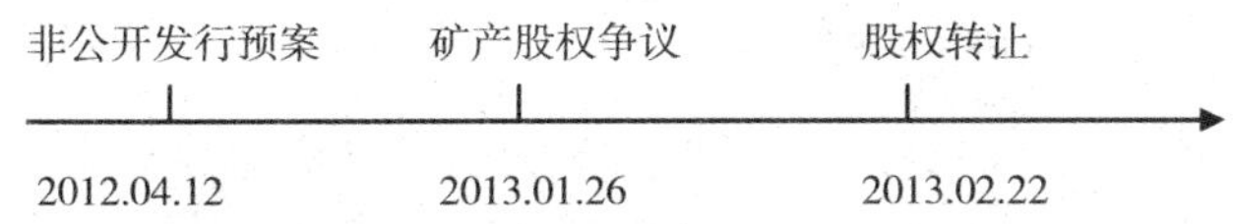

图1　ST天一涉矿事件发展轴

面临重重困难的ST天一选择涉矿，企图运用矿产概念股的涉矿必涨神话扭转局面。但是，大向东矿业公司的股权归属官司让涉矿必涨的神话再次破灭。在追求重组多元化发展的道路上，ST天一面临了巨大的风险。

（二）涉矿后业绩表现

1. 股价的波动

由于大股东股权转让，ST天一的股价由于重组存在重大不确定性而被打压至跌停。观其股价可以看出，当涉矿公告于2012年4月12日公布，随后2012年4月16日停牌，直至2012年5月4日复牌。之后，2012年5月8日，ST天一报收于8.28元/股，上涨4.94%，交易数据显示，这已是ST天一自发布涉矿增发预案以来连续第五个交易日涨停。可见涉矿公告还是对股价的异常波动起到了推动作用。2013年1月26日ST面临诉讼，1月29日ST天一发布公告，2013年1月28日、29日连续两个交易日跌幅偏离值累计超过12%（见图2）。

2. 财务状况并未改善

ST天一2011年净利润为－57 054 472.06元人民币，营业利润为－56 378 793.31元人民币。经营业绩不乐观。ST天一发布的2012年第一季度业绩预报称，公司第一季度亏损1 052万元。

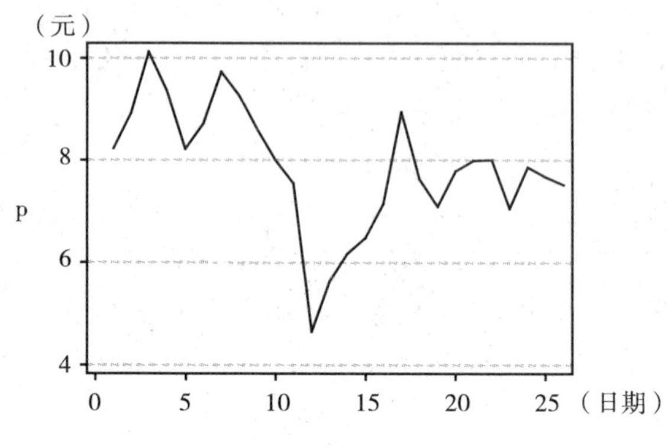

图 2　ST 天一 2012 年 4 月股份走势

早在 2008 年，ST 天一就因为连续两年亏损濒临退市。直至 2010 年借助银行免息、转让子公司股权和政府补贴等途径，才勉强逃脱暂停上市的命运。考虑到 ST 天一仅有的两家控股子公司盈利能力较差，ST 天一为了扭转亏损局面，转投大向东矿业。但是涉矿是涉足新领域，并且购买的大向东矿业仅有两个铜矿探矿权，当时正处于矿山采选系统项目建设阶段，尚未正式生产，也未实现销售，尚处于亏损状态，因此不仅不能为公司扭亏贡献利润，反而还会增加公司负担。

综上所述，在多元化发展前，ST 天一原本已经多年亏损，涉足的大向东矿业所产生的现金流也为负。转向多元化发展的 ST 天一并没有明显的财务状况改善，矿业也没有促进主业的发展，没有为主业带来现金流。

表 1　　2011 年、2012 年主要财务数据　　单位：元

年份	主营业务收入	营业利润	净利润
2011	139 030 825. 33	-56 378 793. 31	-57 054 472. 06
2012	145 267 112. 91	-60 795 843. 09	-62 740 108. 67

资料来源：CSMAR 数据库。

3. 经营风险

由于原本的 ST 天一是一家集工、农业各种泵类、油田输油设备、电气自动控制设备制造销售的科技型上市公司，矿业并非 ST 天一的相关产业。因此，此次重组是多元化发展中的非相关多元化，对上市公司

而言有较高的经营风险。特别是矿业有其独特的行业特征，资金需求量大，勘探工作技术含量较高，加之较长的经营周期，自然资源即矿源是产业的核心。投资矿业进行多元化发展对于ST天一这样连续亏损的企业而言确实是一个巨大的风险项目。

三、案例分析

诸如ST天一这样盲目涉矿的公司，其股价的大幅波动带来巨大的投资风险，使投资者的利益受到巨大损害。投资者的利益在当今的资本市场中得不到应有的保护，势必影响资本市场的长期健康发展。回顾本案例可以发现，ST天一对矿业缺乏相应的了解与考察，忽视相关风险，盲目通过多元化发展试图壮大企业，延长企业的生命周期，获取新的利润增长点，结果事与愿违。

一般而言，矿产开发的经济效益，是在资源即矿体的不断消耗过程中实现的。矿业投资的时滞长，投资的经济效果受市场价格变动和通货膨胀水平的影响大。此外，矿业生产对象即矿体的属性复杂多变，不确定性强。因此，矿业投资的市场与技术风险高。同时，矿产资源开发常常对生态环境造成不同程度的污染或者破坏，具有较强的外部不经济效应，矿业生产外部成本高。所以，在涉矿必涨的背后隐藏着巨大的经营风险。面对巨大的经营风险，众多上市公司依然选择涉矿的目的源于以下几点。

首先，主营业务不振，为了企业的生存发展，为了创造新的利润增长来源，寻求多元化发展。以多元化的发展来带动提升原本主营业务的发展。

其次，当主营业务出现融资难的情况时，为了企业的发展，确保企业资金链条的完整，通过发展多元化业务来刺激现金流增加，最终弥补自身融资难的困境。特别是基于我国特有的制度背景，众多民营公司出现了融资难情况时，为了维持主营业务的发展，往往需由短期内能够带来大量正现金流的业务弥补资金缺口，以支持企业的继续发展。而矿业、有色金属等行业因为其行业的特殊背景，一旦参与短期投资或者买卖矿产资源会迅速产生大量现金流，致使上述行业成为A股上市公司多元化发展的热门选择。

再次，上市公司保壳的需求。由于我国资本市场实施的是严格的市场准入制度，市场准入政策向国有企业倾斜而对民营公司上市资格进行严格限制。在某种程度上，具有上市公司资格对企业而言是一种宝贵的资源。因此，诸如被 ST 的上市公司，为了维持上市公司的资格，企业将面临巨大的保壳压力。在这种压力下，被 ST 的公司会更注重向市场传递好消息，当企业自主寻求多元化发展时，对于广大投资者而言势必预示着企业将有扭转局面的好消息，这也迎合了 ST 公司的保壳需求。对于已经被 ST 的天一公司，面对如此大的保壳需求，以及退市制度的压力，迅速转投矿业不是战略转移的谋划，而是谋取现金流的无奈选择。

最后，上市公司抬高股价，套现以谋取私人收益。现代公司制企业的一个主要特征是两权分离。由于代理问题的存在，经理和股东之间存在着利益冲突，经理出于分散自己对公司的专用性投资风险的考虑，往往采取多元化战略，迅速将企业做大，以使得企业具有抵抗外部风险的能力。公司的发展带动企业的股票价格上涨，他们就将因企业的资本增值而直接获利。特别是持有公司期权股份的管理层，也会因股价的抬高而获得巨大的私人收益。涉矿股的概念炒作，使投资者陷入炒作的漩涡，最终上市公司可以套现谋取私人收益。

针对本案例而言，ST 天一涉矿的根本目的是为了应对保壳需求。由于财务业绩持续下滑，为了增强投资者信心，促进股价短期上涨，增加每股收益，而不顾经营风险投资矿业。通过二级市场的涉矿概念股的炒作谋取短期利益，以达到保壳的目的。此外，ST 天一并不是第一次涉矿，早在 2007 年 ST 天一曾在贵州独山收购锑矿及铅锌矿，结果公司在当年 11 月发布公告指出这是一场骗局，高达 4 700 万元的投资无法收回，这些失败最终还是由广大投资者承担。而本次涉矿又涉及矿源控制权争议，导致股价大跌，投资者损失惨重。此次涉矿并不是提升公司价值的战略转型需要，而是面对保壳压力的盲目选择，最终受害的依然是广大中小股东。

从外部而言，投资者对于涉矿的股票以及其相关的炒作没有理性的预期和判断，加之媒体渲染矿业的巨大行业利润，矿业股票的股价会随公告的发出表现高涨之势的观点在资本市场也甚嚣尘上。媒体的放大作用以及投资者的不理智推进了涉矿必涨神话的产生。

综上所述，当涉矿成为缺乏新利润增长点的无奈之举时，当涉矿股成为炒作焦点时，投资者的利益难免遭到管理者的任意践踏。

四、启 示

我国很多上市公司选择了涉足矿业，希望在这个近乎暴利的行业中分一杯羹。但是对于上市公司而言，涉足矿业在短期炒作矿业概念股获取套现收益的同时，伴随着巨大的经营风险。企业的发展是建立在实业发展的基础之上的，而不是靠资本市场的短期投资收益支撑。矿业具有独特的行业特征，需要较高的资金投入以及较长的经营周期，因此，依靠矿业经营产生的现金流支撑企业的发展，或者将矿业作为企业转型发展路径是有巨大风险的。推而广之，上市公司将战略转向多元化发展时，特别是非相关多元化，公司必将涉及较多的并购事项。对于公司的重大资产收购事项，通常涉及到公司的战略、运营、财务、市场以及法律等多个层面的风险。因此，在对该收购事项决策时，应当以全面风险管理的角度对收购各环节中涉及的风险进行相应的分析评估，并对其重要风险予以相应的防控措施，以确保收购的顺利完成。在战略制定中除了要考虑相关风险外，应将广大投资者的利益放在首位，做出相关风险提示，只有这样才能通过不断地经营积累，提升企业价值。公司价值持续提升的同时也是投资者长远利益得到保护的过程。

广大中小投资者在资本市场投资中，应该保持清醒的头脑，做出准确的估值判断，避免盲从行为，应谨慎参与涉矿概念股。对于上市公司来说，获得了矿产资源并不一定必然带来收益。矿产资源的储量和品位、公司的开采能力、产品的市场接受度等因素，都将影响上市公司的业绩。因此，中小投资者面对涉矿概念股切勿跟风，应用更为理性的心态去对待，要注重分析上市公司以及矿产资源的具体情况。由于价值才是决定公司股票价格的唯一要素，所以投资者一定要认真研究公司公告，客观分析才能甄别概念背后真正有价值的投资信息。

维护投资者的利益是资本市场监管的目的，也是市场良好运转的前提。涉矿概念股的一再炒作使广大投资者陷入逐利漩涡中，但是最终投资者的利益却用来为上市公司的盲目行为买单。作为监管者，应该时刻洞察资本市场的炒作行为，适当干预相关媒体的炒作报道。对于盲目追逐私人收益，牺牲投资者利益，违反相关信息披露制度的上市公司进行严厉处罚，使其侵犯投资者利益成本上升，从而在一定程度上抑制此种行为的产生。同时，良好的制度环境也是资本市场有序健康发展的关键，规范相关制度，特别是相关的信息披露制度，强化上市公司风险提示公告的发布，使代表广大中小股东的独立董事在公司发展过程中发挥重要作用。

只有上市公司和广大投资者以及监管部门的共同努力，才能营造健康发展的资本市场。

参考文献：

[1] 贾良定、张君君、钱海燕、崔荣军、陈永霞：《企业多元化的动力、时机和产业选择——西方理论和中国企业认识的异同研究》，载《管理世界》2005 年第 8 期。

[2] 姚铮、金列：《多元化动机影响企业财务绩效机理研究：以浙江民企雅戈尔为例》，载《管理世界》2009 年第 12 期。

[3] 包兴安：《上市公司掀起“淘金”热潮　股价“涉矿”即涨》，载《证券日报》2012 年 3 月 20 日。

IPO 造假与投资者保护[①]

——基于洪良国际与绿大地的对比研究

侯彦希

北京工商大学商学院

目前我国 A 股市场上，公司 IPO 造假成风，中国证监会对造假公司监管不严、惩罚力度不足，导致造假行为屡禁不止，严重损害了投资者的利益，影响了证券市场的稳定。例如，备受关注的绿大地案的判决结果令投资者失望。2012 年 6 月 20 日，香港证监会对因 IPO 招股说明书造假而被勒令停牌两年多的洪良国际做出了判决，给证券市场以强烈的震慑，其做法对 A 股市场有一定的借鉴意义。本文以洪良国际和绿大地两个案例作对比研究，从投资者保护的角度探讨中国证监会对 IPO 造假的处理办法，并提出相关建议。

一、洪良国际案例分析

1. 洪良国际公司介绍

洪良国际控股有限公司由台湾人萧登波于 1993 年在福建创立，是一家纵向整合化纤类针织布料生产商，尤其专注生产运动服功能布料，公司为中国运动休闲服设计及生产布料，为迪卡侬、Kappa 及美津浓等

① 本文是国家社科基金项目（11BGL022）、教育部新世纪优秀人才支持计划项目（NCET－11－0890）、北京社科基金项目（11JGB027）、北京教委人文社科面上项目（SM201010011008）和“会计与投资者保护”科研平台的阶段性研究成果。

多个海外优质服装品牌以及李宁、安踏等中国服装品牌制造生产成衣，集团也从事以MXN品牌出售的时尚、休闲服装及配饰产品的设计、开发和市场推广业务。

洪良国际于2009年12月24日在香港联交所主板通过IPO募集资金净额9.97亿元上市，其唯一上市保荐人为兆丰资本。

2. 洪良国际IPO造假分析

香港证监会指出，洪良国际在2009年12月14日的招股章程中披露重大虚假或误导性资料，严重夸大公司财务状况，欺骗投资者基于这些资料认购洪良国际股份。

洪良国际在招股章程中披露，集团2006年、2007年及2008年年度营业额分别为人民币653 380 000元、932 476 000元、1 266 050 000元；税前利润分别为人民币116 305 000元、195 833 000元、309 206 000元。据香港证监会披露，上述年度的营业额分别被夸大了约人民币380 934 125元、708 894 820元及974 733 321元，税前利润也分别被夸大了约人民币102 935 289元、185 001 887元及298 286 785元。

洪良国际虚增营业额及税前利润，主要是通过虚构现金或银行存款来实现的。据洪良国际招股章程披露，集团在截至2007年12月31日、2008年12月31日及2009年6月30日止各年度的现金及其等价物分别为人民币89 175 000元、175 895 000元和237 924 000元。香港证监会指出，以上金额分别被夸大了约人民币66 629 463元、165 262 910元及204 536 101元。

此外，洪良国际还通过大量收购服装零售店来发展零售业务，不仅虚构零售店的数目，还利用其销售信息不透明的特点虚增财务数据。据香港证监会披露，洪良国际于2008年12月31日及2009年12月8日的特许经营店数目分别虚增了8家及37家。

3. 香港证监会对洪良国际的处罚

据香港证监会新闻稿披露，2010年3月29日，香港证监会紧急要求香港高等法院发出临时强制令，冻结洪良国际及其四家全资附属公司持有的共计997 400 000元人民币资产，此金额相当于洪良国际首次公开招股时向公众集资所得的净收款项，旨在防止有关资产在证监会完成调查前遭人耗散，确保在指控成立后对投资者作出赔偿。当天，香港证监会还暂停洪良国际的上市保荐人兆丰资本的保荐资格。2010年3月30日，洪良国际被香港证监会勒令停牌。

2010 年 4 月起，香港证监会正式展开对洪良国际 IPO 造假的调查。历时两年多，洪良国际案于 2012 年尘埃落定。

香港证监会在调查中发现兆丰资本未履行其保荐人的职责，存在尽职审查不足及未达标、未能独立及不偏不倚地办事、尽职审查工作的审核线索不足、未有充分监督员工、违反保荐人承诺及向香港联合交易所有限公司（香港联交所）申报不实声明等重大问题。2012 年 4 月 22 日，香港证监会吊销保荐人兆丰资本牌照，并罚款 4 200 万元，这是香港证监会有史以来对保荐人的最高处罚。

在对洪良国际的审判中，如果采用刑事程序，由于证据不足以定罪，洪良国际可能会被判无罪，这样投资人将会遭受重大损失。为了保证投资者能得到赔偿，香港证监会首次启用了《证券及期货条例》第 213 条，打破以往的惯例，放弃刑事程序而采用民事诉讼。2012 年 6 月 20 日，香港高等法院原讼法庭应香港证监会要求，命令洪良国际向大约 7 700 名现时持有洪良股份的公众股东回购他们获配发或已买入的股份共 1 030 000 000 元，回购价为每股 2. 06 元，即洪良股份在 2010 年 3 月 30 日按证监会指示被香港联合交易所停牌时的收市价。这一判决几乎挽回了投资者的全部损失，使造假者不仅无利可图，还为此付出了惨重的代价。

二、绿大地案例分析

1. 绿大地公司介绍

云南绿大地生物科技股份有限公司成立于 1996 年，主要从事绿化苗木种植及销售，绿化工程设计及施工，是云南省最大的特色苗木生产企业。2007 年 12 月 21 日，绿大地在深圳证券交易所挂牌上市，通过 IPO 募集资金 3. 29 亿元，是国内绿化行业第一家上市公司。

2. 绿大地 IPO 造假分析

司法机关调查表明，2004 年至 2007 年，绿大地为达到上市的目的，登记注册了一批由绿大地公司实际控制或掌握银行账户的关联公司，并利用相关银行账户操控资金流转，采用伪造合同、发票、工商登记资料等手段，虚构交易业务，虚增资产和收入。

绿大地在招股说明书中编造了大量虚假内容。其中，公司于 2004 年 2 月购买马龙县旧县村委会土地 960 亩，花费金额 9 552 000 元，虚增土地成本 9 002 000 元，又于 2005 年 4 月购买马龙县马鸣土地共 3 500 亩，花费金额 33 600 000 元，虚增土地成本 31 900 000 元。截至 2007 年 6 月 30 日，绿大地还将马龙县马鸣基地的灌溉系统、灌溉管网的价值虚增 7 972 000 元。2007 年 1 至 3 月，绿大地对马鸣乡基地的土壤改良价值虚增 21 240 000 元。另外，招股说明书披露 2004 年至 2007 年 1 ~6 月累计收入为 626 295 081. 59 元，这一金额被虚增了 296 102 891. 70 元。

2007 年 12 月 21 日，绿大地公司股票在深圳交易所上市。上市后三年中，绿大地继续进行财务造假，其 2007 年度报告虚增资产 21 240 000 元，虚增收入 96 599 026. 78 元，2008 年度报告虚增资产 163 353 150 元，虚增收入 85 646 822. 39 元，2009 年度报告虚增资产 104 070 550 元，虚增收入 68 560 911. 94 元。公司对外公告显示其业绩频繁变更，高管相继辞职，三次变更审计机构，正是对其 IPO 造假的掩饰。

3. 绿大地受到的处罚

绿大地相关公告称，2010 年 3 月 17 日，公司收到中国证监会的《调查通知书》，公司涉嫌信息披露违规，将接受证监会的立案调查。公司股票于 2010 年 3 月 25 日开市起停牌。2010 年 12 月 20 日，公司控股股东何学葵持有的绿大地 4 325. 7985 万股限售流通股（占公司总股本的 28. 63%）被公安机关依法冻结。2010 年 12 月 30 日，公司收到公安机关的通知接受调查。2011 年 3 月 17 日，公司控股股东、董事长何学葵因涉嫌欺诈发行股票罪被公安机关依法逮捕。

经过相关法律程序后，昆明市官渡区人民法院于 2011 年 12 月 2 日对绿大地做出判决：公司犯欺诈发行股票罪被判处罚金人民币 400 万元；原董事长何学葵和原财务总监蒋凯西均犯欺诈发行股票罪被判有期徒刑三年，缓刑四年；外聘财务顾问庞明星和公司员工赵海丽被判有期徒刑两年，缓刑三年；公司员工赵海艳被判有期徒刑一年，缓刑两年。

2012 年 1 月 31 日，公司收到昆明市人民检察院《刑事抗诉书》，该院认为上述判决有错误，原审法院对欺诈发行股票罪部分量刑偏轻，定于 2012 年 3 月 15 日在昆明市中级人民法院第二法庭再次审理此案。2012 年 3 月 29 日，公司收到《云南省昆明市中级人民法院刑事裁定书》，裁定撤销昆明市官渡区人民法院一审刑事判决，发回原审昆明市官渡区人民法院重新审理。

三、比较与借鉴

在洪良国际案中，香港证监会的做法严厉打击了造假上市的公司，给证券市场以警示，真正发挥了保护投资者利益的作用，值得借鉴。首先，香港证监会在洪良国际上市 3 个月后及时发现了公司可能涉嫌造假，并立即发出紧急令冻结了公司资产，以确保投资者能得到赔偿。其次，香港证监会站在保护投资者的立场，突破常规的法律程序，通过民事诉讼来处理洪良国际案，投资者损失得到赔偿。最后，香港证监会对兆丰资本等中介机构的严厉惩罚，对规范证券市场行为，维持证券市场秩序起到重要作用。

与洪良国际相比，绿大地的判决不能令投资者信服。首先，绿大地对外提供虚假会计信息欺骗投资者实现 IPO 上市，不但给投资者造成巨大缺失，而且干扰了市场公平竞争，导致股价不正常变动，影响了股票流通，严重扰乱了证券市场秩序的稳定。然而绿大地公司仅被罚款 400 万元，包括董事长何学葵在内的造假责任人无一被罚款，刑事责任也均予以缓刑，造假者受到的处罚与其犯下的罪行相比着实过轻。其次，对于在绿大地案中遭受损失的投资者的赔偿没有任何制度上的安排，投资者利益得不到保护。最后，与绿大地案关系密切的保荐机构、会计师事务所、律师事务所等都没有承担责任，对中介机构的宽容即是对造假行为的纵容。

IPO 造假行为在 A 股市场屡禁不止，只有对造假公司及相关机构加大惩罚力度才可以起到震慑市场的作用，从而保护投资者利益不受侵害。借鉴香港证监会的做法，结合 A 股市场的实际情况，笔者认为 A 股市场对 IPO 造假行为可以采取以下措施。

1. 加强上市公司监管，及时发现财务造假

及时发现是采取处罚措施的前提，同时也便于处罚措施的执行，避免资金非法耗散，确保有足够的资金赔偿投资者。为此，可以设立相关机构对 IPO 所募集资金实行专门监管，随时了解资金使用情况，及时发现因财务造假导致的资金使用异常。

2. 完善退市机制

在我国现行退市制度下，真正退市的上市公司极少，一些本该退市的公司仍然留在市场上，影响了证券市场的健康发展，浪费了大量社会资源。退市机制不健全，是导致造假上市公司弄虚作假、大肆圈钱的原因之一。为此，中国证监会已在创业板正式出台了新的退市制度，增加了退市指标，简化了退市程序，提高了退市效率，并提供了退市公司股份转让服务，建立了重新上市制度。若能把退市制度落实到创业板和主板，将对处理 IPO 造假公司起到很大作用。

3. 加大执法力度，对造假者严惩不贷

造假上市是违法行为，但中国目前对这种行为的处罚力度过轻，虽然面临刑事处罚，但造假者在经济利益上的所得远大于所失，根本没有起到威慑作用。借鉴香港证监会的做法，国家要完善立法，对现行法律中有关公司 IPO 造假违法行为的处罚条款进行补充和修订；司法部门应加大执法力度，让造假者赔偿其 IPO 时欺诈投资者的全部资金，让其在经济上无利可图，甚至付出更大的代价，而不仅仅是接受刑事处罚。

4. 建立赔偿机制，维护投资者的利益

在内地，对因公司财务造假而造成损失的资金索赔案例成功概率小。监管部门应当借鉴香港证监会的监管理念，把投资者利益放在第一位，建立一套专门的制度程序，让投资者的索赔有章可循，有理可依，为了保护投资者的利益，可以灵活运用一些法律程序，将赔偿机制落到实处，维护证券市场公平，为投资者树立信心。

5. 严惩参与造假相关的中介机构

公司造假上市的过程牵涉多方，保荐人、会计师事务所、律师事务所等中介机构的设置本来是为了规范证券市场行为，提高上市公司质量，但由于工作人员素质低下、责任心不强造成工作上的失职，或者出于利益的驱使与造假上市公司同流合污，为造假者创造了条件，助长了造假上市的不正之风，他们也应承担相应的法律责任。而目前的造假上市案中对这些机构都没有给予处罚。因此，应该完善有关法规，规范中介机构行为，严惩参与造假的中介机构。

参考文献：

［1］齐小亚：《由“绿大地财务造假”事件看我国上市公司盈余管理》，载《时代金融》2011 年第 18 期。

［2］吕斌：《对 IPO 造假动真格》，载《法人》2011 年第 12 期。

［3］钟林：《“绿大地造假门”击中 IPO 软肋》，载《股市动态》2011 年第 13 期。

［4］李涛：《从绿大地事件看上市公司监管》，载《财会研究》2012 年第 6 期。

公司治理篇

对勤上光电终止股票期权激励计划的思考[①]

穆林娟　田　璐

北京工商大学商学院

从2006年开始，我国许多上市公司着手尝试实施“股票期权激励计划”这一薪酬激励制度，赋予经营管理人员在某一规定的期限内按约定价格购买本企业一定数量股票的权利，以求解决股东和经理人之间的代理问题。但结果却大多不如人愿，最终多家上市公司都因各种原因终止了股权激励计划，东莞勤上光电股份有限公司就是其中一个案例。美国作为股票期权激励制度的起源地，既有硅谷高科技企业应用股票期权激励制度获得成功的案例，也有如安然公司等与股权激励有关的财务欺诈的丑闻。可见，股票期权激励制度并非处处适用，在成功实施股票期权激励制度方面，我国的上市公司还有很长的路要走，本文对东莞勤上光电股份有限公司终止股票期权激励计划的原因及后果进行分析，并探讨该公司终止股票期权激励计划带给我们的启示。

一、勤上光电股票期权激励计划始末

东莞勤上光电股份有限公司于2012年5月16日开始启动股票期

① 本文是教育部人文社科项目“跨组织控制：激励模式与合作绩效研究”（项目编号11YJA630080）和北京市教委项目“企业价值链成本战略驱动因素分析”（项目编号：SM201110011003）的阶段性成果，并受北京市教委科研基地——会计与投资者保护项目（PXM－014213－000031）的资助。

权激励计划，公司董事会通过了《东莞勤上光电股份有限公司首期股票期权激励计划（草案)》以及相关文件。经过层层审批以及证监会的反馈意见，公司对该激励计划草案进行了修改和完善，最终在2012年7月25日，公司董事会通过《关于调整公司首期股票期权激励计划股票期权数量和行权价格的议案》，确定了股票期权激励计划的最终内容。

根据公司股票期权激励计划的相关规定，勤上光电首期股票期权激励计划主要内容有以下6项：第一，股票期权激励计划授予日为2012年7月25日；第二，股票期权激励计划行权期分为三期，第一个行权期为自首次授权日起12个月后的首个交易日起至首次授权日起24个月内的最后一个交易日当日止，可行权数量占获授期权数量比例为40%，第二个行权期为自首次授权日起24个月后的首个交易日起至首次授权日起36个月内的最后一个交易日当日止，可行权数量占获授期权数量比例为30%，第三个行权期为自首次授权日起36个月后的首个交易日起至首次授权日起48个月内的最后一个交易日当日止，可行权数量占获授期权数量比例30%；第三，股票期权激励计划授予期权数量为911.6万份，占变更后公司股本总额37 467万股的2.433%；第四，股票期权激励计划对象为114人，占员工总数的5.43%；第五，股票期权行权价格为14.65元；第六，行权条件为在三个行权期中，分年度进行绩效考核，第一个行权期以2011年归属于上市公司股东的净利润为基数，2012年净利润增长率不低于20%，2012年加权平均净资产收益率不低于6.5%，第二个行权期以2011年归属于上市公司股东的净利润为基数，2013年净利润增长率不低于45%，2013年加权平均净资产收益率不低于7%，第三个行权期以2011年归属于上市公司股东的净利润为基数，2014年净利润增长率不低于75%，2014年加权平均净资产收益率不低于7.5%，此外，个人年度考核结果要求达到考核办法中规定的相关考核标准。

但该公司的股票期权激励并没有执行完成。2012年12月29日，东莞勤上光电股份有限公司发表了关于终止实施公司首期股票期权激励计划的公告。公告称2012年12月28日勤上光电召开董事会，审议通过了《关于终止实施公司〈首期股票期权激励计划（草案修订稿)〉的议案》，一致同意终止实施公司首期股票期权激励计划，并注销已授予的股票期权911.6万份。

二、终止实施及注销股票期权为何产生负面影响?

勤上光电终止股票期权激励计划的议案虽然经过董事会的重重考虑，但仍然不可避免地对该公司产生了负面影响。

1. 对公司业绩的影响：2012 年度利润总额减少

勤上光电在公告中指出，该公司采用 Black - Scholes 模型来确定股票期权的公允价值。根据授予日 2012 年 7 月 25 日的股票期权公允价值评估结果，公司从 2012 年 7 月份开始按月在等待期内摊销相关的股份支付费用，各期期权成本摊销情况的预算结果如下：

表 1　　勤上光电各期期权成本摊销预算表

	期权份数（万份）	每份期权公允价值（元）	股份支付费用（万元）	摊销计划（万元）			
				2012 年	2013 年	2014 年	2015 年
已登记在职	816.2	4.388	3 581.49	930.55	1 648.02	754.09	248.83
已登记已离职	95.4	4.388	—	—	—	—	—
合计	911.60	—	3 581.49	930.55	1 648.02	754.09	248.83

我们可以看到勤上光电在 2012 年 7 月至 12 月期间，已经计提了 930.55 万元的股份支付费用，而根据《企业会计准则》中第 11 号——股份支付的规定“如果企业在等待期内取消了所授予的权益工具或结算了所授予的权益工具（因未满足可行权条件而被取消的除外），企业应当将取消或结算作为加速可行权处理，立即确认原本应在剩余等待期内确认的金额，其中，加速行权是指假定后续行权条件可满足情况下的费用”。公司在 2012 年 12 月终止股权激励计划后，6 个月已经计提的股份支付费用不予转回。对于原本应在剩余等待期（2013～2015）确认的股份支付费用 2 650.94 万元则应该在 2012 年加速提取。对于与激励对象离职相关的股份支付费用不予计提。

综上所述，勤上光电由于终止实施及注销股票期权，在 2012 年共需计提 3 581.49 万元股份支付费用，减少了 2012 年度利润总额 3 581.49 万元。

2. 对公司市场价值的影响：预计持续下跌

勤上光电的股权激励计划不仅包括 14.65 元的行权价格，还有以下条件：以2011年归属于本上市公司股东扣除非经常性损益后的净利润为基数，2012年、2013年、2014年公司净利润增长率分别不低于20%、45%、75%，加权平均净资产收益率分别不低于6.5%、7%、7.5%。

从公司2012年的三季报来看，公司前三季度的净利润同比增长20.84%，净资产收益率4.48%，可以预见，若公司第四季度业绩良好，达到行权条件并非完全不可能，但股权激励计划却被取消，由此可以猜测，公司高管对公司的业绩并不持乐观态度，而终止股权激励计划又减少了本年度利润总额，公司2012年度第四季度业绩很可能呈下滑态势，这向市场传递了一种不良的信号，可能会造成股价下跌，虽然中国股市并非强式有效市场，但从2012年12月29日公告终止股权激励计划后公司股价波动的数据，仍可略见一斑（见表2）。

表2　　勤上光电股价波动表

日期	2012－12－28	2012－12－31	2013－1－4	2013－1－7
收盘价（元）	10.6	10.6	10.36	10.15
涨跌幅（%）	0.76	0.00	－2.26	－2.03

三、终止股票期权激励计划的原因与启示

勤上光电终止了首期股票期权激励计划，可以说是首次尝试股票期权激励制度的失败。显然，公司也预见到了终止股票期权激励计划带来的后果，那么，为何仍然要终止激励计划呢？勤上光电在终止公告中指出终止股票期权激励计划有两点原因。

一是公司股价无法达到行权价格。公司于2012年5月16日开始着手推出股权激励计划，在经过数次下调行权价后，最终公司决定以14.65元行权。但直到终止股权激励计划时，公司股票的市价收于10.60元，显著低于行权价格，可见已没有激励价值。

二是公司激励对象大批离职。自公司确定授予日以来，激励对象中有13人因个人原因先后离职，根据首期股票期权激励计划，该13人不再具备激励对象资格。以上13人涉及股票期权数量95.4万份。公司终止实施而涉及激励对象101人、股票期权份数816.2万份，以上人员均同意并确认了终止实施股权激励计划事项。鉴于上述原因，公司董事会

决定终止该次股票期权激励计划，并注销已授予的全部股票期权。

导致勤上光电终止股票期权激励计划的原因值得我们深思。我们从股票期权激励制度设计的理论前提条件来看，股票期权激励是把激励对象的利益和公司的利益结合在一起，通过激励机制的运行促使激励对象努力工作，提升公司的业绩，从而推动股价上升，同时使激励对象从中获利。股票期权激励机制良好运行是建立在公司治理机制有效、资本市场有效等基础上的。鉴于此，我们得到以下启示。

1. 资本市场层面

股票期权激励制度设计的理论前提条件之一是资本市场的有效性，一个规范、高效、透明的股票市场是有效实施股票期权激励的基本前提条件。我国资本市场处于发展初期，多位学者证明了由于信息不对称，市场主体的非理性等等原因，我国股市股价脱离实体经济运行，股价对公司真实价值的反映程度不足（刘骏民、伍超明，2004）。显然，目前这个基本条件在我国很难达到。另一方面，单只股票走势不止与本公司业绩有关，还与行业走势有关，而行业走势又受到大盘影响，也就是说，市场收益虽然对经理人员的努力程度很敏感，但由于股票价格除受经理努力程度的影响外，还会受到更多的外在因素的影响，用市场收益来衡量经理人员的努力程度并非完全准确。在本案例中，勤上光电主产品为 LED 产品，从 2011 年开始，LED 行情就处于低迷状态，前景堪忧，而 2012 年 11 月底勤上光电又受到限售股解禁影响，解禁比例高达 36. 59%，这些不可控因素导致勤上光电 2012 年第四季度股价有较大幅度的下跌，公司股价一直无法达到 14. 65 元的行权，被迫放弃了股票期权激励计划。

2. 公司治理层面

公司治理的有效性也是理论上实施股权激励制度的前提条件之一。公司的薪酬激励机制无法独立于公司其他治理机制而存在，各种治理机制之间相互作用、相互影响。股票期权激励机制与其他有关治理机制协调运作是实现股票期权有效性的必要条件。首先，股权集中度决定了股票期权激励制度的必要程度，股票期权激励制度对于股权分散的公司作用更大，勤上光电是民营企业，公司股权相对集中。其中，第一大股东持股比例为 25. 90%，前 5 大股东持股比例为 37. 39%，第二至第五大股东持股比例分别为 3. 28%、3. 20%、2. 83%、2. 18%。第一大股东作为公司的创始人，话语权影响较大，股票期权激励制度适用性并非很高。其次，经理人市场约束机制也制约着股票期权激励制度的作用，我们从公告中发现，勤上光电实施股票期权激励计划仅仅半年不到，其激励对象包括副总经理在内的 13 人（韩学林、杨焕兵、吴铁辉、章才垦、韩文亮、朱喜兵、王宇宏、赖永涛、胡敦圣、徐来添、王颢、张文良、左秋菊）接连离职，涉及股票期权数量中的十分之一，虽然我们无法得知大批受激励的经理人离职的真正原因，但根据以往研究，高管离职往往是另谋高就或者对现有薪酬不满（乔坤元，2013），显然经理人市场的不健全影响到了股权激励计划的正常执行。

勤上光电终止股票期权激励计划并非个案，2012 年共有 33 家公司停止了实施股票期权激励，虽然他们终止激励的直接原因各有不同，但背后的根本原因都值得我们深思。股票期权激励制度在中国的实行还需要大量的经验与环境的支持。不仅单个企业在实行股票期权激励制度之前应具体分析股票期权激励制度对公司的适用性，国家在改善市场环境与相关法律方面也需要很长的努力过程。

参考文献：

［1］宫志雄：《基于相对 EVA 的股票期权激励模式研究》，山西财经大学硕士学位论文，2012 年。

［2］聂丽洁，王俊梅，王玲：《基于相对 EVA 的股票期权激励模式研究》，载《会计研究》2004 年第 10 期。

［3］郑晓玲：《上市公司股票期权激励有效性研究》，苏州大学硕士学位论文，2009 年。

［4］张先治：《股票期权理论及在公司激励中的应用研究》，载《会计研究》2002 年第 7 期。

［5］刘骏民、伍超明：《虚拟经济与实体经济模型——对我国当前股市与实体经济关系的一种解释》，载《经济研究》2004 年第 4 期。

［6］乔坤元：《上市公司高管离职：原因、影响和行为》，载《山西财经大学学报》2013 年第 4 期。

雷士照明控制权之争的原因及其影响分析

王 简 何 帆 张激之

北京工商大学商学院

一、引 言

雷士照明控股有限公司（代码：02222 HK，以下简称雷士照明）是一家国内领先的集设计、生产、销售为一体的照明产品制造企业，由吴长江创立于1998年。2010年5月20日，雷士照明在香港联交所主板上市。作为创始人的吴长江，一直兼任董事长和首席执行官职务，负责公司的日常运营。在企业员工和合作伙伴当中享有较高的威信。由于经营所需资金的需求，在吴长江的主导下，雷士照明曾经多次进行融资，引入外部资本，吴长江本人的股权也由最初的100%降至19.23%。此时，从法律角度来说吴长江已经失去企业控制权，然而他本人却并未意识到这一点，这也为以后的控制权之争埋下伏笔。2012年5月25日早晨，在毫无征兆的情况下，雷士照明发布公告，称公司创设人吴长江因个人原因已辞任董事长、执行董事兼首席执行官及在董事会所有委员会的职务，并辞去公司及附属公司一切职务。董事长的接任者为公司的非执行董事、赛富亚洲投资基金管理公司（以下简称赛富）的创始人兼合伙人阎焱，此外，公告还宣布，董事会委任张开鹏为首席执行官。起初人们对于这件事的反应只是困惑，但是随着事件的进一步发展，吴长江与阎焱的矛盾逐步显现出来。吴长江指责阎焱是冷血的投资者，唯利是图，涉嫌操控股价，并称自己辞职是被阎焱欺骗；阎焱则指责吴长江不守信用，不专心经营，进行不合法的关联交易。两者矛盾的公开化意味着控制权之争从此开始。

二、雷士照明的成长历程

雷士照明于1998年11月由吴长江及其同学杜刚与胡永宏出资创立。创立初期，主要是为国外品牌代工，贴牌生产。直到2003年，雷士照明确立了自主经营品牌，其产品涉及商业照明、LED照明、办公照明、户外照明、光源电器等多种领域。随后，雷士照明在全国开设了800家专卖店，销售收入增长到近10亿元。此时，雷士照明开始从以产品为中心向以渠道为中心转型，并进一步扩张。2004年，创建惠州雷士工业园。2005年，因经营问题，吴长江与另外两位股东产生分歧，这是雷士照明历史上第一次权利之争，其结果是吴长江取得公司控制权，代价是分别支付给另外两位股东各8 000万元，两位股东退出雷士照明。同年4月，雷士照明在全国成立35个运营中心，掀起了雷士渠道变革的序幕。目前，雷士照明拥有广东、重庆、浙江、上海等制造基地，两家研发中心，36家运营中心和2 000多家品牌专卖店。雷士照明在世界30多个国家和地区设立了经营机构。2008年3月“雷士”商标被认定为中国驰名商标。2010年5月20日，雷士照明在香港联交所主板上市。

三、雷士事件的产生和发展

1. 董事会的组成

2012年5月纷争发生前，雷士照明的董事会由九人组成，其中创业元老吴长江和穆宇为执行董事，非执行董事有四位，包括来自赛富的阎焱和林和平，来自高盛集团（以下简称高盛）的许明茵以及来自施耐德电气公司（以下简称施耐德）的朱海，另三人Alan Russell Powrie、Karel Robert Den Daas和中国照明学会理事长王锦燧为独立非执行董事。九人董事会中吴长江和穆宇只占两席，难以控制董事会，在赛富，高盛，施耐德联合以后，更是寡不敌众。吴长江退出董事会后，施耐德的张开鹏担任CEO一职，进一步强化了施耐德对雷士照明的控制。

2. 事件的来龙去脉

（1）吴长江突然辞职并卷入负面新闻。

2012年5月25日上午，雷士照明突然发布公告，创始人吴长江因个人原因已辞去公司及附属公司所有一切职务。非执行董事、赛富亚洲基金创始合伙人阎焱获选为董事长；张开鹏为首席执行官。吴长江此时否认股东之间存在分歧。

2012年6月4日，联交所发布的资料显示，在5月24日，吴长江因个人原因辞去雷士照明及其附属公司一切职务的第二天，其以平均价1.789港元/股及1.707港元/股，先后分别减持雷士照明400万股和4 426万股（共4 826万股），套现8 271万港元，持股由19.97%减至18.45%。这一举动也引发了外界的种种猜测。该股由5月23日收市价2.37港元/股，下跌至6月4日的1.42港元/股，累计跌幅达到40%。吴长江在微博中称是由于孖展[①]增持了许多股票，后被券商强行平仓还钱，并非故意的套现行为。

2012年6月11日和12日，吴长江连续两日斥资1 227万港元增持股份，持股量增至19.19%，重夺第一大股东地位。

2012年6月14日，媒体爆出吴长江夫妇被怀疑在重庆卷入一宗案件，已被有关部门带走调查。当天吴长江发表微博，称5月12日参加董事会，并且向董事会推荐其弟弟吴长勇出任公司董事一职。

2012年6月19日，在股东大会召开前夕，雷士照明发布公告称，公司董事会正在就媒体报道其前任董事长吴长江涉及中国政府机关调查一事对公司造成的影响展开调查。若吴长江被调查传闻属实，将对公司声誉造成不良影响。另外吴长江和阎焱均缺席此次股东大会。因吴长江未在规定时间内提交议案，因此，吴长勇没能担任董事一职。

（2）吴长江与阎焱二人矛盾浮出水面。

2012年7月初，一封匿名邮件爆出，吴长江辞职是受阎焱所迫，两者的矛盾逐渐公开化。

2012年7月9日，阎焱接受记者采访时，对吴长江的回归开出三个条件：第一，必须向股东和董事会解释清楚被调查事件；第二，处理好所有上市公司监管规则下不允许的关联交易；第三是必须严格遵守董

① “孖展”一词来自香港，即保证金的意思。在香港市场上，银行和证券公司一般向投资者提供融资服务。开设了“孖展账户”的投资者，在进行股票买卖时，可利用他们提供的融资额进行杠杆投资，放大收益。一般情况下，证券行或银行向投资者提供这种服务会收取一定的利息。

事会决议。

2012 年 7 月 12 日凌晨，吴长江在微博上回应，称辞职一事是董事会要求；同时称自己并没有违反关联交易和上市公司的相关规定。阎焱提出的条件是在批评攻击自己。

（3）高管、供应商、经销商以及员工的态度——多数人力挺吴长江。

2012 年 7 月 12 日，雷士照明高管会暨董事见面会在重庆召开。管理层向董事会提出了四点要求，包括改组董事会、不让外行领导内行；阎焱不能干涉公司经营管理；争取更多员工期权；吴长江回归及施耐德退出。董事见面会结束后，近七十名经销商、供应商又迫不及待召开运营大会，要求施耐德离开董事会，吴长江回归，并要求两个在董事会的名额。阎焱一直以要遵守董事会程序为由拒绝表态。会议结束后，双方也没有达成一致意见。雷士照明最有价值的一部分资产是其强大的经销商网络，控制了经销商网络就一定程度上控制了雷士的命脉，而经销商因为施耐德的新政策利益受损，选择支持吴长江。吴长江认为赛富和高盛出于自身利益考虑会为保护投资而妥协。于是吴长江以经销商为筹码，试图恢复对雷士的控制力。

2012 年 7 月 13 日，雷士照明总部、重庆万州工厂、广东惠州工厂开始罢工。同时，经销商停止下订单，供应商也停止向雷士照明供货。以上三方表示，如果吴长江不能回归，员工、经销商和供应商将另创品牌，请吴长江出山，供应商将全力支持，并将免费供货半年以支持新品牌。此时，局面已不在资方控制之中，雷士照明岌岌可危。

（4）吴长江安抚各方，力求公司正常运行。

2012 年 7 月 14 日，雷士照明发布消息称吴长江已于 13 日飞抵重庆，安抚经销商，雷士照明停产风波有望平息。这也意味着吴长江可能会再次进入董事会。

2012 年 7 月 18 日，罢工仍在进行。但双方态度都有所缓和。吴长江答应阎焱的三点要求；同时关于吴长江和阎焱个人的负面新闻也越来越多。雷士照明的员工开始流失，订单锐减。

（5）挺吴派内部出现分歧，形势开始对吴长江不利。

2012 年 7 月 30 日，随着时间的推移，吴长江与经销商逐渐出现分歧，经销商计划另成立新公司，吴长江则不支持这一方案。此时，雷士照明的大部分工厂已经复工。吴长江重掌雷士控制权的筹码正在减少。

2012 年 8 月 1 日，以阎焱为首的董事会并没有按此前的承诺，给出答复，此事被延期至 8 月 10 日。此后，随着时间的推移，形势对吴长江越来越不利。

2012 年 8 月 10 日，阎焱逾期未回复。他对媒体表示，吴长江回归与否以公司公告为准。同日，雷士照明核心供货商宣布停止向雷士照明供货，雷士照明内部传多名高层辞职。

（6）高管及供应商继续力挺吴长江，董事会态度强硬。

2012 年 8 月 14 日，雷士照明副总裁徐风云向公司董事会提交辞职报告，辞去包括副总裁、市场管理系统首席运营官以及大项目系统首席运营官在内的一切职务。在前董事长吴长江与雷士董事会的纠纷中，徐风云一直力挺吴长江重返雷士照明。他表示，吴长江回归雷士照明，能重振企业经营，有利于维护股东利益。徐风云所率领的团队是吴长江旗下的经营团队，对雷士照明的重要程度不言而喻。同时，离职的高管也越来越多。此时吴长江向记者表示，他将以大股东身份，回归雷士照明，当天即赴惠州，推动公司正常运营。吴长江透露，阎焱代表的赛富、施耐德以及高盛等已联合，持股量已经超过 30%。

2012 年 8 月 16 日，雷士照明董事会宣布，重新委任吴长江为公司董事长并不妥当。雷士照明开盘即大跌 50%，收盘跌幅高达 28.4%，以 1.01 港元/股的收盘价创下历史新低。同时，董事会发布关于吴长江离职事件的调查公告，披露了吴长江在任时的一些问题。

2012 年 8 月 22 日，雷士照明创始人吴长江在重庆与超过 40 家的供应商召开沟通交流会。部分供应商表示，愿意响应吴长江的要求，有条件恢复供货，但若在特别股东大会后吴长江还无法回归雷士照明，将不再与雷士照明合作。

（7）迫于运营压力，双方和解。

2012 年 8 月 25 日，迫于经营压力，雷士照明新旧董事长阎焱和吴长江最终达成和解，吴长江近期将回归雷士照明，并重新担任董事长职务。

2012 年 8 月 29 日，公司发布了中期业绩报告，但并未如外界所期望的发布有关吴长江回归雷士的公告。2012 年上半年，雷士照明实现净利润 646.8 万美元，同比下降 83.7%。此时徐风云已经正式回到雷士上班。

（8）吴长江回归雷士照明，主管日常运营。

2012 年 9 月 4 日，雷士照明发布公告，公司董事会成立“临时运营委员会”，管理公司日常运营。“临时运营委员会”成立后将接管现行管理委员会的职能和责任，向董事会汇报。“临时运营委员会”的成员除现行管理委员会的三位成员穆宇、王明华、谈鹰外，还新增吴长江、朱海和张开鹏。其中，吴长江任“临时运营委员会”负责人，他已向董事会确认，将遵守上市规则及相关所有法律法规和董事会做出的所有决议、决定。

（9）通过资本运作重新控制雷士照明。

2012 年 12 月 27 日，广东德豪润达电气股份有限公司（以下简称德豪润达）对外公告称，将斥资 16.5 亿港元收购雷士照明 20.05% 股权，成为雷士照明第一大股东。同时，德豪润达还将分别向大股东芜湖经济开发区光电产业投资发展有限公司和吴长江定向增发，吴长江成为德豪润达的第二大股东。此时，吴长江持股比例降低至 6.79%。

2013 年 1 月 13 日晚间雷士照明发布公告称吴长江将出任首席执行官。此外，德豪润达的董事长王冬雷为非执行董事，自 2013 年 1 月 11 日生效。此外，公司同时公告宣布正式解散临时运营委员会，其职能及责任由董事会和首席执行官接管。雷士照明原 CEO 张开鹏于 2012 年 11 月 25 日辞任，在此之后，外界猜测将由刚刚回归的吴长江担任雷士照明 CEO 一职，但该职位一直空缺近两个月。

2013 年 4 月 3 日，阎焱辞去董事长一职，由王冬雷担任新任董事长。

四、控制权之争产生的原因

1. 吴长江持股比例下降是此次争端的导火线

经历数次的融资，吴长江的持股比例由最高峰的 100%，下降至争端前的 19.32%，是这场争端的导火线。其他几位投资方的联合使吴长江第一大股东的身份失去意义，董事会最终处于几位主要投资方的控制之中。

雷士照明成立初期，吴长江的持股比例为 45%。2002 年，经过一次股权调整以后，其持股比例下降至 33%。2005 年，由于经营理念上的分歧，在吴长江承诺支付给每人 8 000 万元以后，两位创始人离开公司。此时吴长江的持股比例已是 100%。此业务也引起了雷士照明资金的紧张。为了缓解资金紧张的局面，吴长江开始寻求融资求道。

2006 年 6 月，毛区健丽等人以 994 万美元的价格购入雷士照明 30% 的股份，此时吴长江持股比例下降为 70%。同年 8 月，在毛区健丽的促使下，赛富出价 2 200 万美元获得雷士 35.71% 的股权。此时，吴长江的持股比例下降为41.79%。

2008年8月，因资金短缺，雷士照明引入高盛投资，高盛以3 656万美元购入雷士照明11.02%的股份。同时赛富跟进增资1 000万美元，持股比例达到36.05%，成功成为雷士照明第一大股东。此时，吴长江拥有34.40%的股权，失去第一大股东地位。8月底，雷士照明定向增发326 930股雷士普通股给世纪通投的母公司——世纪集团，作为收购对价的一部分，占总股数比例为14.75%。这次增发后，吴长江持股比例下降至29.33%。已经不能达到相对控股所需的33%股权。

2010年5月20日，雷士照明港交所上市。发行6.94亿股新股，占发行后总股本的23.85%。吴长江的持股比例进一步被稀释到了22.33%，在其他投资者都为财务投资者的情况下，其对企业控制力弱的弱点还没有完全体现出来。

2011年7月21日，雷士照明引进法国施耐德电气作为战略性股东。施耐德与雷士照明签订了为期十年的“销售网络战略合作协议”，据此施耐德的电气产品可以通过雷士照明旗下的3 000家门店渠道进行销售。经历以上六次融资以后，吴长江的持股比例已经低至19.32%。也正是如此低的持股比例，导致吴长江险些失去自己一手创办的企业。

2. 融资扩张导致失控

（1）对投资方选择不谨慎。

2011年7月21日，雷士引进法国施耐德电气作为策略性股东。而赛富在雷士上市以前就已是相对控股的第一大股东。吴长江并未意识到自己面临局势的危险性。尽管不能肯定此次争端由哪位投资方主使，但作为雷士照明现任第三大股东的战略投资者施耐德电气，事实上已成为了大赢家，在实现了生产基地、销售渠道双丰收的基础上，施耐德运营总监张开鹏就任雷士照明首席执行官，在雷士照明的话语权进一步增强，控制力剧增。吴长江对投资方选择不慎，加上控制权失控，因而引发了这场争端。

（2）高速增长的经营战略导致控制权失控。

雷士照明由1998年的3 000多万元的年销售额增长至2012年的354 603.6万元，可见其增长速度之快，在快速扩张的战略决策下，资金紧张的雷士照明大量引入外部投资者，为吴长江失去控制权埋下了伏笔。2005年，吴长江主推渠道变革，与另两位股东产生分歧，因此背负了1.6亿元的债务不堪重负，才给了毛区健丽入股雷士照明的机会。

高速增长的经营模式必然带来高风险，雷士控制权之争是其实施高速增长的经营战略的必然结果。

五、雷士照明控制权之争对企业价值的影响

1. 股东权益对企业价值的影响

（1）股价的变化。

企业价值的实现是使所有企业利益相关者均能获得满意的回报，其中核心部分是股东权益的实现。股东权益与整个股市的发展以及股票市场对企业经营的影响密切相关。因此，股票价格往往用来作为衡量股东权益的标准。

雷士照明这场激烈的控制权之争，对公司的股价产生了巨大的影响，如图1所示。由图1可知，从2012年4月至2013年4月，雷士照明股价的整体走势都低于恒生指数（HSI）。由于恒生指数几乎代表了香港交易所所有上市公司的平均市值，它是香港股市最具影响力的股价指数，可见，控制权之争爆发以后，雷士股价下降速度之快。

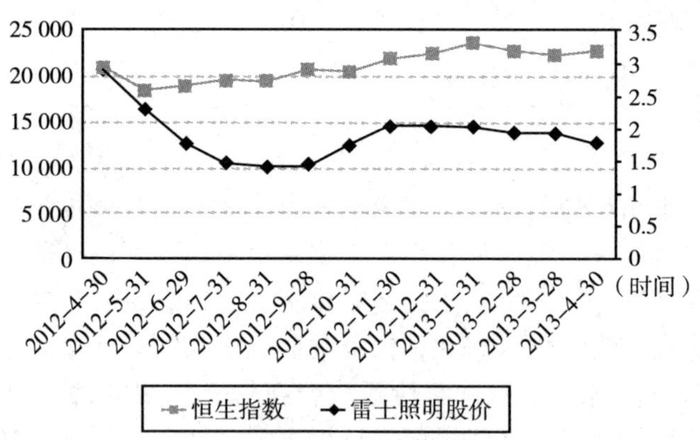

图1　雷士照明股价走势

资料来源：根据新浪财经港股恒生指数和雷士照明控股有限公司历史交易的股价公告整理。

为了充分说明纠纷事件对雷士照明股价的影响，本文选取几个关键事件来分析探讨控制权之争对股票价格的影响。

采用关键事件法分析吴长江辞职后3天股价变化的数据，如表1所示。由表1可见，吴长江辞职，阎焱上任后的3天时间内，雷士照明的

股价就发生了大幅下降，跌幅达12.5%，而同期恒生指数只下降了0.33%，可见雷士照明大股东的变动使投资者严重亏损。2012年7月初，随着吴长江与阎焱矛盾的公开，雷士照明的股价再次受到重创，比上月下跌了8.81%。

2012年12月27日，德豪润达对外发布公告，将斥资16.5亿港元收购雷士照明20.05%股权，成为雷士照明第一大股东，之后短短3天的时间雷士照明的股价下跌16.64%，相比同期恒生指数跌幅0.53%，超额回报达到-16.11%。这充分证明了公司控制权之争对公司股价的重大影响。

与此相反，董事会与大股东协调一致会使得公司股价上升。2012年8月25日，迫于经营压力，雷士照明新旧董事长阎焱和吴长江之间达成和解，吴长江回归雷士，并重新担任董事长职务，受此消息的影响，雷士照明的股价在3天之内上涨了4.47%，而同期恒生指数回报率仅为-0.79%。

2013年4月3日，阎焱辞去雷士照明董事长之职，由王冬雷接替。但是，控制权之争告一段落并不意味股票市场圆满收官，之后3天雷士照明的股价依旧下跌，跌幅达-1.73%，尽管其下跌幅度小于同期恒生指数的跌幅，但依旧未能扭转股价下跌的局面。这再次说明，企业控制权之争最终只会严重影响企业价值。

表1　　控制权纷争对雷士照明回报率的影响

事件发生日	事件	雷士照明回报率	恒生指数回报率
2012年5月25日	吴长江辞职，阎焱成为董事长	-12.5%	-0.33%
2012年7月初	一封匿名信爆出吴长江辞职为阎焱所逼，两人矛盾公开化	-8.81%	-2.47%
2012年7月13日	经销商、供应商全体罢工，要求由吴长江重掌雷士照明	停牌	—
2012年8月25日	新旧董事长阎焱和吴长江达成和解，吴长江将重回雷士照明	4.47%	-0.79%
2012年12月27日	德豪润达收购雷士照明20.05%的股份，成为雷士第一大股东	-16.64%	-0.53%
2013年4月3日	阎焱辞去雷士照明董事长之职，由王冬雷接替董事长之职	-1.73%	-3.56%

资料来源：根据新浪财经网港股恒生指数和雷士照明控股有限公司历史交易的股价公告整理。

（2）市盈率的变化。

市盈率是衡量上市公司股票价格和价值是否匹配的重要指标。市盈率越高，说明股票的价格和价值的背离程度就越大。雷士照明的控制权之争严重影响了股票价格，进而影响了股票的投资价值，其市盈率的变化如表 2 所示。

表 2　　2010 ~ 2012 年雷士照明的市盈率　　单位：元

	2010 年	2011 年	2012 年
每股收益	0.1705	0.1756	0.0027
股价	4.31	2.88	2.12
市盈率（%）	25.28	16.40	785.19

资料来源：根据新浪财经网雷士照明控股有限公司的财务指标和历史交易的股价整理。

从表 2 可以看出，雷士照明控制权之争爆发的 2012 年，每股收益由 2011 年的 0.1756 元下降至 0.0027 元，降幅高达 98.46%；在股本总数基本持平的情况下，可见其税后利润下降速度之快。正是由于每股收益的大幅度下降，才导致市盈率畸形般的增长，2012 年雷士照明的市盈率为 785.19，相比 2011 年增长了 40 多倍。市盈率越高表示投资者的股本越难以收回，股东的权益也就越难得到保障。

2. 债权人权益对企业价值的影响

一个企业的价值取决于它在未来时期创造的营业收益，其中一个重要因素就是资本成本，因此债权人的重要性可想而知，债权人的利益保障也是企业价值实现的关键因素。

雷士照明 2012 年负债总额为 83 969.9 万元，与 2011 年负债总额 78 043.9 万元相比，增加 5 926 万元，其主要来源是银行借款。雷士照明的银行借款由 2011 年的 4 092 万元增加到 2012 年 9 438.7 万元，涨幅高达 130.66%，其中计息贷款的期限为一年，财务负担相当重。

通过财务报表分析 2012 年雷士照明利润的下降速度，具体情况如表 3 所示。

表 3　　2010 ~ 2012 年雷士照明的经营业绩　　单位：万元

	2010 年	2011 年	2012 年
收入	319 206. 9	379 799. 8	354 603. 6
税前利润	55 701. 6	62 612. 3	11 648. 1
税后利润	50 002. 6	57 403. 1	4 854. 4
净利润率（%）	15. 7	15. 1	1. 4

资料来源：根据雷士照明控股有限公司 2010 ~ 2012 年年报整理。

从表 3 可以看出，雷士照明 2010 ~ 2012 年的收入基本持平，但利润却大幅下降，说明控制权之争爆发的这一年，雷士照明费用支出增长迅速。2012 年雷士照明净利润为 4 854. 4 万元，相比 2011 年的 57 403. 1 万元，降幅高达 91. 54%；净利润率跌至 1. 4%；说明雷士照明的控制权之争不仅严重影响其股票价格，让投资者受损，也严重削弱了企业的盈利能力，影响了企业的正常经营，使债权人的利益无法得到保证。

3. 政府对企业价值的影响

企业社会价值最大化的表现即维护地方安定团结，促进社会可持续发展，积极参与政府制定的有关方针政策的实施，并保障政府公共收益的实现。政府的主要职能是调解不同所有者、经营者、劳动者之间的矛盾和冲突并促进社会健康发展。雷士照明控制权的风波引起了地方政府的高度关注，雷士照明风波激化了公司管理层、供应商、经销商多方的矛盾，造成重庆万州工厂、广东惠州工厂大规模罢工、离职，与就业稳定、社会和谐的目标背道而驰。因此，2012 年政府对雷士照明的补助锐减，由 2011 年的 10 969 万元大幅下降为 2012 年的 620. 8 万元。这不仅影响了企业的日常经营，也使企业公众形象蒙受损失，且与政府保护国有品牌的初衷不符。

本案例说明，大股东之间及其与管理层之间的控制权之争会严重影响企业的价值，只有二者协调一致，以企业价值最大化为目标，共同为企业谋取福利时才能提升企业的价值。

六、结　论

雷士照明股权之争持续时间长，影响范围广，吴长江由一个最初拥有100%股权的大股东最终降为一个拥有6.79%股权的普通股东，也使一个优秀的民营企业和中国品牌险些落入外资的控制之中。此次争端给雷士照明的股价造成了大幅波动，企业的市场价值因此也出现波动，也对公司的今后运行产生深远的影响。

吴长江与阎焱的接替，张开鹏的退位，到最后直接由董事会决议王冬雷上任，与雷士照明的注册地在香港有着密不可分的关系。香港的法律属于英美法体系，与我国法律体系不同的是其法律规定董事会有权决定公司经营的一切事务，因此，雷士照明的控制权之争才会愈演愈烈。国内其他重大的股权争夺案例，均存在注册地与经营地法律偏离的现象。为了防止中国企业类似的控制权之争再次爆发，可以从以下几方面努力。首先，我国政府应进一步加强法律建设，建立健全法律法规，防止公司注册地、上市地与经营地之间法律偏离情况的发生，将三者统一或者严格遵守其中一种规范，尽可能地减少不必要的纷争。其次，探索完善公司治理结构，改进公司章程，尽可能使每个股东的权益得到保障，防止一股独大。最后，采用财务理论与实务的相关方法，通过股权激励政策使得董事会和管理层达成共识，统一企业战略目标，为企业的长远发展奠定基础；同时提升企业家自身素养，合理利用外资，避免因融资导致民族资本被国外企业并购或控制，防止民族品牌被国外资本占有。

参考文献：

［1］陆庆平：《以企业价值最大化为导向的企业绩效评价体系——基于利益相关者理论》，载《会计研究》2006年第3期。

［2］张家伦：《企业价值报告：现代财务报告演进的必然趋势》，载《会计研究》2006年第2期。

中介机构是市场的“守护神”还是“合谋者”

——基于万福生科的案例分析

侯俊涛

北京工商大学商学院

2009 年 9 月，创业板的开设和 IPO 的重启进一步完善了我国多层次资本市场的发展，为解决我国中小企业，特别是科技型中小企业的融资问题提供了平台。创业板经过三年多的发展，已经拥有了相对成熟的资本市场，监管体系也在逐步完善，但是创业板毕竟创设时间比较短，相对主板来说还是存在很多问题的，尤其是创业板企业上市前后出现的业绩大幅下滑甚至“变脸”现象，给许多投资者造成了利益损失。上市前后的业绩“变脸”现象很多情况下和企业的财务造假和粉饰财务报表分不开的，当企业严重的财务造假被事后揭穿的时候，作为对企业 IPO 进行审查和后续监督的会计师事务所和保荐机构也难逃其责。中国监管部门对财务造假的不法行为的处理力度的不足，使得资本市场出现了一些不法企业，企图通过虚增收入和利润来欺骗投资者，给投资者造成了严重的损失。在这些财务造假面前，有些中介机构却视而不见，仍然出具“一切正常”的报告，让我们不得不质疑中介机构究竟是资本市场的“守护神”还是不法企业的“合谋者”。本文以“创业板造假第一股”的万福生科为例来探讨资本市场上造假企业的造假手段，以及造假过程中中介机构的责任，最后从中介机构视角提出了相关的政策和建议，希望能够提高中介机构的责任意识，使得资本市场能够得到更好更健康的发展。

一、案例背景

成立于2003年的万福生科注册地位于湖南省常德市桃园县，主营大米精加工产品的研发、销售和生产，该企业曾被农业部授予“诚信守法乡镇企业”，被湖南省工商局授予“重合同守信用单位”，被湖南省银行业协会授予“守信用企业”，被湖南省农业厅授予“推行新农村建设领头企业”，被湖南省粮食局授予“湖南省粮油加工重点企业”，被湖南省农业发展银行评定为“AA”信用等级企业。2011年9月，公司股票在创业板上市挂牌交易，募集资金4.25亿元。然而，就是这样一个拥有众多光环、被授予诚实守信的企业，在2012年半年度报告中，虚增营业收入1.88亿元，虚增营业成本1.46亿元、虚增净利润4 023.16万元，数据金额较大，导致该公司2012年上半年财务报告盈亏方向发生变化，情节严重。因此万福生科被湖南省证监局立案调查，并在2012年11月23日被深交所公开谴责。

二、案例分析

在上市仅仅一年的时间里，万福生科从一个拥有众多“诚信”荣誉的明星企业最后沦为资本市场的反面教材，从其财务报表造假中我们领教了该公司令人“折服”的造假手段。

1. 虚增营业收入，产品类别收入“张冠李戴”

从万福生科提供的2012年中报更正公告中，我们能够看到在报告期内，原报告中实现收入为269 760 213.22元，更正后的报告中实现营业收入为82 169 396.61元，虚增收入187 590 816.61元。从产品类别上来说，原报告中糖浆、葡萄糖粉、蛋白粉、优质米、糠油、饼粕等六种产品都虚增了很多收入，同时虚构麦芽糖精和谷壳两类产品的收入，少计了普米和油糠的收入。万福生科这种虚增删减，都是掩人耳目的财务造假手段，具体分产品收入明细更正前后情况见表1和表2。

表1　　更正前主要产品收入明细　　单位：元

分产品	营业收入	营业成本	毛利率（%）	营业收入比上年同期增减（%）	营业成本比上年同期增减（%）	毛利率比上年同期增减（%）
糖浆	122 261 165.42	95 556 504.17	21.84%	49.22%	61.21%	-5.82%
葡萄糖粉	14 020 383.03	10 924 221.49	22.08%	-8.35%	-1.65%	-5.31%
麦芽糊精	11 238 888.91	8 731 954.84	22.31%	-6.07%	4.43%	-7.81%
蛋白粉	27 542 791.35	20 384 956.23	25.99%	27.42%	42.39%	-7.78%
优质米	51 116 115.38	43 485 388.72	14.93%	-0.29%	4.85%	-4.17%
普米	32 056 235.76	27 133 960.49	15.36%	-14.03%	-19.06%	5.27%
油糠	—	—	—	—	—	—
谷壳	121 515.07	117 922.38	2.96%	-28.7%	-24.88%	-4.92%
糠油	5 119 407.06	4 073 321.96	20.43%	1.46%	4.75%	-2.5%
饼粕	6 283 711.24	5 553 038.01	11.63%	-0.29%	2.13%	-2.1%

表2　　更正后主要产品收入明细　　单位：元

分产品	营业收入	营业成本	毛利率（%）	营业收入比上年同期增减（%）	营业成本比上年同期增减（%）	毛利率比上年同期增减（%）
糖浆	20 317 413.33	18 106 746.76	10.88%	-75.20%	-69.45%	-60.66%
葡萄糖粉	431 098.29	406 310.44	5.75%	-97.18%	-96.34%	-79.01%
麦芽糊精	—	—	—	-100%	-100%	—
蛋白粉	3 520 289.38	3 024 910.05	14.07%	-83.71%	-78.87%	-58.33%
优质米	11 197 521.23	10 637 396.85	5.00%	-78.16%	-74.35%	-73.81%
普米	42 108 224.13	33 228 188.71	21.09%	12.93%	-0.88%	109.03%
油糠	1 947 715.58	1 492 698.55	23.36%	48.77%	17.39%	711.71%
谷壳	—	—	—	-100%	-100%	—
糠油	1 066 423.89	993 053.08	6.88%	-78.87%	-74.46%	-70.01%
饼粕	1 073 932.30	848 886.96	20.96%	-82.96%	-84.39%	52.66%
其他	651 780.48	1 705 750.97	-161.71%	—	—	—

2. 五大客户玄机

表3　　更正前前五大客户主营业务收入明细

客户名称	主营业务收入（元）	占公司全部营业收入的比例（%）
东莞市常平湘盈粮油经营部	16 941 956.70	6.28
湖南祁东佳美食品有限公司	14 156 118.40	5.25
湖南省傻牛食品厂	13 803 865.90	5.12
津市市中意糖果有限公司	13 419 520.80	4.97
怀化小丫丫食品有限公司	13 406 406.70	4.97

表 4　　更正后前五大客户主营业务收入明细

客户名称	主营业务收入（元）	占公司全部营业收入的比例（%）
东莞市常平湘盈粮油经营部	16 941 956.70	20.58
佛山市南海亿德粮油贸易行	6 340 000.00	7.70
湖南祁东佳美食品有限公司	2 228 011.60	2.71
津市市中意糖果有限公司	1 187 250.00	1.44
焦作市菲爱特农业发展有限公司	906 944.00	1.10

根据更正前后的相关数据，我们能够看出万福生科随意编造客户。根据南方周末的相关调查显示，东莞市常平湘盈粮油经营部近两年并没有销售万福生科的大米，而且该营业部仅仅是2008年注册成立的一家个体户，注册资本仅为2万元，这样小的一个经营部半年内采购了万福生科1 694万元的产品，让人不可思议。原报中湖南傻牛食品厂销售金额为1 380万元，但据记者调查发现湖南省傻牛食品厂已经停产数年，现在仅仅是在维护设备的状态。从整个更正前后的报表来看，第二大客户湖南祁东佳美食品公司虚增幅度达到6倍，湖南傻牛食品厂和怀化小丫丫食品公司作为万福生科的第三大客户和第四大客户，在更正公告中消失。万福生科的财务处理是瞒天过海、肆意妄为，但是该公司的财务造假手段并不高明，如果事务所进行函证就能发现其中的虚假信息。

3. 随意增减往来科目，粉饰财务报表

表 5　　更正前流动资产财务状况　　单位：元

项目	期末余额	期初余额
应收账款	12 882 934.96	36 992 705.84
预付款项	145 695 483.65	119 378 847.66
其他应收款	12 874 687.45	3 463 867.16
流动资产合计	656 243 423.40	793 587 792.45

表 6　　更正后流动资产财务状况　　单位：元

项目	期末余额	期初余额
应收账款	4 124 490.13	36 992 705.84
预付款项	101 007 181.02	119 378 847.66
其他应收款	106 429 915.01	3 463 867.16
流动资产合计	696 351 903.50	793 587 792.45

从更正前后的报表对比中我们能够看到流动资产的总金额少计了，大量虚增应收账款和预付账款，同时骤减其他应收款，通过把其他应收款中的金额调到应收账款，从而增加主营业务收入，最终增加企业的净利润，通过这种手段来粉饰企业财务报表，欺骗投资者。与随意编造销售客户一样，万福生科对应收账款和预付账款编造前五大客户，编造虚假财务报告，具体证据如表7所示。

表7　　应收账款中金额前五名单位情况更正前后对比

－1：　更正前应收账款中金额前五名单位情况

单位名称	与本公司关系	金额（元）	年限	占应收账款总额的比例（%）
常德市湘原贸易有限公司	非关联方	1 290 000.00	一年以内	9.51
湖南双佳农牧科技有限公司	非关联方	1 086 665.00	一年以内	8.01
乐哈哈食品厂	非关联方	921 473.60	一年以内	6.8
佛山南海娥兴粮油经营部	非关联方	916 093.10	一年以内	6.76
衡阳市炎健商贸有限责任公司	非关联方	908 682.00	一年以内	6.7
合计	—	5 122 913.70	—	37.78

－2：　更正后应收账款中金额前五名单位情况

单位名称	与本公司关系	金额（元）	年限	占应收账款总额的比例（%）
湖南省军供粮油经营发展公司	非关联方	1 202 530.30	一年以内	27.7
桃源联通	非关联方	140 507.00	一年以内	3.24
常德市武陵天成爱心超市	非关联方	109 180.50	一年以内	2.51
湖南梅尼超市股份有限公司	非关联方	99 657.00	一年以内	2.30
澧县步步高商业连锁有限责任公司	非关联方	88 122.06	一年以内	2.03
合计	—	1 639 996.86	—	37.77

4. 虚增资产，隐瞒不利信息

表8　　在建工程更正前后情况对比

－1：　更正前在建工程情况　　单位：元

项目	期末余额	期初余额
在建工程	179 975 363.60	86 750 113.38

-2：　更正后在建工程情况　　单位：元

项目	期末余额	期初余额
在建工程	99 615 363.60	86 750 113.38

经过对比更正前后的在建工程金额，发现在建工程多计了将近一倍的金额，由于在建工程的造假程序比较简单，成本比较低，不容易引起审计人员的怀疑。在建工程的虚增，导致了总资产的虚增，从而导致了较低的资产负债率，给外部投资者一个良好的形象，这也正如实际控制人龚永福在造假事件发生后公开表述的："我们不想给投资者留下不好的印象嘛，虽然也不想这么做（财务造假）。我们前景是好的，后续发展也是好的。"同时2012年的半年报中并没有披露公司上半年因技改停产的信息，根据更正后的报表其中普米生产线于2012年1月12日至6月30日累计停产123天，精米生产线于2012年1月1日至2012年6月30日累计停产81天，淀粉糖生产线于2012年3月17日至2012年5月23日累计停产68天。技改停产造成了收入的大幅下降，但是又出于财务指标压力，所以就进行了财务造假。

三、"造假风暴"前的"电闪雷鸣"

通过上面的分析，我们能够看到万福生科的造假程度达到了明目张胆、恣意妄为的地步，违背事实做假账，造假程度几乎涵盖了所有财务信息，涉及到每个会计科目。造假手段有伪造合同、虚增收入和利润，张冠李戴、随意更改交易对象，随意增减往来科目、粉饰财务报表，虚增资产、隐瞒不利信息等，但这些手段其实并不高明，在IPO审计中能够发现一定的蛛丝马迹。

1. 上市前的异常指标

（1）虚增收入。通过审阅万福生科三年一期的财务报告，我们能够看到2011年1~6月销售收入前五名客户的明细情况，通过下表我们能够看到前五名客户中有四名都是和2012年半年报中的客户是一致的，但是正如前所述，南方周末记者的调查显示东莞市常平湘盈粮油经营部是一个注册资本只有2万元的商店，在短短的6个月内却购买了2 957万元的大米，凡是稍有商业头脑的人都是不会相信的。据调查湖南傻牛食品厂已经停产数年，还有就是第四大客户的东莞市樟木头华源粮油经营部也是自从2007年之后就不再采购万福生科的产品了，现在又出现在2011年的十大客户中，真是让人匪夷所思。通过详细的调查和分析，我们发现万福生科在上市前已经存在了财务造假行为，这种造假习惯一旦得逞，就成为了一种屡试不爽的伎俩，才酿成了今天的悲剧，具体的证据可以看下表中2011年销售收入前五名的明细情况表。

表9　　2011年1~6月销售收入前五名客户的收入明细情况

客户名称	产品名称	金额(元)	占同类销售的比例(%)	占总销售比例(%)
东莞市常平湘盈粮油经营部	大米	29 570 000.00	33.39	12.74
津市市中意糖果有限公司	麦芽糖浆	21 469 034.10	26.20	9.25
怀化小丫丫食品有限公司	葡萄糖粉、麦芽糊精	13 704 901.69	50.27	5.90
东莞樟木头华源粮油经营部	大米	10 566 546.10	11.93	4.55
湖南省傻牛食品厂	麦芽糊精、麦芽糖浆	11 111 175.70	10.18	4.79
合计	—	86 421 657.59	—	37.23

（2）高库存。通过招股说明书我们能够看到2008年末、2009年末、2010年末、2011年6月末，公司存货账面价值分别为14 252.99万元、19 628.60万元、19 013.24万元、20 306.39万元，在流动资产中的占比分别为71.83%、75.09%、66.99%、78.96%。这样一个高存货现象应该说明公司产品的周转率比较低，原材料或产品积压，虽然报告中强调了存货中的大部分是原材料，但是如果产品供不应求的话，原材料的库存不应该如此多。

（3）超高毛利率。该公司的毛利率畸高，尤其是淀粉糖的毛利率平均在28%左右，而同行业的毛利率平均在10%~20%，虽然企业给出了一定的解释，但是这种解释显得非常差强人意，一个刚刚起步的企业可以在利润上远远超过国内外的老牌企业，这种可能性概率很小。下面是招股说明书里的毛利率分析。

相对于其他可比上市公司，公司的毛利率处于偏上水平。报告期内，公司及可比上市公司的毛利率水平如下：

表 10　　同行业主要企业毛利率对比

项目	产品	2011 年 1～6 月	2010 年	2009 年	2008 年
西王糖业（香港上市）	淀粉糖	—	14.50%	12.76%	8.64%
保龄宝	淀粉糖	—	20.62%	21.65%	23.53%
鲁洲生物（新加坡上市）	淀粉糖	—	9.80%	8.64%	8.72%
南宁糖业	蔗糖	—	23.84%	22.72%	16.30%
贵糖股份	蔗糖	—	29.83%	11.54%	7.61%
万福生科	淀粉糖	27.89%	28.13%	29.39%	27.87%

与上述其他上市公司相比，公司核心产品淀粉糖产品的毛利率较高。公司淀粉糖类产品和其他淀粉糖生产企业所用原材料不同，公司使用大米为原料，原材料价格相对其他企业所使用的玉米较为稳定，公司毛利率相对稳定。

2. 上市前后高管变动异常

通过招股说明书我们能够知道：2009 年 11 月 14 日，公司召开第一届董事会第二次会议，原董事会成员青先国不再担任独立董事；2010 年 11 月 10 日，公司召开第一届董事会第四次会议，陈纪瑜不再担任公司独立董事；2011 年 4 月 25 日，公司分别召开 2011 年第一次临时股东大会、第一届职工代表大会第五次会议和第一届监事会第五次会议，审议通过了杨满华辞去监事及监事会主席职务的议案；2009 年 10 月 24 日，公司召开第一届董事会第一次临时会议，董事蒋建初辞去公司副总经理职务；2009 年 11 月 14 日，公司召开第一届董事会第二次会议，聘任胡志为公司副总经理，2010 年 11 月 10 日，公司召开第一届董事会第四次会议，胡志不再担任公司副总经理职务。按照常理来说，公司即将上市之际，公司高管应该是比较团结，因为上市将意味着公司有更好的发展前景和职工有更好的待遇，但是从招股说明书中我们能够知道高管变动频繁，有的仅仅上任一年，然后就辞职，所有这些都说明企业存在一定问题。

在上市之后的两份公告中我们能够知道：2011 年独立董事现就公司第一届董事会第十一次会议审议的《关于副总经理辞职及补选高级管理人员的议案》发表独立意见；万福生科（湖南）农业开发股份有限公司（以下简称“公司”）董事会于 2012 年 1 月 30 日收到公司董事会秘书肖明清先生的书面辞职报告。上述所有的信息均说明万福生科在上市前后均存在着高管频繁和异常变动情况，这对于企业战略稳定、持续的实施非常不利，作为处于成长期且具有良好发展前景的新兴公司，高管层理应团结一致并团结，坚定地实施企业战略，万福生科如此频繁更替高管不利于管理风格和经营模式的确定。

3. 资金饥渴症

企业上市融资的主要目的就是为了“圈钱”，尤其是作为新兴的公司，资金紧缺是可想而知的事情。通过很多迹象都表明公司存在着严重的资金饥渴症，通过 IPO 审计报告我们能够知道：“截至 IPO 审计报告之日，无形资产——土地使用权已用于本公司贷款的抵押。”同时万福生科 2012 年 7 月下旬的公告显示：“龚永福及妻子将 4719 万股股份质押给中原信托公司，以便进行相应的融资。”9 月 27 日，万福生科将迎来上市后首次大小非的解禁、减持，万福生科在资金短缺的情况下又担心因业绩下滑带来的监管压力、股东压力、投资者不满等，铤而走险，虚增收入和利润，粉饰财务报表，欺骗投资者的感情，损害投资者的利益，最终酿成了今天的“苦酒”。

四、造假背后的幕后“合谋者”

我国资本市场自设立以来，至今已颁布了多项规章制度来完善上市公司治理机制，规范信息披露行为，初步建立了具有中国特色的证券市场，但是仍然出现了万福生科这样如此肆意妄为、明目张胆的造假丑闻。一家公司乱象如此之多为何在事发前还能得到券商的青睐？为何会计师事务所对如此明显的财务造假行为却视而不见？公司的外部治理是否发挥了治理机制？

保荐人制度作为舶来品，在中国实施的 7 年多时间里提高了上市公司质量，培育了相对成熟的资本市场，但是每一次公司财务造假丑闻中都能见到保荐机构的身影。这次万福生科造假案中，公司虚增收入和利润，隐瞒不利信息，但是保荐商平安证券在万福生科收到立案稽查通知的前 3 天发表了《平安证券有限责任公司关于万福生科（湖南）农业开发股份有限公司持续督导期间跟踪报告》，报告中称万福生科“一切正常”。对于万福生科并不高明的造假行为，保荐机构却疏于监督，放任自流，未发现如此重大造假信息，可见真正是“荐而不保”行为。事实上，万福生科上市前后业绩大“变脸”和平安证券的“荐而不保”

行为只是资本市场的一个缩影。据有关资料显示，中信证券和国泰君安证券也曾受到监管部门的严肃处理，这两家证券公司分别保荐的百隆东方和珈伟股份均出现了上市后业绩大幅下滑的现象。尤其是对创业板这样一个新兴的资本市场来说，上市公司 IPO 前后迥然不同，业绩火速翻脸，相关保荐机构“荐而不保”，将大量劣质企业高价推上市场的现象屡见不鲜。据 Wind 数据库统计，自 2009 年推出创业板以来，在创业板上市的 355 家上市公司中有 156 家前三季度净利润出现下滑，占比达到了 43.9%，其中有 11 家达到了亏损程度。通过上面的分析，我们发现保荐机构并没有在资本市场上充分发挥其应有的作用，因此让我们不得不质疑某些保荐机构究竟是市场的“守护神”还是劣质企业的“合谋者”，我想答案是明确的。

同样在企业上市过程中起到另一重要作用的中介机构——会计师事务所也没有尽职尽责，为万福生科服务的中磊会计师事务所连续为万福生科出具无保留意见的审计报告，并且对 2009 年 9 月 30 日为基准日的报表审计，在 10 月 7 日就出具了审计报告，用时仅仅 7 天，国庆假期还在加班服务客户。同时从 2009 年开始统计，该事务所 4 年来承接的 7 单 IPO 审计项目中，除去财务造假的万福生科之外，有 2 家公司业绩大幅变脸，其中 1 家公司净利润自上市以来一直处于下滑状态，1 家公司业绩同比下滑。通过分析我们可知，一家具有重要证券业务资格的会计师事务所却能随意出具标准无保留意见的审计报告，让我们不得不认为某些会计师事务所同样是劣质企业造假的“帮凶”或“合谋者”。

五、启示和建议

通过上面的分析我们可知，万福生科企业在上市前后均存在严重的造假行为，但是这种造假手段并不高明，然而作为中介机构却对这种行为视而不见，“形式主义”行为让人痛心疾首。这样的中介机构不仅不能成为维护资本市场健康发展的“守护神”，反而成为了劣质企业和不法企业的“和谋者”。因此，本文从中介机构的视角出发，提出相关的政策和建议，以期提高中介机构的责任意识，促使资本市场能够更好更健康的发展。

1. 完善中介人员的资格认证制度

作为保荐人和注册会计师不仅要有扎实的理论功底，而且要有丰富的工作经验和良好的素养。但是我国的这两种资格认定仅仅是通过考试，这种通过理论知识的考查难以检验考生是否真正具备从事相关行业的素养，万福生科中的保荐人和注册会计师没有发现万福生科瞒天过海的造假行为，让我们感到了这种仅仅通过考试来进行资格认定的行为是存在很大局限性的。借鉴国外及香港地区的保荐人制度，国内应该要求保荐代表人具有实际工作经验并进行持续性强制培训，改变以往的重考试、轻实践的做法。相关部门应出台规定，详细规定从业人员的工作经历要求，并对其进行动态监管和强制的思想道德教育。

2. 明确各中介机构的责任

现有的保荐制度规定：“保荐机构应该对发行方的相关资料和信息负总责，对其他中介机构出具的专项意见进行核查，对发行人提供的相关资料进行独立的审查和判断”。但是审计报告和法律意见书都是由专业人士出具的，而且具有法律效力。该制度的规定一方面加大了保荐机构的责任，减轻了会计师事务所和其他中介机构的责任，容易造成责任混淆，同时也会让会计师事务所存在一种侥幸心理；另一方面，虽然保荐机构也具有较强的财务知识，但是对于会计、审计等领域，保荐代表人不一定能完全胜任，一旦发生舞弊、造假等事宜，不利于明确各方的责任，也不利于投资者确定诉讼对象。鉴于上述原因，监管机构应该明确各方责任，保荐机构没必要对审计报告进行实质性的核查，只需对相关问题进行补充和担保。突出保荐机构的重点责任，强调后续的持续督导责任，一旦上市并不代表万事大吉，如果出现万福生科这样的造假行为，保荐机构应首先承担后续督导不利责任，然后各个中介机构按照规定承担相应的责任。

3. 加大对相关责任方的惩戒力度

目前证监会对上市公司大多实行行政监管，上市公司的违约责任很低，只有罚款、谴责、通报批评等，违约成本非常低，同时对于中介机构大多也是仅仅暂停营业执照 1 ~2 年，这些违约成本相对于违约收益来说太低了。正如本案的万福生科，在湖南监管局对万福生科进行立案稽查时，万福生科股票并未停牌，这种现象其实是在损害投资者利益。因此，中国监管部门对资本市场的造假者及其相关的中介惩罚措施显然不足以对其产生威慑力，这种惩罚制度的不健全客观上纵容了资本家和中介机构的不法行为。笔者认为应该借鉴香港特区政府对洪良国际造假案的处理办法，一旦明确发现造假行为立即要求企业停牌并退市，然后赔偿广大投资者损失，最后严惩责任相关方，以此大规模提升发行方及中介机构的违规成本。当然，对于中国不太成熟的资本市场，监管部门相继出台了很多旨在完善市场的措施，保护投资者利益。比如中国证监会制定了《关于保荐项目尽职调查情况问核程序的审核指引》，以此来建立和完善对中介机构的问责机制，这些制度的出台表明了监管部门致力于健全和完善资本市场的决心和信心。我们也期待中国资本市场越来越好，“万福生科”现象再也不会出现。

参考文献：

［1］罗敏夏：《万福生科：大米神话是如何注水的》，载《南方周末》2012 年 11 月 29 日。

［2］王硕：《对中国上市公司财务造假的思考——基于万福生科一案的研究》，载《中国商贸》2013 年第 28 期。

［3］唐滢滢：《万福生科内部控制问题研究》，载《商业会计》2013 年第 21 期。

［4］于鸿润：《论证券中介机构的监管责任》，载《商业研究》2006 年第 4 期。

［5］孙娜、刘富国：《我国 IPO 审计质量实证研究》，载《财会通讯》2009 年第 18 期。

［6］刘瑜：《IPO 审计风险及对策研究》，载《财会月刊》2013 年第 13 期。

股份减持与投资者保护

——基于和佳股份的案例分析

王　莹

北京工商大学商学院

一、引　言

中国股市发展演变中，股权分置是一种由于特殊的历史原因，在中国A股市场的上市公司内部普遍形成的“两种不同性质的股票（流通股和非流通股）”现象的改革，并最终形成“不同股不同价不同权”的市场制度与结构，成为困扰中国股市发展的头号难题。股权分置改革就是针对前述现象进行的改革，指政府将以往不可以上市流通的股票拿到市场上流通。股权分置改革后，上市公司大股东减持股份现象愈发频繁的发生。随着股票市场的发展和企业制度的完善，大股东减持股份行为也产生越来越重大的影响，甚至直接关系着自身发展和资本市场的完善。因此对大股东减持股份的研究尤为重要。

综观对大股东股份减持的研究，大股东减持股份的动机对该行为产生的直接后果有着显著的影响，这直接关乎整个股票市场的资本流出情况以及上市公司的未来发展情况，尤其对当前低迷的中国股市有着不小的冲击。因此本文分析了珠海和佳医疗设备股份有限公司（股票代码：300273）减持股份的行为，从大股东接连减持现象出发，探讨了该行为产生的后果以及由此给证券市场和投资者带来的影响。最后，以此为基础提出几点建议，希望能够对大股东减持股份行为起到部分约束作用。本文旨在引起相关者的注意，希望能够对保护中小投资者的利益不受损害起到一定的作用。

二、案例背景

珠海和佳医疗设备股份有限公司成立于1996年4月1日，公司自成立以来，一直精耕于国内医疗设备市场，多年来一直坚持技术创新和自主开发。2010年该公司被广东省工商行政管理局认定为“广东省著名品牌”。该公司于2011年10月26日在创业板上市，IPO前公司就已发行股份并于2012年10月29日上市流通。2012年10月其首批限售股得以解禁，26位自然人股东获准解禁6075万股，约占总股票本的30%。根据相关规定，公司的10位高管承诺任职期间每年转让的股份不超过25%，加上股东颜玲君已将其持有的748.5万股质押，所以和佳股份事实上有可流通股票约4 297万股。作为从事医疗器械制造的和佳股份，成为一例解禁后即遭到大肆抛售的创业板公司。

上市公司股东减持仿佛永远不是过时的话题。在和佳股份解禁后，尽管大盘近期出现反弹，但上市公司原始股东与高管们减持的步伐却仍旧没有停止。限售解禁首日，和佳股份股价收报于17.04元。盘后大宗交易数据显示，当日和佳股份以15.35元/股成交192万股，成交额约3 000万元。自此之后，和佳股份24次现身大宗交易，累计成交1 344.5万股，成交额高达19 815万元。表1显示了和佳股份的股东通过大宗交易或者竞价交易增减持股变动情况。

尤为值得关注的，如表2所示，和佳股份有四个公司高管从2012年11月开始陆续顶格减持，年度减持数量一度达到自身持股比例的25%。11月2日公司副总裁高立以14.85元/股的价格进行大宗交易，减持37.5万股，套现约557万元，而高立的持股数额也就只有150万股，减持大约占25%。紧随其后，公司副总裁罗玉平、副总裁田秀荣、副总裁兼董秘苏彩龙也相继减持。这三人均以14.61元/股的统一价格通过大宗交易各减持22.5万股，同为顶格减持。12月份，公司副总裁张宏宇减持30万股，套现达397万元。这是和佳股份自上市以来，迎来的首批高管减持潮。值得注意的是，和佳股份在限售股解禁之前，只在1月30日发生过一次大宗交易。

表 1　和佳股份股东股份增减变动明细

日期	代码	名称	变动人	变动股数	成交均价	变动金额（万元）	变动原因	变动比例（‰）	变动后持股数	持股种类	董监高人员姓名	职务	变动人与董监高的关系
2013-01-30	300273	和佳股份	田秀荣	-168 750	23.72	-400.28	大宗交易	0.8436	506 250	A股	田秀荣	高管	本人
2013-01-17	300273	和佳股份	罗玉平	-168 750	20.70	-349.31	大宗交易	0.8436	506 250	A股	罗玉平	高管	本人
2013-01-17	300273	和佳股份	周卓和	-717 250	20.70	-1484.71	大宗交易	3.5858	2 151 750	A股	周卓和	董事	本人
2013-01-15	300273	和佳股份	高立	-281 250	18.82	-529.31	大宗交易	1.4061	843 750	A股	高立	董事，高管	本人
2013-01-14	300273	和佳股份	石壮平	-175 000	17.57	-307.48	大宗交易	0.8749	1 325 000	A股	石壮平	董事，高管	本人
2013-01-11	300273	和佳股份	张平	-168 750	17.85	-301.22	大宗交易	0.8436	506 250	A股	张平	高管	本人
2012-12-31	300273	和佳股份	吴春安	-200 000	15.24	-304.80	大宗交易	0.9999	1 000 000	A股	吴春安	高管	本人
2012-12-26	300273	和佳股份	张平	-225 000	15.29	-344.02	大宗交易	1.1249	675 000	A股	张平	高管	本人
2012-12-25	300273	和佳股份	田助明	-225 000	15.12	-340.20	大宗交易	1.1249	675 000	A股	田助明	高管	本人
2012-12-25	300273	和佳股份	周卓和	-956 000	15.12	-1445.47	大宗交易	4.7794	2 869 000	A股	周卓和	董事	本人
2012-12-19	300273	和佳股份	张宏宇	-300 000	13.26	-397.80	大宗交易	1.4998	900 000	A股	张宏宇	高管	本人
2012-11-12	300273	和佳股份	苏彩龙	-225 000	14.61	-328.72	大宗交易	1.1249	675 000	A股	苏彩龙	董秘，董事，…	本人
2012-11-12	300273	和佳股份	罗玉平	-225 000	14.61	-328.72	大宗交易	1.1249	675 000	A股	罗玉平	高管	本人
2012-11-12	300273	和佳股份	田秀荣	-225 000	14.61	-328.72	大宗交易	1.1249	675 000	A股	田秀荣	高管	本人
2012-11-02	300273	和佳股份	高立	-375 000	14.85	-556.88	大宗交易	1.8748	1 125 000	A股	高立	董事，高管	本人
2012-07-06	300273	和佳股份	蔡沁玲	-4 950	18.88	-9.35	竞价交易	0.0248		A股	蔡孟珂	董事	兄弟姐妹
2012-01-30	300273	和佳股份	蔡沁玲	3 300	20.35	6.72	竞价交易	0.0248		A股	蔡孟珂	董事	兄弟姐妹

表 2　　和佳股份部分股东股份减持情况

日期	变动人	减持股数	变动比例（%）	职务
2012-11-02	高立	-375 000	1.8748	董事、高管
2012-11-12	苏彩龙	-225 000	1.1249	董秘、董事
2012-11-12	罗玉平	-225 000	1.1249	高管
2012-11-12	田秀荣	-225 000	1.1249	高管
2012-12-19	张宏宇	-300 000	1.4998	高管

和佳股份上市后，公司业绩有长足快速增长，但是通过公司年报可发现，应收账款的比例也正迅速攀升，甚至有超过业绩增长速度的势头。而应收账款之所以大增，与近几年来推行的设备租赁的销售方式有莫大关系。所谓融资租赁销售就是和佳股份通过第三方代理公司向客户端销售仪器，但与客户端不发生交易关系，只与代理方进行结算。尽管通过第三方销售已逐渐成为医疗器械行业中常见的现象，但是却可能带来公司资金回流困难的问题。和佳股份出售的医疗设备都在几百万一套，价格昂贵，部分医院很难一次付清，所以还款期限通常长达一两年，加之公司在 2012 年第三季度又放宽了重大客户的信誉期限，所以公司应收账款大幅增长，并于 2012 年第三季度达至历史最高点。

三、案例分析与发现

由于我国股票市场的低迷以及国家偶有下调但整体上调的准备金率，正常情况下，大股东和控股股东都会增持护盘。但是超乎常理的，大股东开始减持股份。或许是为了套现以缓解公司的贷款压力，或许是为了获得股权转让溢价以进一步获取控制权收益，亦或者是为了自身利益而掏空公司价值，不管是为了什么原因，其中必然牵涉到投资者的利益问题。由于我国缺少对投资者保护的法律机制，颇有成效的法律条文更是乏善可陈。同时，由于上市公司大股东信息垄断非常严重，大股东与中小股东信息严重不对称，处于劣势的中小股东利益难免受到损害。在股份减持过程中，大股东具有控制权和信息优势，一般能够按照预定计划完成股份减持，从而获得确实的财富增值。其他股东，尤其是中小股东，由于信息上的不对称，很可能被股价上涨的假象所迷惑，在高位买进或持续持有股票，而当大股东减持完成之后却要承担股价下跌的损失。即使股价在大股东减持之后并未下跌，但由于股价操纵所引起的股价上涨事实上加大了投资者的风险，因此也使中小股东利益受到损害。所以，投资者保护越来越受到重视，对投资者的保护也愈加重要，从和佳股份大股东持续减持股份就可见一斑。

（一）和佳股份大股东减持动机

1. 消极应对股份减持问题

和佳股份一致对外宣称，公司管理层和广大投资人看好公司未来发展。但是当投资者在投资者关系互动平台上质问和佳股份，为何不顾广大二级市场投资人利益，大量折价抛售公司股票时，和佳股份却没有正面回答。和佳股份基本上是第一家在解禁后如此连续折价抛售股票的公司，广大投资者有理由怀疑公司现状可能存在问题，可能欺诈上市并损害了投资者的利益。《大众证券报》也曾就股东巨额套现、高管顶格减持原因致电公司董秘苏彩龙，但是却迟迟得不到答复。其实某种程度上，得不到答复也相当于得到了负面的答复。

和佳股份自上市后其股价一直处于跌破发行价的状态，但是截至2012 年 12 月 27 日，其每股复权后的价格仍然高达 25. 54 元。而和佳股份在变更为股份有限公司时，每股股价仅为 1. 12 元。这意味着，公司股价在仅仅五年的时间内大约提高了 28 倍，同样的，公司原始投资者的投资也相应增长了约 28 倍。公司高管如此急切的减持、出逃，不得不让人怀疑与入股时的低成本和当前的高溢价有极大关系，这可能是一种大股东为获取自身超额收益，对企业价值和中小股东利益进行掏空的行为。

2. 公司主要经营方式的转变

近些年来公司大力推行融资租赁的经营模式，通过融资租赁实现的销售收入占比逐年提高。根据年报资料，该占比 2009 年为 34. 5%、2010 年为 34. 5%、2011 年为 43. 8%，2012 年前三季度融资租赁的贡献也维持在 40%。这意味着，公司约四成的收入握在第三方代理的手里。由于大客户还款期限的延长，和佳股份的应收账款的增长速度不可小觑。公司的五大应收账款客户中有四家为融资租赁公司，应收账款中大约有四分之一来自于租赁业务。如表 3 所示，和佳股份 2011 年、2012 年的应收账款正快速增长。

表 3　和佳股份 2011 年度、2012 年度应收账款科目发生额　单位：万元

科目	期末余额				
	2011 年	2012 年第一季度	2012 年第二季度	2012 年第三季度	2012 年第四季度
应收账款	14 186	20 693	28 619	33 652	28 736

其中，应收账款 2012 年第一季度比年初增长 45.87%，第二季度较年初增长 101.74%，第三季度较年初增长 137.23%，增长幅度逐渐增大。2012 年前三季度，应收账款占同期营业收入的比例升至 75%。尽管长城证券分析师刘宁认为应收账款的大幅增长无需担心，他向《投资者报》记者表示和佳股份由于销售设备的特殊，早期应收账款比较多，资金回流大都集中于每年的 12 月份左右。但是，毫无疑问，从公司财报可知，应收账款的大幅增长成为影响其未来盈利的一大隐患。公司高管可能对这种高比例应收账款的经营方式存在质疑，对公司前景没有持很乐观的态度，进而减持套现保障自己的利益也未可知。

（二）和佳股份大股东减持后果

和佳股份大股东的持续减持同样使公司的中小投资者的利益受到了损害，主要表现在以下两个方面。

1. 和佳股份股价下跌

根据深交所公开交易信息，2012 年和佳股份公司副总裁罗玉平和田秀荣、董秘苏彩龙以及董事高立减持 105 万股，不久之后公司副总裁张宏宇通过减持 30 万股公司股票套现 397 万元。至此，五名高管累计减持 135 万股，合计套现 1940.9 万元，可谓名副其实的高管减持潮。数目如此之大的套现，数千万的资金流出证券市场，很大程度上稀释了股票市场上的资金含量。由图 1 可看出，在经历了 2012 年 11 月的减持之后，和佳股份的股价经历了一场滑铁卢，从 11 月 16 日开始直至 28 日，股价大幅下跌，跌幅甚至达到 17%。

和佳股份大股东的减持行为给中小投资者提供了一个新的价值尺度，控股股东的股份减持行为，大大降低了中小股东的投资动机，由股价变化可以看出，中小投资者的利益在大股东减持之后利益收到了一定程度的损害。投资者对减持股份这一行为并不看好，在利益受到伤害的情况下，投资者选择了抛售股票。

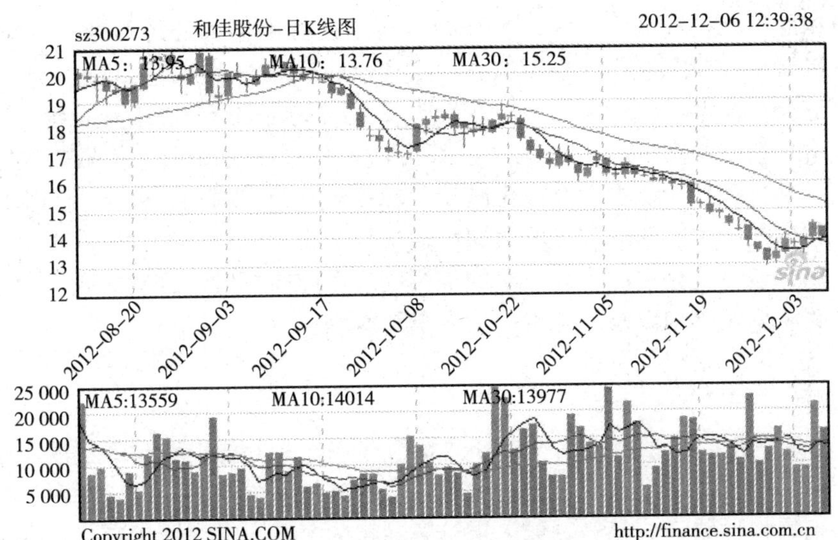

图1　和佳股份2012年下半年股价变化

2. 企业价值的变化

和佳股份自上市之后，业绩是在不断增长的，净利润在逐期增加。但是，如表4所示，2012年第三季度比第二季度增长68.13%，第四季度比第三季度增长50.65%，明显随着大股东股份的减持，公司的业绩虽然也是在增长，但是第四季度减持公告前后增长的幅度大大降低。一定程度上说明，大股东减持造成了公司内部价值的损失，同时，中小投资者的利益也会受到损害。

表4　和佳股份2011年度、2012年度净利润科目发生额　　单位：万元

科目	期末余额				
	2011年	2012年第一季度	2012年第二季度	2012年第三季度	2012年第四季度
营业收入	8 429	10 725	27 359	44 795	58 850
净利润	1 122	1 421	5 089	8 556	12 890

四、案例启示

我国法律监管机制的欠缺给公司大股东的有机可乘。从和佳股份大

股东股份减持以及之后的一系列投资者、证券市场和公司本身的反应，可以看出大股东股份减持带来了一系列负面的影响。减持公告发布时间附近公司内部巨额资金被大股东套现、大幅度的股价下降、公司经营业绩增长幅度的降低，一定程度上都会损害公司本身和中小投资者的利益。况且和佳股份大股东股份减持的原因也不十分明朗，公司内部新的销售方式所引起的应收账款大幅度增加也为将来公司的经营获利埋下了隐患，最终为公司的失利买单的仍会是广大的投资者。这些为我国政策监管、公司治理以及投资者决策敲响了警钟。

（一）政策监管

和佳股份大股东股份减持事件的发生与我国整体的法律环境脱不了干系，这仅仅是无数上市公司大股东股份减持事件中的一件。面对法律约束的种种缺陷，部分一味追求自身利益的大股东进行股份减持以攫取自身利益，似乎也是意料之中。所以，完善法律机制已成为当务之急。

1. 加强对大股东股份减持行为的法律规范

目前我国对上市公司大股东通过大宗交易系统减持股份的相关法律规定仅有《证券法》第八十六条、《上市公司收购管理办法》、《上市公司解除限售存量股份转让指导意见》等，无法真正的发挥有效地监督、控制作用。首先，上市公司财务信息的披露程度不够，不足以全面评价对上市公司股价产生影响的因素。使得对大股东减持股份行为认识存在偏差；其次，对上市公司披露信息的好坏没有很好的评价和鉴定，无法约束大股东通过披露利好信息从而使得减持股份获得更大利益的行为。加大对上市公司大股东减持股份行为的法律约束可以更好地从根本上减少该行为发生的可能性。

2. 加大对中小投资者的法律保护力度

其实，大股东减持股份现象背后体现了中国股票市场的主要矛盾：大股东通过转移公司利润或资源侵害中小股东的利益。大股东减持行为与通过资金占用转移公司资源或者是关联交易转移利润都有很大的关系。大股东之所以能够顺利地掠夺全体股东的财富，究其根源在于法律对中小投资者的法律保护力度不够。事实上，越是法律制度欠规范的地方，上市公司大股东减持现象越严重。因此，加大中小投资者的法律保护力度可以很好地约束非正常目的的大股东减持股份行为的发生，从而达到保护中小投资者利益的目的。

（二）公司治理

1. 经营方式的选择

和佳股份大股东选择减持股份可能与公司的经营方式的改变以至应收账款的剧增有千丝万缕的关系，所以谨慎选择公司的经营方式至关重要。上市公司要从长远利益着眼，要从当前业绩变化之下挖掘公司未来发展潜力的影响因素，进而进行有效的改善。正确经营方式的选择能排除未来公司盈利的隐患，使公司能够更好发展。

2. 加强大股东减持股份行为的信息披露

当前上市公司大股东的信息垄断程度非常严重，大股东与中小股东之间信息不对称是大股东股份减持的重要原因之一。基于这种信息优势，大股东容易实施损害中小股东权益的行为。加强大股东减持股份行为的信息披露程度和上市公司整体信息披露程度有助于消除大股东的信息垄断优势，使大股东股份减持信息能够更加的公开和透明。由此，大股东的不良行为会受到限制，股票市场也能够更加稳定。

（三）投资者决策

广大投资者对上市公司的投资对于我国整体的证券市场的发展是至关重要的。为了保障自身利益，投资者尤其是中小投资者在投资决策时要更多方面的了解上市公司的投资价值，关注投资者保护指数。

会计投资者保护指数是指能够加强以下三方面作用的基础性数据：第一，加强上市公司对投资者利益的保护；第二，提升会计信息的影响力；第三，为以后学者的研究提供基础的数据。可见，投资者保护指数具有投资者保护功能，且近些年已有一定成果。倘若投资者本身能够对投资者保护指数给予足够的重视，那么会在很大程度上减轻某些企业中管理层对自身利益的损害或是大股东对中小股东利益的损害，进而达到保护自身利益的目的。

五、结　语

大股东减持股份现象的出现是符合中国历史发展演变规律的，该行为可能还是基于大股东掏空企业价值或是损害中小股东权益的意图的，并且最终造成了不良的后果。我们要认清大股东减持股份的动机，并采取相应的措施加以制约。

在股票市场持续低迷的大环境下，大股东股份减持的现象可能会相继发生。我们要加大对该现象的关注，抑制大股东股份减持现象负面影响的发生。最大程度的保护公司资源和价值的完整以及保护中小投资者的利益，最终使他们能有动力投资于上市公司和中国的股票市场，引领中国股市走出低迷。

参考文献：

[1] 刘亚莉、李静静：《大股东减持、股权转让溢价与控制权私利》，载《经济问题探索》2010 年第 8 期。

[2] 刘亚莉、王微：《大股东减持的市场反应与影响因素》，载《北京科技大学学报》2010 年第 26 期。

[3] 黄志忠、周炜、谢文丽：《大股东减持股份的动因：理论和论据》，载《经济评论》2009 年第 6 期。

[4] 章卫东、邹斌、廖义刚：《定向增发股份解锁后机构投资者减持行为与盈余管理》，载《会计研究》2011 年第 12 期。

[5] 吴育辉、吴世农：《股票减持过程中的大股东掏空行为研究》，载《中国工业经济》2010 年第 5 期。

[6] 陈耿、陈秋：《全流通时代大股东股份减持的问题与对策》，载《商业研究》2009 年第 10 期。

[7] 俞红海、徐龙炳：《终极控股股东控制权与全流通背景下的大股东减持》，载《财经研究》2010 年第 1 期。

大股东减持与中小投资者保护
——基于碧生源的案例分析

彭丽娜

北京工商大学商学院

大股东减持，不论是逢高减持，公司业绩差减持，还是因公司巨额担保或债务到期等造成的资金短缺减持，无一不是为了自身的利益。据统计，2011 年大股东及高管们通过大宗交易，减持成交高达 5 163 笔，涉及金额近 1 000 亿元，2012 年同比数据分别为 3 948 笔、660 亿元，减持之潮一直方兴未艾。尽管减持都经过了合法的程序，但在大股东的疯狂减持行动中，囿于知情权、参与权及话语权的缺失，中小股东的利益常常得不到保护，最终资本市场的健康稳定发展也受牵连。碧生源（股票代码：00926. HK），一家从媒体变脸到港股变脸一直备受非议的家族企业，多次被曝广告违规、夸大功效，在遭遇大股东连续 3 日的减持后，股价下跌，市值严重缩水。本文以碧生源为例，通过分析其大股东减持的原因及条件，并探讨大股东减持造成的后果和公司未来的走向等，最后提出建议，以期为完善我国资本市场、保护中小投资者利益提供借鉴。

一、案例背景

碧生源控股有限公司（以下简称“碧生源”）于 2010 年 9 月在香港上市，是中国功能保健茶的领先供应商，从事开发、生产、销售及推广功能保健茶以及其他保健食品业务，其绝大部分营业额来自于碧生源常润茶及碧生源减肥茶的销售。

从2013年1月9日开始，其创始人兼董事长赵一弘连续3天对碧生源进行抛售。1月9日和10日，赵一弘分别以平均每股0.554港元和0.502港元的价格出售碧生源股票3 129万股和2 500万股，连同11日以平均每股0.414港元出售的2 500万股股份，赵一弘一连3天累计减持比例约5.18%，套现近4024万港元，折合人民币约3226万元。直至减持的第三天，碧生源股价暴跌12.5%，盘中跌幅一度高达20%，赵一弘所持有的碧生源股份数目减少至949 880 600股，占公司已发行股本约60.52%。随后几日，碧生源的股价一直在下跌。香港证券市场将0.5港元以下和0.1港元以下的股票分别称为“细股”和“仙股”，在这一背景下，碧生源已步入了“细股”的行列。

港交所于2009年4月推出了关于禁售期的新规则，内容之一即“上市公司在财政年结和半年结后，直至业绩公布前这段时间内，有关公司董事均不得买卖该公司股份”。碧生源1月11日的公告显示，“就公司年度业绩而言，禁止董事买卖公司任何证券的禁止期由本月14日起至公布年度业绩当日止，年度业绩预计3月公布。”而此次赵一弘抛售碧生源的时机，正是赶在禁售期来临之前，时间掐得很准，不早也不晚，这里边真正的意图是什么？作为这一家族企业的老大，碧生源已问题重重，为何还要让它雪上加霜？

二、大股东减持过程分析

大股东减持一般有两种情况：一种是在不影响控股权下的减持，这主要出于对股票市场估值是否合理做出的判断，或者是应对资金需求而做出的减持等等；另一种是大股东存在退出可能的减持，这主要出于所处行业的盈利前景不被市场看好而做出的减持。而针对大股东赵一弘此次连续3天的减持，本文将揭开其内幕，对这一过程进行分析。

（一）减持原因：兜售概念致富，经营业绩不佳，择机套现

靠广告打开市场铺就了碧生源的发展之路，然而用钱砸出来的知名度却也揭示着一个事实：碧生源卖的可能不是袋装茶，而是概念股，用广告铺路兜售概念。如表1所示，2007年碧生源研发成本为0元，到2008年才有90万元，此后2010年、2011年和2012年分别为786.8万

元、1 932.9 万元和 1 527.9 万元，占营业额的比例仅仅为 0.9%、2.3% 和 3.22%，而广告开支除 2010 年以外每年都占到营业额比重的 30% 以上。从图 1 可以看出，与同期的广告开支相比，这些看似逐步增加的研发投入却显得微不足道，广告过度宣传和产品被消费者质疑成为其发展的一大瓶颈。

表 1　　碧生源研发成本和广告开支情况对比

年份	2007	2008	2009	2010	2011	2012
营业额（千元）	163 100	358 231	646 535	874 216	840 409	475 182
研发成本（千元）	0	900	1 940	7 868	19 329	15 279
研发成本比率(%)	0.00	0.25	0.30	0.90	2.30	3.22
广告开支（千元）	49 100	118 200	196 700	250 026	343 727	311 782
广告开支比率(%)	30.10	33.00	30.42	28.60	40.90	65.61

资料来源：由碧生源招股说明书及年度报告、中期报告整理而成，其中研发成本比率 = 研发成本/营业额，广告开支比率 = 广告开支/营业额。

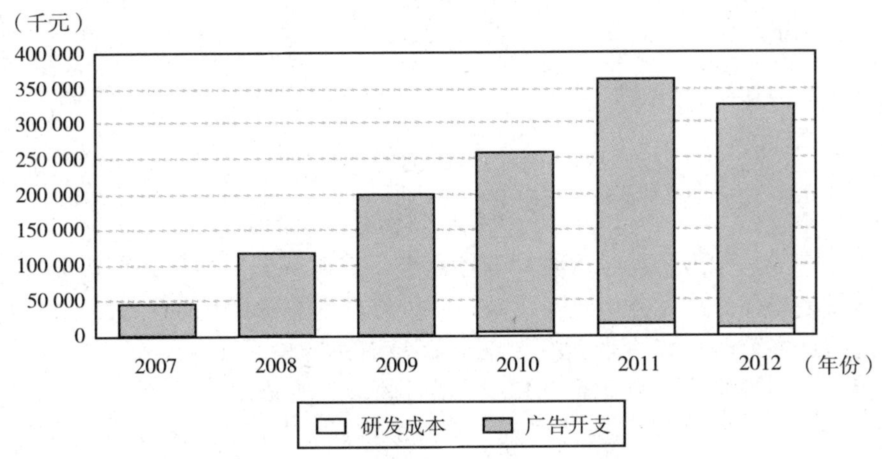

图 1　碧生源研发成本和广告开支发生额对比

减肥茶和常润茶是碧生源的主打产品，从表 2 可以看出，上市当年，碧生源经营盈利达到 1 亿元人民币。不过好景不长，公司 2011 年盈利即大幅跳水，营业额同比下降 3.9%，亏损 688.2 万元，而 2012 年，公司继续亏损。如果上市公司盈利能力比较差，预期的成长性不强，业绩的下滑会让管理者失去信心。每股收益是评价上市公司盈利能力的重要指标，由图2可以看出，碧生源的每股收益自2011年上半年以来出现了严重下滑，甚至负值，到2012年年底达到每股亏损0.22元。公司业绩越差，大股东的最优持股比例越低，从而越有可能减持股份。

表2　　2007～2012年碧生源盈利状况　　单位：千元

年份	2007	2008	2009	2010	2011	2012
营业额	163 100	358 231	646 535	874 216	840 409	475 182
毛利	115 372	298 117	578 134	783 081	737 639	392 119
经营盈利	47 597	122 033	177 713	101 146	-6 882	-343 679

资料来源：由碧生源招股说明书及年报整理而成。

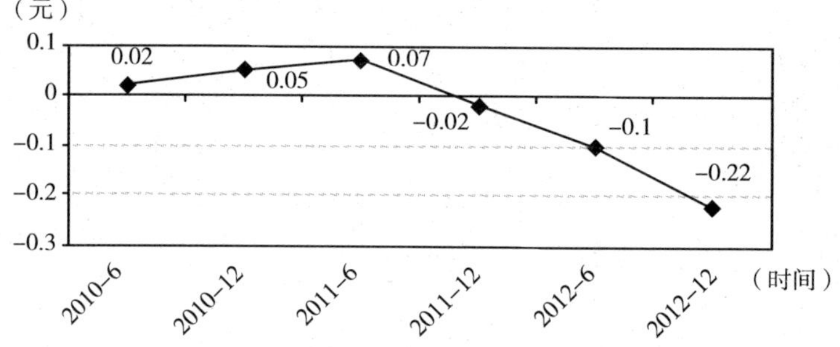

图2　碧生源每股收益变化情况

资料来源：新浪财经 http：//stock. finance. sina. com. cn/hkstock/quotes/00926. html

大股东作为公司经营决策的控制者，掌握着公司第一手重要信息，包括战略信息和财务信息等，其凭借对公司估值和业绩前景的信息优势进行适当减持可以套取现金，达到自身财富的最大化。从图3可以看出，碧生源股价在经历了2012年12月的每股港元在0.48至0.50间的徘徊以后，在2013年1月出现了持续的增长，赵一弘把握住了这一有利时机，在禁售期来临前的3天抛售股票。他可能早已预知2012年公司的财务报表不好看，从而急急忙忙赶在禁售期前大幅减持逾5%的股份，套取现金，满足自身利益的需求。

（二）减持条件：信息不对称

在资本市场中信息不对称问题比较严重，拥有信息的一方会利用自身优势进行暗箱操作，逆向选择和道德风险比比皆是。大股东作为内部

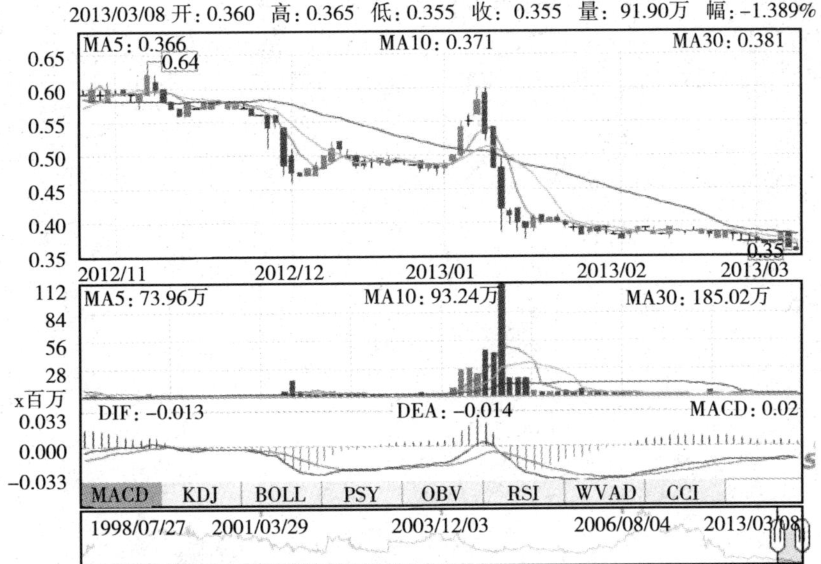

图3　碧生源大股东抛售前后股价走势

资料来源：新浪财经 http：//stock. finance. sina. com. cn/hkstock/quotes/00926. html

人，拥有内幕信息优势，并且获取信息成本低，一方面可以择机套现，另一方面可以通过选择性信息披露进行内幕交易和市场操纵而获利并将风险转移给中小投资者。在目前的制度背景下，面对大股东的减持计划和减持动机，中小投资者根本无法提前了解，只能从公司日后的信息披露中得知大股东减持的结果。此外，一股独大，董事长和 CEO 职责的合二为一不仅加大了信息的不对称，而且使 CEO 完全不受限制、董事会失去其独立性，不利于形成良好的公司治理结构，从而使监督机制弱化，决策缺乏民主性和科学性，同时会改变大股东由于减持带来的现金收益和由于公司治理良好所产生的未来收益之间的均衡。公司未来的经营绩效和企业价值预期越差，越会增加大股东的减持。

赵一弘作为碧生源的董事长兼首席执行官，在这一家族企业中就是老大，占据绝对的控股份额，名副其实的“一言堂”。由表 3 可以看出，不论其做出怎样的举动，夫妻控股，董事会对他是无可奈何。剩下的 5 名董事都为非执行董事，且所占股份偏低，话语权比较弱。在这样的情况下，身兼二职的大股东难免不从自身利益出发，抛售股票即使超过 5% 的比例，对其控制地位仍无关痛痒。

表 3　碧生源董事介绍及股权拥有份额状况

董事	职权	占已发行股份总数的百分比*
赵一弘	董事长兼首席执行官	67.91%
高雁	副董事长	
卓福民	非执行董事	0.03%
王兵	非执行董事	0.03%
黄晶生	独立非执行董事	0.03%
黄立达	独立非执行董事	0.04%
忻榕	独立非执行董事	0.03%

注：*表示“占已发行股份总数的百分比”由 2012 年碧生源的中期报告披露。

（三）减持后果及公司走向：股价下跌、市值缩水，可能走上私有化之路

对于公司的大股东或控股股东来讲，无论企业的发展如何，股票的套现都能让其荣登富豪榜。股价上涨能为大股东和中小股东带来利益的趋同，但是控股股东的利益和中小股东的利益却经常不一致，大股东有动机以牺牲广大投资者的利益为代价来维护自身的利益。

碧生源大股东的减持引发了公司股价的一蹶不振，市值严重缩水，利益相关者也因此受损，引发投资者担忧。连续 3 天的减持，碧生源股价从平均每股 0.554 港元降到 11 日的 0.414 港元，从图 3 可以看出，此后其股价一直走下坡路，直至停留在每股港元 0.38 至 0.40 之间，市值不到 7 亿港元，较 2010 年 9 月公司上市首日逾 52 亿港元的规模已大幅缩水近 90%。从表 4 可以看出，港市恒生指数由 23 111.19 点上升到 23 264.07 点，恒生指数上涨了 0.66%，同时，保健护理用品股指数由 4.2106 跌到 4.2074，仅有较小幅度下跌，而碧生源盘中跌幅达到 27.59%，无可否认大股东大幅减持股票给企业股价带来了较大的影响。同时，由图 3 和表 5 可以看出，减持期间，碧生源个股交易较活跃，据统计 1 月 11 日的交易量是除上市第一天之外的最大交易量。尽管 1 月 14 日禁售期开始后，公司董事没有其他减持行为，但大股东连续 3 天的减持，顿时刺激了股市，广大投资者纷纷效仿抛售股票。

表 4　碧生源与恒生指数、保健护理用品股指数比较一览

	1 月 8 日收盘	1 月 11 日收盘	涨跌幅（%）
碧生源（港元）	0.58	0.42	-27.59
恒生指数	23 111.19	23 264.07	0.66
保健护理用品股指数	4.2106	4.2074	-0.08

资料来源：由新浪财经行情中心数据披露整理而成。

表 5　大股东持续减持期间碧生源个股交易股数

日期	日个股交易股数（千股）	大股东减持股数（千股）	大股东减持股数所占比（%）
2013/1/9	45 538.5	31 290	68.71
2013/1/10	42 384	25 000	58.98
2013/1/11	111 339	25 000	22.45

资料来源：国泰安数据库。

碧生源一直被业界人士贴上了“用广告砸出来”的标签，很难突破行业的瓶颈，从目前来看，赵一弘并没有找到解决这块短板出路的模式。事实上功能保健茶这一细分市场的发展机遇是很大的，但国内功能茶面临混乱生产等严重问题，劣质产品使消费者对整个行业产生了信任危机。如图 4 所示，碧生源目前在股市中股票交投低迷，业绩上两款主打产品销售额严重下滑，大股东很有可能会把小股东手里的股份全部买回来，扩大已有份额，使公司私有化，“变主动为被动”。因为退市从某种程度上有利于公司盘活资产，进行战略布局的较大调整等，而且待到公司东山再起，不排除继续上市的可能。从碧生源 2012 年的业绩报告可知，公司并不缺钱，截至 2012 年年底，公司并无任何银行借贷、资产抵押、或有负债及担保等，2010 年上市募集的资金未动用的金额约为 3.83 亿元人民币，同时现金和银行存款账户余额约为 4.5 亿元人民币。据统计，2013 年 2～3 月，碧生源股价都未突破 0.4 港元，在 2012 年业绩公布的第二天收盘价更跌至 0.28 港元。

若以 0.4 港元提出私有化，针对总股本 156 942.18 万股，对仍持有碧生源 60.52% 股份的大股东来说，则仅需动用 2.48 亿港元。市场上对于每股价值的估值越低，则控制股东可以通过私有化获得实际估值与市场估值更高的差价，而这一差价就是私有化所获得的收益。从这一角度来看，大股东的减持在打压股价的同时，也可能带来私有化的收

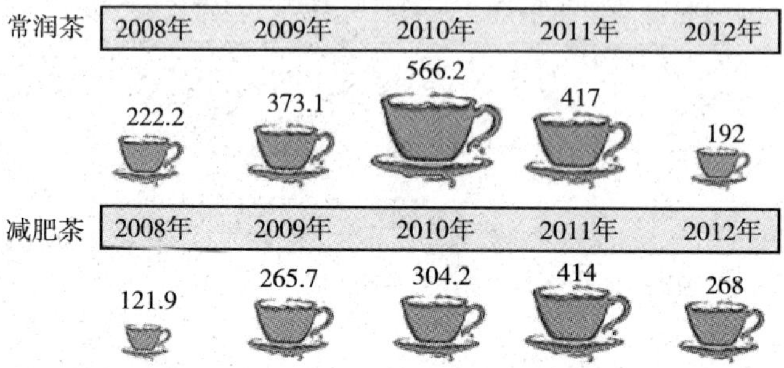

常润茶	2008年	2009年	2010年	2011年	2012年
	222.2	373.1	566.2	417	192

减肥茶	2008年	2009年	2010年	2011年	2012年
	121.9	265.7	304.2	414	268

图4　碧生源近5年两款主打产品的销售额（单位：百万元）

益。而作为中小股东，股价的下跌，给其利益带来了一定的损害，从而最终使投资者对整个保健护理用品行业，甚至整个资本市场失去信心，打击投资热情，阻碍资本市场的健康稳定发展。

三、案例启示

碧生源大股东的减持行为给了我们重要的启示。首先，完善公司的治理结构和治理机制，防止“一股独大”、“一身二任”等现象的出现，同时注重企业的运营模式和产品的技术与创新，实现企业的长远可持续发展。其次，加强对大股东股票减持行为的法律规范，提高大股东股票减持行为的计划性和透明度，让其能够提前披露有关股票的减持计划和动机，缓解大股东与中小股东之间的信息不对称问题，保证交易市场的公平和公正。再次，完善上市公司的审批制度，数量指标额度不是上市审批的唯一重点，同时应该审查公司的经营模式和上市前利润构成，不能重量不重质，最后让中小投资者的利益受损。

从控制权转移看上市公司的投资者保护
——以华资实业为例

赵　欣

北京工商大学商学院

一、引　言

在资本市场高速发展的今天，作为投资者的中小股东的利益保护也得到越来越多的重视。如果投资者的利益得不到应有保护，权利得不到合理行使，投资者就会对证券市场失去信心。因此，越来越多的学者开始研究投资者保护问题。

相对于中小股东，控股大股东在获取公司信息、资源以及控制权方面具有绝对的优势，故而，在资本市场中，控股股东的行为对中小股东的影响也十分巨大。对于投资者而言，控制权的转移可能带来公司整体经营方式的改变，这增大了预期投资的风险。此外，人力资本的更替也加剧了公司的不稳定性，这对投资者的投资决策也将构成重要的影响。总体而言，控股股东持股比例的变化，控制股东的变化等，都会影响中小股东的利益。因此，从控制权转移的角度分析投资者保护就显得愈发重要。我们以华资实业为例，具体分析控股股东变化对投资者的影响。

二、华资实业控制权转移的背景和过程

包头华资实业股份公司是 1998 年 7 月 29 日经内蒙古自治区人民

政府批准，由包头草原糖业（集团）有限责任公司作为主发起人，与包头市创业经济技术开发公司，包头市北普实业有限公司共同发起，以募集方式设立的股份有限公司。该公司的主发起人包头草原糖业（集团）有限责任公司是经包头市体改委批准，在包头糖厂基础上组建的国有独资公司，于 1996 年 6 月 6 日在包头市工商行政管理局注册成立。

经中国证券监督管理委员会批准，华资实业向社会公开发行 A 股股票 7 000 万股，并于 1998 年 11 月 30 日在内蒙古自治区工商行政管理局注册成立。注册号为 1500001004170，注册资本为人民币 2 400 万元。1998 年 12 月 10 日华资实业股票在上海证券交易所正式挂牌交易，截至 2012 年 6 月 30 日，华资实业股份公司前三大股东和持股比例分别为：包头草原糖业（集团）有限责任公司，持股数量 152 717 960 股，持股比例 31.490%；包头市实创经济技术开发有限公司，持股数量 85 404 925 股，持股比例 17.610%；包头市北普实业有限公司，持股数量 25 332 728 股，持股比例 5.224%。

华资实业主要经营生产、销售：糖、食用酒精、颗粒粕；销售：电子元器件、制糖机械设备。作为国家农业产业化重点龙头企业，华资实业收购了广东省广前糖业发展有限公司和湛江农垦廉江糖业发展有限公司，拥有甘蔗种植基地 1.24 万公顷，成为我国最大的甘蔗种植基地，年榨蔗量超过 80 万吨，酒精生产能力万吨以上。

华资实业于 2012 年 8 月初发布以下公告：近期包头市人民政府国有资产监督管理委员会就持有公司控股股东包头草原糖业（集团）有限责任公司 100% 的国有产权整体挂牌转让有关事项公司已分别刊登在《中国证券报》、《上海证券报》、《证券日报》及上海证券交易所网站上。经内蒙古产权交易中心公开挂牌征求意向方，已确定潍坊创科实业有限公司[①]以挂牌价格 111 610 万元受让上述事项 100% 股权。2012 年 10 月 23 日，双方签订《产权交易合同》。由于此次股权转让涉及国有股份转让、上市公司间接收购并触发要约收购，按照相关规定，需逐级上报至国务院国有资产监督管理委员会和中国证券监

① 潍坊创科浮出水面之前，市场曾猜测“明天系”将接受草原糖业。“明天系”已通过包头市实创经济技术开发有限公司、包头市北普实业有限公司合计持有华资实业 22.93% 的股权。潍坊创科与“明天系”之间是否存在关联引起了高度重视。

督管理委员会审批，此项工作尚存在重大的不确定性，故公司股票自2012年8月22起停牌。公司已按相关要求督促交易双方及时履行信息披露义务，并向上海证券交易所申请公司股票于2012年11月26日复牌交易。

复盘后，华资实业股价一度跌停至低于要约收购价，华资实业和新控股人“明天系”都面临着巨大的风险。

三、华资实业控制权转移情况分析

（一）原因和动机

关于“明天系”收购的动机到底是什么，各方观点各不相同。从股权上来看，“明天系”收购草原糖业动用资金11.16亿元，而草原糖业持有华资实业的股权价值1.53亿元，在收购之前，包头市的实创基地技术开发有限公司，是先发股东中的第三大股东，持有华资实业22.84%的股份，经过“明天系”收购草原糖业之后，前三大股东基本上是“明天系”公司，约持有54.33%的股份，已经成为华资实业的间接控股股东。此外，还需要考虑一点，“明天系”的目的是为了入驻华资实业，而为了达到这个目的，它并不需要进行实质性的要约收购，这样的话“明天系”会力保股价要高于收购价格5.73元，在当时的情况来看，这个市场存在一定的套利空间。另外，在草原糖业总共11.63亿元的评估作价中，华资实业的评估价格高达10.24亿元，占整个草原糖业的92%。如果“明天系”通过收购草原糖业来取代华资实业的价格是6.71元，那它就会比现在的要约收购价格要高得多，同时也比当时的二级市场价格也要高出很多（二级市场价格当时收盘是5.2元）。“明天系”5块多的定价，第一是价格低，第二也避免了要约收购的制度性约束，第三对自己的现金流要求也大大降低。如果“明天系”的收购动机不是为了控股权，也可能是为了私有化的问题，在已拥有的控股权的基础上，获取剩余的流通股股权。不排除这么一种情况，当二级市场的价格在要约收购的时候低于要约收购价格，投资者就会把手中股票出售给“明天系”。如果以这种观点来看，那么作为二级市场来说就可能不存在套利空间的问题。

（二）对股价的影响

关于易主对股价的影响，“明天系”在入驻仅仅2个交易日后，华资实业的股价就跌破了要约收购价，27日5.69元的收盘价已经完全触发了要约收购。华资实业在此次股权转让停牌前股价收于6.78元，而要约收购价只有5.73元，使得华资实业的股价毫无吸引力，这引起了市场的不满，复盘后股价在2个交易日内大跌16.08%。

对此，国元证券研究中心的副总经理徐建新认为：华资实业连跌三天，主要还是因为要约收购价格过低，公告前股价是6.78元，而要约收购价格只有5.73元，要约收购价格比公告前低得多，加之市场整体偏弱，短期下跌的幅度也比较大，所以这是一种必然。

（三）对中小股东的影响

一个国家的投资者保护程度关乎这个国家金融市场能否健康发展。在现代资本市场中，拓展投资者保护的深度和广度是投资者保护工作的重中之重，也是国际市场的重难点问题。只有有效地对投资者利益进行保护，投资者才会积极地参与到金融市场的交易中来，才能保证整体市场的健康发展，才能促进社会经济的繁荣稳定。

股份制改革改善了我国大中型企业传统经济模式的弊端，有效地促进了经营权和所有权的分离，对投资者保护也起到了促进作用。但与此同时，改革也进一步加剧了各方利益的分化，代理问题依然十分严重。控股股东的权力优势愈加凸显，由原来的侵占公司内部利益发展为侵占股票流通市场中的中小股东的利益。

华资实业更换控股股东对中小股东的影响有以下几方面。

1. 更换控股股东加剧了信息披露的滞后性和不完整性

会计信息的滞后性，是指财务会计的行为及其结果远远落后于环境和决策者的需要，与有关方面的矛盾日益突出，不断受到各方面的责难，甚至产生负面效应，使人们对其目标的定位是否恰当也提出了怀疑。更换控股东时的提示性公告所提供的信息并不充分，华资实业的公告中，仅仅说明了包头市人民政府国有资产监督管理委员会将整体挂牌转让的意向，以及新的收购人身份及出价等基本性信息。对于转让的原因，收购单位的选择条件以及未来的发展动向等，都未进行说明，这对于持有华资实业股份的众多中小投资者来说，无疑就形成了会计信息的滞后性。对于具有一定专业知识的股民来说，可以通过分析更换股东前后的各项财务、政策信息来决定未来的投资意向，但对于专业知识有限的股民来说，等待华资实业自行公布财务信息将大大延误决策时间。这种滞后性的变动不仅为中小投资者带来了巨大的风险，也为控股股东利用权力优势来侵害各方利益提供了可行的空间。

除了会导致会计信息的滞后性，更换股东同样会导致信息披露的不完整性。如果说滞后性是拖延了投资者进行有效决策的时间，那么不完整性将会导致更大的错误投资决策。信息披露的不完整将直接影响中小股东利益。信息披露是投资者了解上市公司，证券监管机构进行有效监管的主要途径，也是上市公司必须履行的一项法定业务。上市公司及时、准确、真实地披露公司的重要信息，便于投资者据此进行投资决策，保护上市公司的自身利益。华资实业更换股东虽然就更换时间发出了公告，但是否遵循了及时、准确、真实等要求，作为中小投资者无从得知。在这种情况下，中小股东就成为弱势群体，自身的保护能力被削弱。

2. 更换控股股东增加中小股东投资风险，公司稳定性减弱，投资不确定性加大

一家公司控股股东的变化往往代表着公司整体经营理念和方向的转变，是一项重大的变动。对于中小投资者来说，相当于要重新对这家公司的价值进行判断。其未来的不确定性也就随之增强。如果选择继续投资这家公司，那么投资的风险就会增大。更换了控股股东后的公司，其新的发展战略是否能够改善过去的旧面貌，在资本市场中打下一片天地，旧的公司文化是否能够顺利适应新的规则等等问题，也都会削弱公司的稳定性。对于中小投资者而言，投资的不确定性增大了。

四、易主事件的启示和建议

在控股股东更换频繁的情况下，对于合理保护中小股东的权益，有如下建议。

（一）优化股权结构

如前所述，公司控制权的实现途径是股东股权行使方式之一的表决权，因此优化公司的股权结构是实现中小股东利益保护最直接的方法。随着市场经济的发展，“一股独大”的现象应该逐步退出历史舞台。华资实业应积极推动股权结构的多元化，这样公司才能吸纳更多的自主投资者来充实公司实力，以流通股为公司添加活力，自主改造，从而形成优良的股权结构，这是中小股东利益保护的根本保障。

（二）引入表决权信托制度

表决权信托起源于美国的判例，是指一个股东或数个股东根据协议将其持有的股份的表决权转让给一个或多个受托人，后者为实现一定的合法目的而在一定期限内行使该股份下的表决权。表决权信托制度赋予了中小股东通过受托人的行使表决权间接参与公司治理的机会。权利的集中行使很好地缓解了集体行动所带来的股东矛盾与股东作为理性经济人对投票成本的回避。表决权信托制度使中小股东处于“休眠状态”的权利通过表决权的统一行使而“苏醒”，这为保护中小股东利益提供了具体的途径。

（三）完善信息披露制度

为了控制股东的“隧道行为”①，虽然各国都规定了相应的信息披露制度，但由于控制股东操纵，所披露的信息往往是不真实不可靠的，产生大股东与小股东之间严重的信息不对称问题。中小股东无从了解公司情况而盲目投入资源，更难维护自身权益。我国上市公司在信息披露方面造假的现象也很严重，主要问题在于虽然规定了信息披露的内容和时间要求以及披露非真实信息的责任，但是缺乏内部控制信息披露的规定。因此，我国应借鉴国外经验，通过立法强制上市公司披露内部控制信息，制定统一的内部控制评价标准，明确公司为非法信息披露行为的责任主体。

最后，除了以上微观角度的具体改善办法，我国还应逐步完善整个证券市场的法制环境，形成良好的市场监督体系。整体的规范意识加强了，才能从根本上保护各方的合法利益。

---

① “隧道行为”是指上市公司或控制上市公司的大股东通过种种正常及非法的手段侵蚀中小投资者利益的行为。

参考文献：

[1] 李平：《包头华资实业股份有限公司盈利能力分析》，载《中国管理信息化》2012 年第 2 期。

[2] 徐锐：《游资"炒"了华资实业　包头"挂"了草原糖业》，载《上海证券报》2012 年 8 月 23 日。

[3] 唐美璇：《内部资本市场投融资行为异化研究》，西南财经大学硕士论文，2012 年。

“ST 家族”的“壳保护”真的有效吗?[①]

孔令巧

北京工商大学商学院

一、引　言

近几年来股票市场一直未有新的退市案例。虽然不断有上市公司在退市边缘徘徊，但先后都证明了“不死鸟”的神话。从短期效应看，“保壳”成功是皆大欢喜的结果，毕竟对于一家上市公司而言，退市肯定是其发展历程中的重大波折，尤其是那些经营困难的公司，更是雪上加霜。上市公司的退市，涉及职工和债权人的利益，涉及地方和大股东的利益，而且，对那些在二级市场高价买进股票的投资者而言损失也是十分惨重的。但从股市的长远发展来看，一个良性的资本市场，需要吐旧纳新，否则就可能消化不良。在各家公司的“保壳”努力中，相当部分是运用政府补助、资产重组等技巧，而上市公司并未发生质的改变。即使是那些没有重组计划的绩差股，在“虚幻”预期的支撑下，股价也不时被炒作，不利于市场定价功能和成熟投资理念的形成。因此，退市制度的改进势在必行。

2012 年下半年，为了进一步发挥退市机制的优胜劣汰功能，优化资源配置，促进资本市场健康发展，证监会积极推进退市制度改革，受

① 本文所属基金项目：教育部人文社科项目“跨组织控制：激励模式与合作绩效研究”（11YJA630080）；北京市教委项目“企业价值链成本战略驱动因素分析”（M201110011003）；北京市教委科研基地——会计与投资者保护项目（PXM－014213－000031）。

到了广大投资者的高度关注。从本质上说，建立完善的退市制度就是加强投资者保护的有力举措。在吸收了社会各界关于退市制度方案征求意见的反馈以后，两大证券交易所相继出台了一系列的退市新政，从而进一步完善了上市公司退市制度。该方案重点从两个方面对现行退市制度进行了调整：一是为提高退市制度的完备性和可操作性，增加暂停上市、终止上市指标，细化相关标准，严格恢复上市要求，完善退市程序；二是为进一步保护投资者权益，提出风险警示板、退市公司股份转让服务、退市公司重新上市等退市配套机制的安排。这一新政的出台使得过去曾持破产重整“免死牌”的 ST 公司压力陡增，进而都试图通过重组整合，资产出售，政府补贴等各种方式以进行“保壳”。那么具体这些保壳手段都是什么呢？这些措施的实施真的能够使这些面临退市风险的 ST 公司提高业绩，避免退市吗？

二、保壳“神功”

由于新的退市规则，ST 板块真正进入高风险时段，众多濒临退市的 ST、*ST 公司开始为自己的前途着急，倒计时正在启动。2012 年最后一个季度是所有濒临暂停上市的*ST 公司的最后机会，对于这些处于暂停上市边缘的上市公司的“保壳战”的硝烟早已经蔓延开，众公司纷纷通过各种措施来自我拯救。这些方式包括以下几个方面。

1. 政府补贴

政府补贴对于业绩优良的上市公司来说是锦上添花，对于那些深陷亏损泥潭的 ST 公司则是雪中送炭，每年都有不少 ST 公司在政府补贴的帮助下度过年关，但是，也有部分 ST 公司患上“补贴依赖症”，年年靠补贴扮靓业绩，一旦离开补贴的“拐棍”便寸步难行。2012 年，在可能暂停上市的公司中，具有政府背景的公司都或多或少得到了相应的“红包”，其借助外力保壳成功的概率也高。其中，吉林市财政给予*ST 吉纤（股票代码：000420）包括节能减排、余热回收节能奖金、供热补贴、贴息补助等在内的政府补贴 18 839 万元，这笔财政补贴可能会使其扭亏为盈；*ST 黄海（股票代码：600579）收到 3.7 亿元的搬迁补助金，借助这笔资金，*ST 黄海或能破除全年亏损被暂停上市的风险；*ST 川化（股票代码：000155）由于为成都市青白江区的节能减排、环境保护和城乡环境综合治理做出了大量工作，并为青白江区的环境改善和经济发展做出了积极贡献而获得政府补贴（奖励）资金 6 060 万元；*ST 国药（股票代码：600421）于年底收到武汉市东湖开发区管委会发放的 7 438 万元财政补贴款，等等。

2. 资产重组

资产重组是企业经营管理者在组织生产经营过程中对企业内部或企业之间的资源、产权或债务进行重新配置与组合，从而使企业内部、外部资源配置达到最优化和企业效益最大化的一种方式。资产重组历来是资本市场保壳战中的主要手段，也是历史上造就垃圾股变牛股的“潜规则”。这些 ST 公司处于暂停上市的边缘，为了扭转命运，有些公司通过资产重组来进行“自救”，主要方式包括以下几种：

（1）出售资产。*ST 吉纤将一直租赁的公用工程资产出售给吉林奇峰化纤股份有限公司，双方协商交易对价为 2.9 亿元，通过出售资产，*ST 吉纤当期可获取 3 986 万元的收益；*ST 国药与中铁十一局集团房地产开发有限公司签订了《国有建设用地使用权补偿合同》，约定后者以 1.21 亿元的土地补偿价款获得该公司位于武汉东湖新技术开发区的工业用地，这笔 1.2 亿元的土地补偿金，加上 7 438 万元的财政补贴款，足以使得*ST 国药 2012 年在财报上扭亏为盈，而且也能将净资产由负的 1.7 亿元扭转为正数；2012 年，*ST 珠峰（股票代码：600338）以 2 000 万元人民币的价格协议出售公司名下账面净值为 1 149.01 万元的珠峰大厦。类似这种在年关前清理资产的还有另外几家有暂停上市风险的公司，这些公司也采取了自卖家当的做法，力图在最后的一个季度挽回全年亏损的局面。

（2）转让股权。*ST 川化拟转让其持有的四川川化永昱化工工程有限责任公司 95% 股权项目、拟转让其持有的四川川化永鑫建设工程有限责任公司 10.27% 股权项目，而在不考虑评估对象作为非控股股权交易产生的折价以及不考虑缺乏市场流动性折扣的前提下，其评估市场价值分别为人民币 514.13 万元和 684.10 万元。*ST 华光（股票代码：600076）及控股子公司潍坊青鸟华光国际贸易有限公司分别将持有的北京青鸟华光科技有限公司 80%、20% 股权挂牌转让，通过竞价，新疆盛世新天股权投资有限公司成为最终受让方，成交价格为人民币 1 920 万元；*ST 漳电（股票代码：000767）拟通过山西省产权交易中心以不低于 1.38 亿元的底价公开转让参股公司北京万方数据股份有限公司 33.5% 的股权。根据标的股权账面价值 6 487.71 万元和转让底价计算，本次股权转让将使得*ST 漳电获益 7 312.29 万元。

*ST 锌业（股票代码：000751）参股公司股权被拍卖获得投资收益 5 915 万元。不过，即便这近 6 000 万元计入该公司 2012 年损益，其要想扭转暂停上市的命运也依然艰难。*ST 锌业前三季度亏损 8.11 亿元，已接近去年全年亏损额 10.85 亿元

（3）资产置换。*ST 美利（股票代码：000815）发布资产置换方案"保壳"，以拥有的部分流动资产、固定资产及部分负债与兴中实业持有的兴中矿业 100% 股权进行置换，注入矿权折价 22 亿元；*ST 领先（股票代码：000669）以除未偿付的"股转债"债券余额及等额货币现金之外的全部资产及负债作为置出资产，中油金鸿全体股东以其合计持有的中油金鸿 100% 股权作为置入资产，*ST 领先以其置出资产与中油金鸿全体股东所持置入资产的等值部分进行资产置换，两者差额为 21.85 亿元。

（4）债权转让。债权转让又称"债权让与"，是指在不改变合同内容的合同转让，债权人通过债权转让第三人订立合同将债权的全部或部分转移于第三人。*ST 珠峰以 6 300 万元人民币的价格协议转让公司对原控股股东西藏珠峰摩托车工业公司 29 238 322 元的应收款债权。

3. 债务重组

债务重组又称债务重整，是指债权人在债务人发生财务困难情况下，债权人按照其与债务人达成的协议或者法院的裁定作出让步的事项。也就是说，只要修改了原定债务偿还条件的，即债务重组时确定的债务偿还条件不同于原协议的，均作为债务重组。债务豁免是债务重组的一种方式，它是指企业在进行债务重组的过程中，债权人处于及时回收账款，减少债务风险的目的，给予债务人一定的债务减免。*ST 兴业（股票代码：600603）火速联合大洲控股与浦东发展银行签订执行和解变更操作协议，协议约定浦发银行同意提前免除公司对 2 500 万元赔偿本金对应的利息、诉讼费用等赔偿责任，这对于已经连续两年亏损，2012 年前三季度续亏 579.52 万元的*ST 兴业来说无疑是避免暂停上市的灵丹妙药，也为公司调节净资产、营业收入两项新增指标争取了时间；据*ST 金泰（股票代码：600385）公司的董秘杨继座介绍："公司与中矿必拓签订的《债务重组协议》中，中矿必拓同意在公司归还 1 500 万元款项的前提下，豁免 1 809 万元债务，那么公司藉此将扭亏为盈。"

4. 定向增发

定向增发也叫非公开发行，即上市公司向少数特定投资者增加发行股票的行为。由于所处行业市场竞争加剧，*ST冠福（股票代码：002102）连续两年业绩连续亏损，2012年上半年净利润又再度亏损3 951万元，而随着8月份停牌筹划资产重组事项的夭折，公司暂停上市可谓“岌岌可危”。而定向增发并无盈利要求，即使是亏损企业也可申请发行，重要的是它对提升企业盈利、改善公司治理有显著效果。基于此，公司不得不“闪电”推出定增募资方案以实现“保壳”目的，此次增发募集资金净额约为8亿元，其中近4.9亿元用于偿还银行贷款，剩余部分补充流动资金。

5. 变更会计估计调节损益

会计估计变更是指由于资产和负债的当前状况及预期未来经济利益和义务发生了变化，从而对资产和负债的账面价值或资产的定期消耗金额进行的重估和调整。*ST冠福就是一个例子。*ST冠福子公司所拥有的上海五天部分房屋建筑物变更为公允价值计量，这一会计估计变更将为上市公司在2012年贡献1.07亿元的利润。

虽然各个公司想尽办法，为自己找出路，奋力“保壳”，但像*ST长油（股票代码：600087）和*ST锌业等公司恐难逃暂停上市的命运。*ST长油前3季度亏损9.4亿元；*ST锌业前3季度亏损约8.1亿元。此类公司连续3年亏损将无悬念，而在目前退市新规的冲击下，此类公司退市恐怕成了大概率事件。这些竞相“保壳”的公司结果究竟如何呢？

三、“悬崖”边缘的ST公司“保壳”前后的财务分析

根据一般性财务理论，分析一个企业主要从偿债能力、盈利能力、成长能力、经营效率等几方面入手。从财务的角度看，这四个方面比较全面地概括了企业的整体情况，它们既可以单独作为一个侧面来对企业某个具体问题进行分析，也可以综合起来形成分析体系，以研究企业的整体情况及各方面的联系。其中，具有代表性的指标有流动比率、速动比率、资产负债比率、销售利润率和销售毛利率等。

对于处于“悬崖”边缘的ST公司，由于其自身的经营状况较差，部分公司通过债务豁免、资产剥离、股权转让等方式来进行“保壳”，

使其避免达到退市规则的红线。这些举措也许暂时使得公司的资产增加，但这是否能够给 ST 公司的经营业绩带来实质性的帮助？在其偿债能力得到缓解的同时，盈利能力是否有所提升？

本文通过选取能够反映公司偿债能力和盈利能力的部分具有代表性的指标来对此进行分析，并且选用了部分面临暂停上市的*ST 上市公司作为样本。在表 1 中所列示的是这些公司的偿债指标和盈利指标在实施“保壳”措施前后的变动。

表 1　　部分面临暂停上市的*ST 公司实施“保壳”措施前后偿债指标和盈利指标的变动

类别	公司名称	年度	流动比率	速动比率	资产负债率	销售利润率	销售毛利率
实施后盈利能力指标值为负	*ST 川化	2011 年	0.47	0.24	51.86	-12.76	11.68
		2012 年	0.53	0.30	50.67	-9.11	11.68
	*ST 吉纤	2011 年	0.51	0.31	80.19	-15.67	2.94
		2012 年	0.54	0.34	78.66	-5.82	2.94
	*ST 新农	2011 年	0.70	0.41	93.72	-49.19	10.50
		2012 年	0.73	0.44	91.64	-43.88	10.50
	*ST 冠福	2011 年	0.79	0.41	72.62	-20.35	46.60
		2012 年	1.04	0.67	37.26	-4.01	46.60
	*ST 华光	2011 年	1.97	0.39	47.51	-261.65	54.51
		2012 年	2.09	0.51	44.96	-30.29	54.51
	*ST 金泰	2011 年	0.03	0.01	634.87	-364.57	56.44
		2012 年	0.03	0.01	596.66	-41.26	56.44
	*ST 兴业①	2011 年	0.42	0.42	984.11		
		2012 年	0.42	0.42	909.60		
	*ST 南纺	2011 年	0.59	0.53	94.42	-2.65	4.08
		2012 年	0.62	0.55	92.34	-0.03	4.08
	*ST 锌业	2011 年	0.47	0.21	97.96	-15.65	0.86
		2012 年	0.48	0.21	97.18	-14.79	0.86
	*ST 漳电	2011 年	0.25	0.21	93.69	-19.63	-11.33
		2012 年	0.28	0.24	91.38	-13.91	-11.33

续表

类别	公司名称	年度	流动比率	速动比率	资产负债率	销售利润率	销售毛利率
实施后盈利能力指标值为正	＊ST 领先	2011 年	2.62	2.49	25.91	-5.32	2.86
		2012 年	2.62	2.49	2.17	13 783.38	2.86
	＊ST 美利	2011 年	0.69	0.32	83.05	-16.63	5.72
		2012 年	0.72	0.35	52.35	184.03	5.72
	＊ST 黄海	2011 年	0.44	0.29	129.19	-22.11	-5.34
		2012 年	0.68	0.53	98.57	3.51	-5.34
	＊ST 国药	2011 年	0.02	0.02	393.04	-187.55	19.17
		2012 年	0.89	0.89	89.17	1 628.89	19.17
	＊ST 珠峰	2011 年	0.53	0.33	109.95	-4.85	8.50
		2012 年	0.62	0.42	101.00	1.36	8.50

注：①由于＊ST 兴业的营业总收入为 0，所以该公司的营业利润率和销售毛利率不存在。

通过对该表的分析，我们会发现这些＊ST 公司的销售毛利率没有变化，资产负债率有所降低，而流动比率、速动比率和销售利润率都有所增加，那么这些又能说明什么呢？对此本文从短期偿债能力、长期偿债能力和盈利能力三方面进行了分析。

1. 短期偿债能力：有所提高

流动比率[①]反映企业用可在短期内转变为现金的流动资产偿还到期流动负债的能力。速动比率指速动资产[②]占流动负债的比率，它进一步反映了流动负债的保障程度。由上述表格可以看出，由于＊ST 兴业与＊ST 金泰进行的债务重组没有涉及到流动资产与流动负债，所以其短期偿债指标没有发生变化；＊ST 领先与＊ST 美利虽然进行了资产置换，但这也只是改变了公司的非流动资产，而＊ST 美利除此之外的保壳措施对流动资产的影响相对很小，故资产重组并没有使这两家公司的短期偿债能力得到改善。而实施定向增发和会计估计变更的＊ST 冠福的流动比率和速动比率都有了大幅度提高；此外，其他通过政府补贴和资产重组的公司短期偿债指标值也都有所增加，尤其是涉及金额较大者提高幅度也相对较高。这也就是说，大部分公司的短期偿债能力得到提高，使得公

① 流动比率 = 流动资产合计/流动负债合计

② 速动资产 = 流动资产总额 - 存货净额

司面临暂停上市的风险有所下降。

2. 长期偿债能力：变动差异较大

长期偿债能力的高低，既关系到投资者投资的安全，也关系到公司扩展经营能力的强弱。作为长期偿债能力指标，资产负债率①是评价公司负债水平的综合指标以及衡量公司利用债权人资金进行经营活动能力的指标，资产负债率越高说明负债越大，风险越高。

如表 1 所示，在这些公司中 * ST 领先的资产负债率本就最低，通过涉及 20 多亿的资产置换的保壳措施之后，更是达到了 2.17%，虽然资产负债率越低表明企业长期偿债能力越强，但是这也透露了企业投资回报率低的信息。此外，* ST 美利、* ST 冠福与 * ST 国药的提升比例也较大，这是由于这些公司虽使用不同的"保壳"措施，但其涉及金额过亿，故偿债能力改善较为明显。虽然 * ST 美利的资产重组金额要大于 * ST 领先的金额，但由于 * ST 领先原来的资产数额相对较小，而这次的置换增加金额又相当于原先数额的 10 倍左右，从而对 * ST 领先的长期偿债能力影响更大。在表 1 中，* ST 华光、* ST 珠峰、* ST 兴业与 * ST 金泰的资产负债率略有降低，说明了这四家公司通过股权转让和债务重组降低了企业偿还长期负债的财务风险；而剩余的六家样本公司虽然也提升了 1%～2%，但因变动幅度较小，并不能说明这些公司长期偿债能力是否得到改善。而且，由表格可以看到，无论是在"保壳"前还是"保壳"后，* ST 金泰、* ST 兴业、* ST 珠峰的资产负债率都大于 100%，虽然 * ST 黄海保壳后资产负债率有所降低，但也高达 98.57%，这也表明这四家公司的债务负担过重，严重的资不抵债，公司成为一个空壳。总之，壳保护对濒临暂停上市的公司的长期偿债能力的影响差异较大。

3. 盈利能力：变化不大

企业的盈利能力分析是对该企业一段时期内获取利润的能力进行分析，通常情况下，企业盈利能力越强，获取的利润水平就越高；反之，就越差。作为盈利能力指标，销售利润率是指利润总额占营业收入的百分比，它主要考察的是企业销售收入的收益水平。而销售毛利率②是反映产品的盈利能力，是监控经营过程的一个重要指标。

从总体来看，在样本公司中有五家公司通过"保壳"销售利润率

① 资产负债率 = 负债总额/资产总额 × 100%。

② 销售毛利率 = （营业收入 − 营业成本）/营业收入 × 100%。

改善比率较大，使其一跃为正。其中，以*ST 领先表现突出。虽然*ST 领先和*ST 美利都有通过高额的资产置换使公司的利润总额大幅度增加的，而且后者明显比前者涉及数额大，但由于*ST 领先带来的营业外收入对利润总额的影响要显著大于*ST 美利所带来的，所以使得前者保壳后的销售利润率大幅度上升。*ST 国药通过政府补贴以及大额的土地使用权补偿价款提高了其销售利润率；*ST 黄海和*ST 珠峰各自的政府补贴和资产重组所涉金额也不小，但与*ST 国药相比，对其利润表的影响相对较小，但改善幅度也就相对较小。此外，其余十家公司的销售利润率虽也略有上升，但仍为负数；而且，在样本公司中这些公司所占比例较大，这也说明总体来看销售利润率的改善不大。

由表 1 可以看到，样本公司的销售毛利率没有发生变化，这表明上述公司所使用的各种保壳手段尽管增加了利润总额，但对公司本身的产品经营没有多大影响，所以这些应急使用的“保壳”措施只是粉饰数字，对提高这些*ST 公司的经营业绩没有实质性帮助。

四、结论与建议

通过对上述部分*ST 公司偿债指标和盈利指标在“保壳”前后的比较分析，我们可以了解到，濒临退市危机的“ST 家族”的“保壳”战虽然有可能使其资产增加，偿债能力得到提高，从而保证其能够暂时跳过暂停上市规则的红线，但是从更深层次上来看，这些“保壳”手段对公司本身而言并没有发挥实质性的作用，它们只是通过操纵利润来达到“保壳”的目的，并没有使公司的经营业绩得到改善。因此，单单仅靠这些“保壳”措施公司的偿债能力虽得到缓解，但长此以往，随着经营业绩的滞后，公司很有可能出现资不抵债的严重情况，那时公司也只不过是一个空壳而已，而且对绝大多数 ST 公司来说，即便能把壳保下来，也是换汤不换药，不会有什么理想的效果，所以如何从本质上来提高本身的盈利能力是公司所要重点考虑的。

通过分析，本文对上市公司“保壳”行为给出以下几点建议：

（1）作为上市公司，注重其自身业务的发展才是最关键的。只有通过改善公司经营结构、创新管理制度、改革产品技术等才能从根本上改善公司的财务困境，使公司具有健康、稳定的发展潜力。

（2）企业要正确认识资产重组，实施实质性重组而非报表重组。

重组不是为了“保壳”而暂时性地改变报表数据，它是以提升企业核心竞争力为目标的。通过重组提高经营效率才能使企业有长远发展。

(3) 加强监管，减少政府干预。虽然财政补贴等可以在短期内使企业起死回生，但是难以增强企业的经营能力。政府应该减少对市场的干预，增强其监管能力，提高信息质量，让信息更加透明化。

(4) 提高投资者素质，保护投资者利益。正是由于目前投资者，尤其是中小投资者的理性投资观念淡薄，才给了投机者操纵市场的机会。

参考文献:

[1] 黄蓉、赵黎鸣:《政府补助：保壳还是培优》，载《暨南学报》(哲学社会科学版) 2011 年第 1 期。

[2] 金莹:《ST 上市公司资产重组模式的探讨》，载《财会研究》2011 年第 8 期。

[3] 刘启亮、谭亚莉、邹伊依:《会计估计变更趋势与特征分析》，载《财会通讯》2012 年第 4 期。

[4] 罗公利、吴靖朝:《基于财务指标的 ST 公司退市风险判别研究》，载《青岛科技大学学报》(社会科学版) 2007 年第 12 期。

[5] 唐战立:《债权转让中应把握的几个法律问题》，载《企业经济》2009 年第 8 期。

[7] 章卫东:《上市公司定向增发：资产收购与利益输送》，经济科学出版社，2011 年版。

[8] 张书杰:《上市公司偿债能力分析：以海信电器为例》，载《财会月刊》2010 年第 6 期。

[9] 张钊:《上市公司盈利能力分析：以汇源果汁为例》，载《市场论坛》2012 年第 6 期。

[10] 张宗新、杜长春:《完善退市制度　重塑股市生态》，载《金融焦点》2012 年第 8 期。

“高铁概念股”热炒下的大股东减持
——以青海华鼎大股东减持为例

许增坤

北京工商大学商学院

近年中国股市不振，股东对企业的“抛弃”似乎成为了一个主旋律。青海华鼎（股票代码：600243）从2010年开始就不断经历着大股东的减持，几大股东的竞相减持股份使青海华鼎在2011年面临着巨大的压力。在2011年，“概念股”的热潮使青海华鼎的股价被炒高，而企业的价值明显与股价背离，大股东的减持满足了自身的利益，但损害了中小股东的利益。青海华鼎大股东的减持行为遭到上交所的谴责也只是反映了大股东减持问题的冰山一角。本文以青海华鼎为例，分析这种现象的原因，并提出相关的治理对策。

一、案例背景

1. 公司介绍

青海华鼎实业股份有限公司（以下简称青海华鼎）属于机械制造行业，由原青海重型机床厂为主发起人，联合广东万鼎企业集团有限公司等五家企业于1998年成立，公司注册资金为12亿元，公司主营高科技机械产品开发、制造，数控机床、加工中心、专用机械设备等。公司于2000年在上交所上市，股票代码是600243。青海华鼎发行价格是4.55元，公司股票发行后注册资本增加到人民币15 660万元，其中青海重型机械厂持股5 000万股，占比例是31.93%，是控股股东。2006

年，青海华鼎以每10股转增5.5股的比例完成了股权分置改革，改革后的公司股本变更为16 865万元。2009年7月青海华鼎以每股5.01元的价格进行定向增发。

2. 股东减持过程

上交所对青海华鼎股东青海丰镇科技投资有限公司予以公开谴责，在2010年10月27日至2011年1月21日期间，通过交易系统累计减持青海华鼎股票20 840 069股，占其总股本的8.80%。该公司在减持青海华鼎股份达到总股份5%时，未及时停止买卖并履行法定的信息披露义务。根据《股票上市规则》第17.2条的规定，上交所做出如下纪律处分决定：给予青海华鼎实业股份有限公司股东青海丰镇科技投资有限公司公开谴责。

从2009年开始，青海华鼎的主要大股东青海天象、青海四维信用担保公司、青海丰镇科技投资有限公司等便开始了疯狂的减持股份的行动。尤其是2011年，青海华鼎实业股份有限公司从2011年1月10日接到公司第三大股东青海天象投资实业有限公司函告，到2011年8月10日接到当时已经是第二大股东青海天象投资实业有限公司函告，这整整8个月的时间，青海华鼎一共收到前五大股东11次的减持函告。

二、大股东减持的影响及其原因分析

1. 持续减持的影响

减持股票是股东的基本权利，但是由于对青海华鼎公司进行减持的都是公司的大股东，而且是持续性减持，所以无论是对资本市场，还是对公司以及对中小股东都会产生巨大影响。股东减持有它的好处，可以使企业能够整合组织结构，消除不利于企业发展的因素，使企业健康运营。但是，大股东的减持所带来的危害远大于它所带来的好处。

大股东持续减持股票的影响体现在股东及市场两个方面。首先，体现在损害中小股东的切身利益以及资本市场的公平性。从2010年至2011年3月由于大股东在股价上升的这几个月疯狂的减持股票，造成了从2011年4月处于最高位14.04元/股的青海华鼎股价开始几个月持续下降，一直跌到2012年初的最低价4.71元/股。小股东面对大股东的持续减持股票的行为无力应对只能接受，最终使自己的利益受损。大股东已经通过持续的减持股票实现了套现，各中小股东从股价波动中只能接受利益损失，从而进一步加剧大股东与中小股东间的矛盾。

由于大股东能够通过自身对上市公司的控制力，提前获取信息资源等，按照自己的计划低价买进，高价卖出。而中小股东由于信息上的不对称，被市场上高股价所迷惑，在高价买入，在大股东套现后却必须承受股价下跌的损失。大股东的减持是建立在中小股东高风险投资的基础之上的，反映了市场的不公平性。

其次，导致股价的剧烈波动和资本市场的不稳定。我国上市公司的大股东一般对企业拥有绝对控制权，掌握着企业的生死，大股东对于企业股票价格也会产生直接影响。青海华鼎的大股东们在减持过程中，没有在减持前予以公告；在减持后的公告中也不说明减持动机。大小股东的这种信息不对称，只会引起二级市场上恐慌性抛售，从而引起了青海华鼎公司2011年下半年股价的狂跌，对资本市场的稳定性带来不利的影响。

2. 持续减持的原因分析

第一，股东急于套现，实现可见的收益。低价增股，高价减股，这是大股东套现的常用手段。在股权分置改革之前，由于大量的非流通股无法在二级市场自由转让，大股东只能利用资金占用、并购、关联交易、关联担保以及关联投资等手段掏空上市公司。而股权分置改革之后，由于监管当局加强了监督力度，禁止部分严重侵蚀上市公司资源的大股东利益输送行为，因此通过套现是实现利益输送最“简便”的方法。

2009年2月5日，青海华鼎以5.01元/股的价格定向增发。发行价格按以下原则确定：发行基准价格不低于第四届董事会第三次会议（会议日期是2008年6月24日）决议公告日前二十个交易日公司股票均价的90%。20个基准交易日即2008年5月23日至2008年6月20日。期间总成交175 355手，金额11 811万元，均价是6.7355元，其90%应该6.06元，期间（2008年5月29日登记，5月30日除息，10派0.70元）减去分红7分钱，理应为5.36元，那么5.01元的增发价格明显低于这个价格。所以，大股东在定向增发中已经变相地实现了利益输送。

资料显示，受益于主营业务涉及高铁专用数控机床，青海华鼎的股价也搭上了高铁的“顺风车”，自2010年7月5日开始，青海华鼎股价涨势强劲，彼时股价收于6.21元，此后，最高时股价达到12.74元，涨幅达205%。2011年2月9日开盘以来股价再度上扬，最后收于12.62元，涨幅达8.98%。如图1显示，青海华鼎的股价情况。

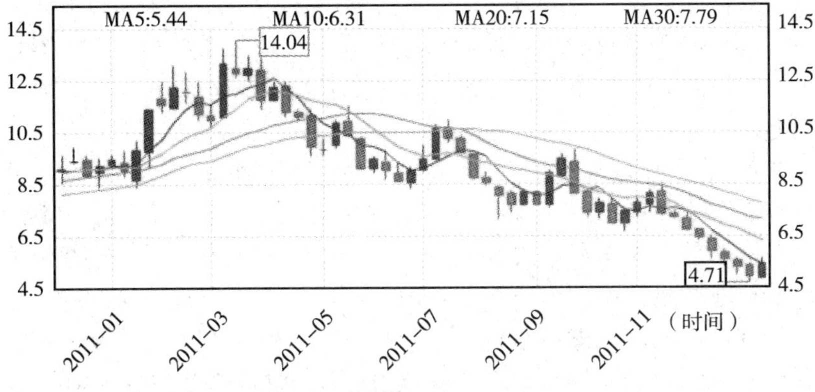

图1　青海华鼎2011年股价

以四维担保为例，2009年通过认购定向增发新增股份的方式以5.01元/股获得青海华鼎1 500万股股份，成为青海华鼎第四大股东，持股数占青海华鼎总股本的6.33%，增发价为5.01元/股。如图2青海华鼎2009年股价波动，而四维担保减持区间价为9.10～12.26元/股。粗略估算，四维减持后获利愈5 000万元。而作为青海华鼎原第二大股东的丰镇科技通过减持股份在这一年中实现了套现达到3.35亿左右。通过思维担保和丰镇科技减持，我们可以看到，股东通过减持已经明显上涨的股价来达到套现的目的，认购一年实现了投资回报率超过100%的“奇迹”。

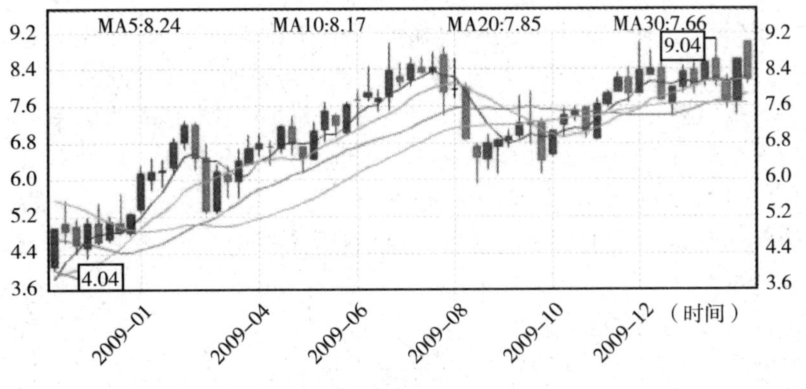

图2　青海华鼎2009年股价

第二，“高铁概念股”推动股价猛涨。青海华鼎属于机械制造行业，A股市场向来是跟风炒作，概念当先。在2011上半年，青海华鼎搭着高铁概念股的“顺风车”，一路狂飙，升值高达40%。而随着大股东持续减持股票，青海华鼎的股价一路狂泻，最低点为4.71元/股，只有最高价的1/3。减持股票不仅仅成了大股东套现的提款机，更成为中小股东的“绞肉机”。

2011年，工业机械行业的市盈率为27.33倍，而青海华鼎公司2011年的市盈率如表1所示。如果市盈率大于行业的平均市盈率则说明股票的价值被高估了。而我们从青海华鼎的市盈率来看，股票价值明显高于行业的市盈率。而当企业估值越高时，大股东减持比例高，这说明大股东作为内部人能够掌握内部信息，当其判断市场对企业估值过高时，大股东家开始减持股票以尽快确定收益，因为他们知道企业被高估值了，未来股价是会降低的，而此时出售股票是有利可图的。

表1　　青海华鼎2011年季度市盈率

时间	2011.3.31	2011.6.30	2011.9.30	2012.12.31
市盈率（%）	137.3821	169.2580	271.6912	88.8333

第三，青海华鼎的主营业务经营不当，大股东认为公司前景黯淡。青海华鼎的大股东从2010年就开始了减持股票的行为，这也是受到公司经营业绩的影响。2011年4月21日公布的公司2010年的财务报告，公司的营业利润减少了1 410.96%，而公司的利润显示为2 155万元，营业外收入约为4 766万元，比报告期初增长97.52%，对于此项金额的大幅增长，年报解释为“本期收到政府补助增加”，政府补助本期金额约为4 519万元。如果没有政府的补贴，青海华鼎的财务报告将以负值面对投资者，这本身就是对企业经营管理的否定。企业大股东在收到这份报告后，对于他们进行减持有一步的“激励”作用。

通过对比2010年和2011年的年度报告，我们可以发现企业的财务指标有明显的下滑，青海华鼎的净利润增长率由2010年的43.4381%减少到2011年的-41.7805%，各大股东面对这种情况只能给予消极的回应。企业的经营无法使投资者获得预期的回报，从而使投资者加剧了危机感而减少持股。

另一方面，作为国内数控机床的龙头，其铁路机床产品在国内市场曾占据高达80%的市场份额，因此一度认为是高铁建设的直接受益者。但由于经营不善，2009年每股收益仅为0.06元，2010年前三季度每股收益仅为0.09元，这与企业的高股价形成了鲜明的反差。大股东们无法从企业的经营中获得收益，这促使他们对企业的生产经营能力产生怀疑，进而持续减持股票。

第四，我国投资者发展不成熟。尽管我国的资本市场快速发展，但是我国的投资者存在经营理念不成熟，风险管理能力不足等。虽然身为公司的股东，但是可能股东对于公司的了解仅限于它的名称，最近的股价涨跌情况，最近的成交量等等涉及股价的问题。股东对于企业的正常经营状况则不甚了解，尤其是体现在小股东身上，这既反映了股东意识的缺乏，也体现了我国证券市场的不健全。

我国的股票换手率在世界上居于前列，股东无法体现自己的股东身份，只注重眼前利益，而且企业的信息披露不健全使股东无法深入了解企业的内部管理。上市企业有很多是空壳上市，资本市场存在诸多虚假行为。企业无法对股东负责，股东也就不会对企业负责，最终造成两败俱伤。青海华鼎的大股东面对着企业的主营业务长期萎靡不振，没有发挥对企业管理层的制衡作用，不是对企业的经营行为进行监督，而首先想到的是自己逃离，对企业的发展置之不理，也间接侵犯了中小股东的利益。

三、治理思路及措施

面对大股东持续减持股票的行为，虽然可以分散股权的集中度，降低大股东操纵市场的可能性。股权的分散对于大股东来说形成了适度的制衡，以保护中小股东的权益。但大股东的持续减持对于企业和中小股东所带来的负面影响远大于正面影响，以下从不同的主体角度采取应对措施。

第一，从监管部门的角度，要加强法律建设，完善资本市场。股票价格的高估是由于发行价过高，而且二级市场缺乏消除估值泡沫的机制。一方面，要建立完善的股票发行询价制度，加强监管部门对企业询价对象的资格审查，确保价格的公正性。另一方面，监管部门对大股东减持的制度性约束主要集中在信息披露方面，可以设法让大股东解禁后不减持，每年约定只能减持不超过5%，无论是在协议转让、大宗交易平台或者竞价交易系统中；另外或者对于大股东减持超过5%的情况，可以规定提前30个交易日发布公告，能最大限度地遏制发起人的套现行为。

第二，从企业的角度，要加强企业内部控制，弱化大股东的信息垄断。企业的矛盾主要集中在所有者与经营者、大股东与中小股东的利益上。企业应该制定严格的监控制度，确保矛盾不会影响到企业的日常经营。企业制定各种股利分配政策，注重调解大小股东的权益。弱化大股东信息垄断，由于大股东控制着上市公司，拥有比小股东更多的资源以及信息，努力使公司的信息披露等更加公开、透明，加强企业对大股东减持行为动机的审核，努力消除大股东的不良行为。

第三，从经营者的角度，经营者要注重培养自己的“企业家精神”。所有者不仅仅用股权对经营者进行激励，而且要培养经营者的“企业家精神”。而经营业者自身也应注重培养自己的“企业家精神”，将自身培养成把所有者的企业看成自己的企业经营，将自身发展与公司前景密切联系在一起，不只是把自己作为“被雇佣者”，而且应树立主人翁意识。高管富有企业家精神，才能把企业、股东、投资者作为利益共同体创造共赢的局面。

第四，从投资者的角度，要提升自身的投资理念，丰富股票获利渠道。投资者作为股东，选择投资一只股票不仅仅要注重企业的股价情况，更应该注重企业的经营情况。把自己看成是企业的一部分，不仅仅是只注重自己股票的短暂利益。建立并完善大股东出售股票的方式，大股东出售股票方式有市场出售、大宗交易、承销发行等。大股东减持即在二级市场上进行交易出售股票，大规模的减持会引起中小股东的大规模抛售。大股东可以通过转变出售方式，既实现了自身利益也保持了上市公司股价的稳定，这也是投资者自身投资理念的升华。

四、案例启示

自2008年金融危机以来，世界经济仍处在一个低迷时期，企业面临的经营压力十分大。企业股东企图通过热炒概念股，抬高股价并从中获利。短期的概念股热炒，对企业实体经济并未带来有利影响，甚至对企业带来严重的经营风险。整个企业的发展是建立在实业发展的基础之上的，而不是靠资本市场的投资收益进行支撑。大股东持续减持股票，并未从企业的长远发展考虑，更没有从中小股东的角度出发。而广大中小股东在资本市场投资中，应该保持清醒头脑，做出合理准确判断，避免盲目投资。由于价值才是决定价格的唯一因素，投资者应识别出概念股的真实价值才能维护自身的权益。

维护投资者的利益是资本市场监管的目的，也是市场良好运转的前提。对于大股东追逐私人收益，牺牲投资者利益，违反相关政策要进行严厉处罚，使其侵犯中小投资者利益成本上升，从而在一定程度上抑制此种行为的产生。同时，良好的制度环境也是资本市场有序健康发展的关键，强化对大股东行为的监督，使代表广大中小股东的独立董事在公司发展过程中发挥重要作用。只有各方共同努力，才能最终切实实现对投资者的保护。

参考文献：

[1] 楼瑛、姚铮：《财务绩效与上市公司大股东减持关系实证研究》，载《经济论坛》2008 年第 12 期。

[2] 俞红海、徐龙炳：《终极控股股东控制权与全流通背景下的大股东减持》，载《财经研究》2010 年第 1 期。

[3] 王建文、李蓓：《重要股东增减持行为市场效应及其影响因素分析》，载《财会月刊》（理财版）2012 年第 8 期。

内部控制篇

投资者保护与市场风险管理研究

——以中国远洋为例[①]

李凯琳

北京工商大学商学院

一、引 言

随着我国证券市场的不断发展，证券市场投资者保护机制在我国资本市场结构的逐步改善过程中也一步步建立和完善。投资者保护是由国家法律、社会规范以及市场机制共同构建的用以保护外部投资者实现投资收益，避免投资者尤其是中小投资者的权利受到公司内部人侵占的一系列制度安排与运行机制。

不论是在西方发达国家还是发展中国家，对于企业而言，企业风险管理是一个永恒的话题。继中航油、中储棉等央企一连串危机事件相继使国家资产遭受到了巨大损失，企业风险管理就越来越被企业和监管部门所重视。风险管理是一个包含了识别风险敞口、确立适合敞口范围、对敞口不间断的测评和对偏离目标区间敞口进行即时调整的过程。有效的风险管理要求对敞口进行定期稳定的检测，且无论何时何地一旦需要调整都能够进行相应的修正。在国内外宏观环境动荡不定的情况下，对于广大投资者来说，提高企业风险管理水平有助于缓解企业管理面临的

① 基金项目：教育部人文社科项目“跨组织控制：激励模式与合作绩效研究”（11YJA630080）；北京市教委项目“企业价值链成本战略驱动因素分析”（M201110011003）；北京市教委科研基地—会计与投资者保护项目（PXM－014213－000031）。

巨大压力，为广大投资者提供必要的权益保障。

纵观国内外企业界的大大小小的失败案例，可以发现很大一部分企业的失败可以归咎于企业风险管理的失效。企业风险管理涉及企业运营过程中的各个方面，包含各个项目和流程之间的所有环节，以及企业之中的实体资源和人力资源。在金融危机蔓延至全世界、国内外宏观局势波动不定的事态下，企业需要面对的外部不确定性因素越来越多，管理层和治理层提高企业风险管理水平，必然成为维持企业长远发展的必经之路，同时也使得机构投资者与个人投资者的权益得到根本保障。在本文中，我们以中国远洋（股票代码：601919. SH、01919. HK）为案例，来探讨由于企业风险管理不善导致的企业巨额浮亏事件。

二、案例背景：中国远洋远期合约巨额浮亏

（一）中国远洋简介

中国远洋控股股份有限公司是中国远洋运输（集团）总公司（全球第二大综合性航运公司）的上市旗舰和资本平台，目前已成为全球领先的航运与物流供货商。2007 年 12 月 29 日，中国远洋通过非公开发行 A 股股票成功收购了中远集团下属的多家干散货船队，中国远洋通过下属各子公司为国际和国内客户提供集装箱航运、干散货航运、物流、码头及集装箱租赁服务的综合型航运企业。

中国远洋 2007 年回归 A 股以来股价一路走低，由上市之初最高股价 68.4 元跌至 2013 年 4 月 1 日的 3.62 元，市值较最高点蒸发 6542 亿元，短短五年便出现了跌入谷底的趋势。2012 年公司业绩再次大幅亏损，中国远洋于 2013 年 3 月 28 日公布的财务报告显示 2012 年净利润亏损 95.59 亿元，由于连续两年亏损，公司股票 28 日停牌一天，29 日起实行退市风险警示（即*ST），股票更名为*ST 远洋。按照 2012 年 7 月最新修订的《股票上市规则》，两年连续巨额亏损，使大型央企中国远洋成为 A 股市场上规模最大的*ST 股。

宏观市场上，2012 年度国内水上航运板块市场低迷，沪深两市 17 家水上航运上市公司（以证监会新行业分类为标准）中有南洋（股票代码：000556. SZ）被冠以 PT，大洋 B（股票代码：200057. SZ）和长油（股票代码：600087. SH）被冠以*ST，天海（股票代码：600751. SH）以及天

海B（股票代码：900938. SZ）分别被冠以SST和ST。上交所及深交所颁布的2012年度第三季度季报中显示：披露完整财务数据的15家上市公司中有10家水上航运上市公司净利润为负，截至2012年9月30日的行业平均市净率仅为0.88倍左右。国际水上航运板块市场中干散货海运市场陷入全面衰退，国际集装箱运输市场运价逆势回升，导致了部分板块国内市场的低迷前景。

（二）巨额浮亏全过程

1. 发布盈利预警

2008年12月15日，中国远洋披露一份买入FFA产生浮亏的公告，称公司为了锁定租入船运力成本，签订了一定数量的远期运费协议（FFA），由于市场的急剧变化运价大幅下跌，至2008年12月12日，所属干散货船公司持有的FFA公允价值变动损失合计为53.8亿元，较2008年9月30日扩大了30.7亿元；已交割部分实现收益为14.3亿元。浮亏与实现收益相抵，亏损合计39.5亿元，预期公司截至2008年12月31日年度业绩将受到影响。

2008年12月16日，中国远洋股价开盘即下跌9.07%至8.42元，为12月开盘价波动幅度最大的一次，当日最低价为8.4元。

2. 远期运费协议FFA

从图1中国远洋的主营业务架构中可以看出，集装箱航运业务以及

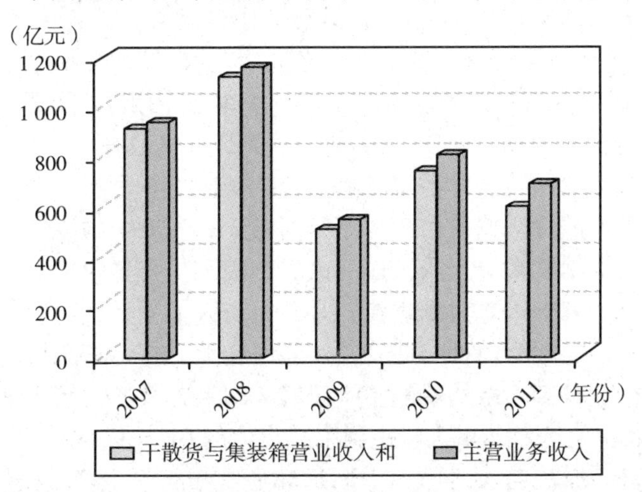

图1　中国远洋2007～2011年营业收入分布

干散货航运业务占到四大模块中的绝对比重，两项主要业务的营业收入比重几乎处于中国远洋营业收入的90%左右。中国远洋干散货航运业务板块的船舶组成形式和收入来源决定了该板块收入与利润对于航运市场运费的波动性相当敏感。

由于航运业存在明显的行业周期性，市场波动风险很大，航运公司通常利用远期运费协议（FFA，Forward Freight Agreement）做套期保值，对冲航运市场租金波动风险。尤其是在长期租船的合约中，更加应该加入对冲风险的设计。远期运费协议FFA是一种场外交易的远期合约，协议规定了具体的航线、数量、价格、交割价格、交割时期以及计算方法等，双方约定在未来某一时点，收取或者支付依据波罗的海航交所公布的官方运费指数价格与合同约定价格的运费差额。

中国远洋拥有世界最大的干散货运输船队，也是我国较早参与运费衍生品交易的企业。中国远洋是从2007年开始利用FFA做套期保值的，在2007年年报中将其持有FFA的目的描述为合理利用干散货市场的时差和价差，发挥FFA业务决策快、转换快、调头快的优势，可以有效对冲租入船风险。FFA业务已成为公司捕捉市场走势的传感器和即期操作的有益补充，配合公司散货船队整体运作，起到了风险平抑和套期保值的积极作用。由此可以看出，中国远洋在最初仍将FFA看成是规避市场波动风险的重要工具，并对其制定了《FFA业务操作规定》以及《FFA风险管理政策》，完善了相应的风险管理制度。

根据中国远洋2008年半年报披露，中国远洋已于6月底之前提前锁定2008年全年76.3%运营天的运费收入。如图2所示，上半年由于需求旺盛，BDI指数（Baltic Dry Index，波罗的海航运指数）处于历史高位，2008年5月20日创下了11 793点的历史最高位。对于2008年下半年，航运业预期全球经济形势会受到美国次贷危机及全球通胀的影响，但由于干散货运输新增需求主要来自新兴发展中国家，同时受运距拉长、压港等因素影响，未来航运市场的需求仍将稳定增长，运力供给则相对不足，利好因素占据主流。几乎所有人都预计，运价仍有大幅上涨的可能，公司战略由拥有船到控制船的转变，在追求规模扩张中大量租入船舶，在自有干散货船舶204艘的基础上，又加大租入量租入船舶228艘，以加大运力，租入船占到了总运力的61.3%。在2008年4月，金融危机已经露出苗头之时，中国远洋还宣布将订造25艘新船，为集团增加10.68万标准箱运力和211.3万载重吨运力，总共耗资将达

22.961 亿美元。于是基于前期的市场趋势以及公司的实际状况，中国远洋为防止市场上升导致租入运力成本加大，所属干散货船公司买入了大量的远期运费协议 FFA。

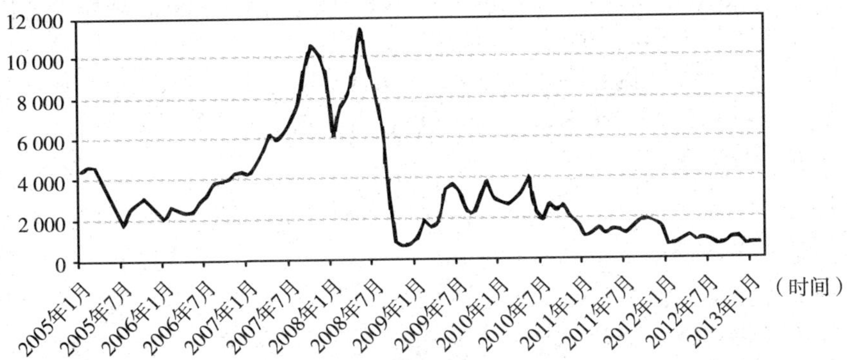

图 2　波罗的海干散货综合运价指数 BDI

然而，2008 年国际干散货运输市场经历了从顶峰到谷底的剧烈变化。在经历了 BDI 指数历史最高位之后，愈演愈烈的金融风暴以及商品价格回落令市场迅速反转，特别是 9 月雷曼公司倒闭之后，全球金融危机爆发，世界经济形势急转直下。经济体的衰退导致了交易搁置，给航运业带来了严重的打击。中国远洋所持有的 FFA 公允价值变动损失也随之扩大，截至 2008 年 12 月 31 日，远期运费协议（FFA）公允价值变动损益减少 52.18 亿元，中国远洋第三季度净利润仅为 51.3 亿元，显而易见第三季度的净利润也不能弥补 FFA 公允价值的巨额浮亏。

三、案例分析：风险产生的原因

在我国，风险管理是企业管理中一个相对薄弱的环节，风险意识不强、风险管理工作薄弱，是企业发生重大风险事件的重要原因。

目前，在香港上市的内地航运股主要有三只：中国远洋、中海集运（股票代码：601866.SH、02866.HK）和中外运航运（股票代码：00368.HK）。从 2012 年度上半年业绩来看，中国远洋亏损 48.72 亿元，中海集运亏损 12.8 亿元，而中外运航运盈利 2 010 万美元（约合 1.27 亿元人民币）。对于中国远洋而言，连续两年巨亏固然有航运市场的周期性低迷因素在内，但与其同样业务的其他航运公司相比，亏损相比异常严重。亏损数额巨大的另一重要原因在于上一经济周期不合时宜的盲目业务扩张和对于衍生品远期运费协议的风险意识淡漠，令其财务状况遭到了严重的打击，制约了中国远洋发展优势业务和维持经营决策的能力。中国远洋巨亏背后暴露出公司在经营战略上存在的问题和风险意识的欠缺。

中国远洋在战略扩张阶段存在着严重的失误，在国际市场的竞争上，对市场的风险预估不足，缺少风险对冲的意识和手段。按照中国远洋2008年年报补充说明公告中所述，为防止市场上升导致租入运力成本加大，从而买入了大量的远期运费协议FFA，在BDI大幅度暴跌的过程中，一方面是运费收入大幅下降，另一方面FFA合约公允价值也会遭遇浮亏惨剧，并没有起到规避市场波动风险的作用。中国远洋在利用FFA进行市场风险管理过程中没有坚持以降低利润和现金流的波动性为初衷，而是以获取短期投机利润为目标，这种在期货市场中购入与现货市场同方向的期货合约不仅没有达到套期保值的效果，反而加大了投机的风险再次扩大了中国远洋的亏损数额，使得中国远洋失去了最后一个可以弥补金融危机所带来的市场判断失误问题的救命稻草。由中国远洋在现货与期货市场的投入决策可以看出，企业管理层对于2005年至2008年的持续高涨的航运市场前景抱以过于积极乐观的态度，大举押注中国经济持续增长而忽略了国际市场衰退的可能性。

2006年就有多家企业因为在期货市场FFA合约中操作不当而引发的巨额亏损甚至濒临破产，包括希腊船东DRYSHIPS、德国船东OLDENDORFF、韩国STXPANOCEAN等在FFA市场产生亏损，加拿大船舶运营商北美轮船NASL由于在FFA市场上亏损3 000万美元而导致破产。

回顾中国远洋在2008年金融危机前的扩大规模至今的整个发展历程，我们可以看到企业的规模在不断地扩大，随之增加的不是企业的盈利能力，而是巨大的市场风险。这说明了一个很明显的问题：中国远洋只是一味将规模做大，以巩固自己在航运业之中的地位（有政府做后盾的中国央企似乎都有这样的特点）所处行业回报周期长反而没有合理的发展战略，没有相应的应对逆周期阶段的平稳过渡方案与措施。可以说，中国远洋的巨亏是其漠视市场风险，盲目扩张的必然结果。

中国远洋早已在2007年、2008年的租船协议和FFA协议（远期运费协议）中埋下了巨亏隐患。这部分合约造成了之后几年里中国远洋的亏损，甚至是2013年被冠以“*ST”的帽子。

四、案例启示

对于我国企业而言，在针对企业市场风险管理和运作方面应该注重以下几个方面：

（1）明确市场风险管理的目标。企业应该坚持以降低现金流和利润的波动性为进行市场风险管理的首要目标，航运业企业在经营决策中面临的主要风险是需求下降导致的运价下跌，因此与未来租船成本上升的风险相比，利润与现金流的波动风险管理应该是航运业企业风险管理的核心内容。

（2）明确衍生品在市场风险管理中的作用。企业涉入衍生品市场是为现货市场履行套期保值规避市场风险的作用，而并非出于短期投机动机。投机的成功与否需要对于市场的未来运价走势做出正确的分析与预测，高收益的同时也具有极高的风险，容易使企业遭受巨额的损失。

2008年可谓是中国企业界的衍生品之殇年。面对金融市场的诱惑，中国远洋、中信泰富、碧桂园、深南电、东方航空、中国国航、国泰航空、中国平安、华联三鑫等企业纷纷走上了这条投机之路，想从中分一杯羹，最终均铩羽而归。

历史在一次次地重演，中国企业在涉入衍生品市场的同时也加剧了其市场风险。以史为镜，可知兴替，在涉入衍生品市场道路上前进的企业应该引以为戒：如果不能保持清醒的头脑，建立良好的企业风险管理体系，那么由兴转衰的惨剧不会只发生在中国远洋一家企业身上。

参考文献：

[1] 中国远洋控股股份有限公司，2008年年度报告。

[2] 中国远洋控股股份有限公司，2008年第三季度报告。

[3] 中国远洋控股股份有限公司，2012年年度报告。

[4] 王一铮、唐冰瑶：《航运上市企业经营风险——基于经营杠杆角度》，载《商业会计》2013年第1期。

[5] 卢之旺：《降低风险是保值增值的关键——境内企业从事境外商品衍生品交易浅析》，载《中国外汇》2009年第5期。

奇瑞汽车炒股的衍生效应与投资者保护

樊鼎之

北京工商大学商学院

俗话说，隔行如隔山。但是却总有一些公司忽视其主营业务的生产经营，造成了业绩的大幅波动，带来了投资者保护问题。北京工商大学会计投资者保护项目组研究发现，在2 000多家A股上市公司中，就有200余家公司对“理财”青睐有加，而未上市的公司由于缺乏信息披露与监管，内部财务制度不完善，更是造成了一系列严重问题，且这样的问题普遍缺乏关注。为什么稍有点闲置资金的公司都会抢着进入二级市场？其炒股业绩如何？这种不甘于做好主业，靠“捞偏门”赚取利益的行为是否会损害到中小投资者？本文试图通过对非上市公司奇瑞汽车高层炒股案例的深度分析，回答这些问题。

一、奇瑞汽车高层炒股事实

2012年11月19日，号称天下第一酒的酒鬼酒被媒体曝出塑化剂含量超标高达260%，可能导致的伤害包括损害男性生殖能力，促使女性性早熟以及同时对免疫系统和消化系统造成伤害等危害。酒鬼酒因媒体报道当日临时停牌。截至2012年11月29日，酒鬼酒连续四次跌停，这成为了萧条股市的又一个惨剧，而就在各大投资机构深陷酒鬼酒“塑化剂”泥潭的同时，一家名为安徽国富产业投资基金管理有限公司（下称国富产投基金）的机构，却在酒鬼酒“塑化剂”事件爆发之前精准逃顶。

通过提前逢低布局——在2012年一季度一举买入，并首次出现在酒鬼酒前十大流通股股东名单上，之后大举精准建仓——该基金二季度继续增持235.65万股酒鬼酒一举成为公司第一大流通股股东，又在“塑化剂”事件曝光前全面减持——在2012年9月30日之前，尽数抛售酒鬼酒，彻底退出公司前十大流通股股东行列，这种如同“股神”一般的精准判断与精巧操作手法，为国富产投基金成功获取了近2亿元（19 732.50万元）利润。国富产投基金能因此声名鹊起。国富产投基金究竟有何背景？据笔者调查，该基金由芜湖瑞创投资股份有限公司（下称瑞创投资）等6家企业共同出资设立，且瑞创投资是其大股东。而据相关资料显示，奇瑞汽车董事长尹同跃就是瑞创投资的实际控制人，实际上，国富产投基金的大股东瑞创投资正是奇瑞汽车高层的持股平台。

二、奇瑞汽车高层热衷于炒股的原因

通过对该公司宏观和微观环境分析，以及从管理层自身的主观方面出发，我们可以发现奇瑞汽车高层炒股的原因主要有以下四点。

（一）中国制造业陷入低谷

无论是从汇丰2012年8月PMI数据还是官方同年的8月PMI来看，中国制造业的形势均不容乐观。数据显示，汇丰8月PMI终值为47.6，降至2009年3月以来41个月的新低，已连续10个月低于50的盛衰分界线。而中国物流与采购联合会、国家统计局服务业调查中心发布的8月份PMI为49.2%，为2011年11月以来首度跌破50%，创下9个月新低。PMI指数下行，说明以制造业为代表的实体经济恶化。特别是一些关键性指标，如生产指数、新订单指数、原材料库存指数、从业人员指数的下降，意味着未来的企业状况和就业状况将依然严峻。由此可见制造业经营活动面临更加艰难的外部环境。另外，国内宏观调控力度加大，货币政策效果不明显。因为在连续高速发展的10年，特别是人均国民生产总值跨入中等国家行列后，急需从追赶型经济、要素驱动型经济向效益驱动型和创新驱动型经济转变。在国际金融危机爆发后，发达国家和新兴经济体几乎无一例外地采取了大力度的经济刺激措施，实行了过度宽松的货币和财政政策，2012年要进行必要的调整，因此，货币政策的紧缩也是可以预见的。此外，受国内有效需求基本饱和、部分行业产能过剩造成的影响，同时，我国经济运行进入到一个新的调整周期，各方面的压力都比较大。最后，随着人口红利的消失，中国必须进行技术创新，而随着国际上可引进技术的引进成本越来越高，中国也必须强化技术创新才能获得新的增长动力。

（二）自主品牌汽车产业陷入苦战

随着中国汽车市场2011年进入低速增长期，自主品牌首当其冲。销量、收入、利润三项数据均大幅下降是自主品牌企业不得不面对的残酷现实。尽管政府鼓励自主品牌的政策迭出，自主品牌却并没有顺势出现“开门红”。据中国汽车工业协会的统计数据显示，近年来自主品牌乘用车销售与市场份额持续下降。其中，2011年全年自主品牌乘用车销售161.78万辆，同比下降8.1%，降幅高于乘用车总体6.9个百分点；自主品牌乘用车占乘用车销售总量的42.9%，占有率同比下降3.2%。而且，自主品牌轿车市场下降更加严重，据统计，自主品牌轿车销售71.18万辆，同比下降14.7%，降幅高于轿车总体12.6个百分点，占轿车销售总量的27.8%，占有率同比下降4.1个百分点。如果按照这种市场形势发展下去，自主品牌企业随着销量的不断下降，将面临着越来越紧张的运营困境。

（三）奇瑞汽车主营业务经营不善，面临严重业绩压力

不单单是制造业和自主汽车产业等宏观经济形势欠佳，奇瑞汽车自身的经营情况也不容乐观，始终被业界当做“自主品牌旗帜性企业”的奇瑞，正在遭遇成长的烦恼。2011年在北京、上海等一线城市，经营奇瑞高端品牌瑞麒的几家经销商，陆续退出了奇瑞的销售网络；同时，奇瑞的微车品牌开瑞也在2011年下半年遭遇了广东至少6家经销商的集体退网。奇瑞汽车高层已经意识到了过度扩张所带来的恶果，但是奇瑞所面临的困难还不止如此。奇瑞董事长尹同跃在奇瑞发展初期就制定下“多生孩子打群架”的战略，所以产品线的扩张被视为刻不容缓的。到2009年为止，奇瑞旗下已经扩充到5大品牌（奇瑞、瑞麒、旗云、威麟、开瑞）25个系列车型，过分增加新品牌以极力追求销量的做法，大大影响到了奇瑞技术研发能力和品牌地位的提升。并且因为车型定位模糊，与兄弟品牌市场重合，内战也比较严重。

（四）主业经营心态不稳

纵观奇瑞汽车发展历程，我们可以看出奇瑞汽车不缺乏明确的长期规划，但是却总是在实际经营过程中无法坚持贯彻其规划，而这种“四肢”无法与“大脑”协调一致的情况又导致了决策层被迫改变规划来配合经营活动。实际上，“多生孩子打群架”的战略是奇瑞在发展初期的战略规划，而到了2008年，因金融危机对汽车市场造成的影响，奇瑞方面曾对上述战略做出过反思，并宣称要放慢扩张脚步、提升产品质量和技术水平。只不过，随着中国汽车市场从2009年开始迅速复苏，奇瑞当初“慢下来”的心态似乎又出现摇摆。由此可见，朝令夕改说明了管理层决心不坚定，没有根据长期规划制定短期目标，相反还“审时度势”制定短期目标，进而影响、修改长期战略。在这种情况下，短期逐利思想自然会引导奇瑞进入股市投机。

综上所述，正是由于奇瑞汽车内外部经营环境的恶化，加之短期逐利思想的影响，导致了巨大的业绩压力，奇瑞高层才会有“急病乱投医”的行为，这时候它手中的资源会快速流转于各个热门领域，而“酒鬼酒”事件仅仅是表面现象的一方面，这种深层次的原因决定了就算没有“酒鬼酒”，也会有“酒鬼地产”、“酒鬼黄金”等其他投机行为。

三、奇瑞汽车高层炒股所产生的衍生效应

奇瑞汽车为了赚钱而炒股无可厚非，但是这种行为对其经营发展和投资者会导致一系列的衍生效应。

（一）误导投资者

由于奇瑞汽车尚未首次公开发行股票，因此其股东主要为公司内部管理层、普通职工及其亲属、外部券商等。这些股票的持有者所享有的收益权主要体现在公司收益分红和IPO之后的股本溢价。然而在我国，公司经营的特殊性使得中小投资者向来不敢奢求“收益分红”，故奇瑞公司内部的普通职工及其亲属、外部券商认购奇瑞汽车内部股份的动机即期待该公司能够顺利上市，从中收获股本溢价。由于中小投资者与高层管理者处于明显不对等的地位，中小投资者无法获得充分且有效的经

营信息。对于缺乏财务知识的投资者，如公司普通职工们，只能通过口耳相传的小道消息来判断当前及未来的形式。而对于目前奇瑞公司来说，其长期战略无法贯彻，朝令夕改，在这种环境中必然导致“谣言满天飞”的状况，这样的话投资者们会更加盲目。而对于外部券商来说，他们只能从自己掌握的渠道中获取奇瑞汽车的财报，加以分析，然后制定自己的经营策略。我们也同样可以想见，这样取得的财报所披露的信息未必是透明真实的。况且，炒股所得收益列入合并财务报表必然会虚增收入，使投资者无法获取奇瑞汽车的真实情况。

（二）阻碍 IPO 上市

奇瑞汽车一直在谋划上市，但是这其中的历程可谓一波三折。2004 年奇瑞汽车实行股份制改革，自此奇瑞上市引发媒体和机构强烈关注。2007 年 12 月，奇瑞汽车开始首轮外部融资，随后，各大投资机构相继进场，增资完成后，奇瑞汽车注册资本增至 24.59 亿元。2008 年 7 月，奇瑞从“奇瑞汽车有限公司”正式更名为“奇瑞汽车股份有限公司”，此举一度被认为是公司完成股份改制工作，谋划整体上市的重要一步。不过，2008 年下半年，当奇瑞如约向中国证监会提交 IPO 申请时，却恰逢金融危机席卷全球，彼时考虑到资本市场可能存在的风险，且奇瑞汽车经营状况不佳，在获得 4.7 亿元政府补贴后才得以盈利，因此搁置 IPO。在资本支出的压力下，奇瑞不得不于 2009 年 3 月开展第二轮融资，新增了 4.8 亿元注册资本，自此，奇瑞汽车此轮融资达 29 亿元，股东变成 16 家。随后奇瑞进入战略转型期，这期间再度进行第三轮融资，由于时间跨度长，没有引起市场注意，而融资金额却远远大于前两轮融资。此次增资后，奇瑞汽车的注册资本变更为 39.8 亿元。此后奇瑞整体上市计划再无实质性推进。究其原因，盈利能力一直是阻碍集团 IPO 的最大拦路虎。公开数据显示，2008 年和 2009 年，奇瑞利润总额分别只有 3.14 亿元和 0.72 亿元，净利润率分别有 2.38% 和 0.27%，处于盈亏边缘。管理层不专注于经营主业，却创立子公司钻研炒股饮鸩止渴，试问在这种情况下，奇瑞汽车如何能给投资者一份满意的答卷?

（三）影响投资者信心

投资者之所以会认购奇瑞汽车发行的股票，从奇瑞高管的角度出发，主要是因为认购行为会给自己带来分红收益，从奇瑞普通员工的角度看，主要是因为看好集团IPO之后的股本溢价收益，再从外部券商的角度来看，除去看好集团IPO之后的股本溢价之外，还因为对IPO之后的股价走势有充分信心。总之，这些都能表示出投资者看好奇瑞汽车的未来。但是，倘若他们得知集团董事长尹同跃炒股赚钱，无论这种行为是否盈利，必然会引发谣言的散布，影响其独立判断，进而产生诸如“连董事长都对集团经营前景不乐观，说明经营真的存在问题”这样的想法，最终丧失对奇瑞汽车的信心。连公司内部的高管和普通员工都如此，试问在集团内部如何做到团结一致？这会进一步影响整体工作环境，导致士气涣散。另外，倘若券商也看衰奇瑞，势必在市场上也会有利空消息，这也会阻碍奇瑞公司的上市。

四、奇瑞公司的出路在哪里

（一）摆正心态，专攻主营业务

虽说资本有自身的逐利特性，但是一家成熟的企业集团必然是术业有专攻的。“什么赚钱做什么”这一模式只适用于公司经营的初级阶段，待资本积累到一定程度时，必然要摒弃这种做法，把生产经营做专做精。奇瑞最大的问题就是管理层精力不集中，四处炒股必然影响业务正常处理。从总体来看，经过多年的积累，奇瑞拥有很多得天独厚的优势：具备年产90万辆整车、90万台发动机、40万套手动变速箱及5万套自动变速箱的生产能力；在知识产权方面，截至2011年5月底，累计申报各项专利5 981件，获得各项授权专利4 118件，位居本土汽车企业第一位。所以说，奇瑞公司依靠这些优势，定能将业绩进一步发展，并应该将更多的人力、物力、财力资源放在其主业上，进一步开拓与汽车相关的业务，摒弃股票投资的副业，重振主业。

（二）重整产品线，扩大协同效应

除去已关闭的旗云，奇瑞公司旗下现有奇瑞、瑞麒、威麟和开瑞四个子品牌，产品覆盖乘用车、商用车、微型车领域。但是其产品线铺设并不合理，高端品牌创造失败，低端品牌陷于混乱内战。首先，作为奇瑞中高端品牌的瑞麒和威麟的品牌LOGO“山寨”气息浓厚，不利于奇瑞中高端品牌形象的打造。瑞麒LOGO“山寨”宾利，威麟LOGO“山寨”英菲尼迪，这样一种模仿设计很令消费者反感。其次，奇瑞中高端品牌产品定价与其低端品牌产品定价没有形成明显区隔，瑞麒及威麟品牌产品的售价区间在3.88万元到17.98万元，而奇瑞品牌产品的售价区间在3.20万元到11.58万元，可以清楚地看到，奇瑞中高端品牌产品与其低端品牌产品的售价区间存在明显的重叠，已经存在直接竞争，对奇瑞打造中高端品牌形象实为不利。况且，奇瑞中高端品牌产品多数为其低端品牌产品“变脸”而来，既其中高端品牌并没有一整套更高标准的产业链体系，这样的产品消费者不会接受。如果我们仔细研究奇瑞中高端品牌的产品，我们会发现，瑞麒M1是奇瑞五娃妮妮的“变脸”，威麟V5是东方之子Cross的“变脸”，威麟X5是悍虎3的“变脸”，瑞麒G5是东方之子6的“变脸”。最后，低端产品界限不明朗，品牌之间相互竞价，存在严重的内耗问题。可喜的是，2012年末奇瑞与捷豹路虎的合资项目有了实质性的进展，力争打造新一代高端车型，计划在未来两年内在国内推出两款车型，很可能是路虎和捷豹各一款。而中低端产品方面，奇瑞应该重新区分各产品之间的目标市场，寻找各自的定位，扩大协同效应，提升企业价值。

（三）提高利用政府扶助政策的水平

事实上，奇瑞公司一直在或多或少地利用政府的扶助政策，但是其利用水平不高，主要体现在直接使用政府的现金补贴弥补亏损。这种治标不治本的方法是无法改变现有的经营困局的，奇瑞应当利用国家政策建立长远战略，标本兼治，提升综合实力。譬如吉利汽车借助政府政策收购了高档轿车沃尔沃，进而拉起了自己的高档品牌，也打开了海外市场，这些“他山之石”都是值得借鉴的。

（四）综合运用金融工具，降低财务风险

除了向银行贷款，奇瑞还对外发行少量债券，由此看来，奇瑞公司的金融多样性不足，可以尝试多种金融工具综合使用，比如发行金融成本很低的债转股，和其他机构联合发行企业债券等，这样可以有效扩大金融范围，且降低财务风险。

参考文献：

［1］唐忠良：《我国企业多元化经营战略问题对策》，载《企业经济》2011年

第 12 期。

［2］张建君、李宏伟：《私营企业的企业家背景、多元化战略与企业业绩》，载《南开管理评论》2007 年第 5 期。

［3］解明松：《安徽汽车产业升级路径研究》，安徽大学硕士论文，2012 年。

［4］刘彬：《中国自主品牌汽车市场营销策略研究》，厦门大学硕士论文，2009 年。

国有企业上市公司对外担保的风险与启示
——以山东海龙违规担保为例

赵　予

北京工商大学商学院

随着最近上市公司违规担保问题屡屡曝光，人们逐渐意识到上市公司违规担保问题的普遍性与严重性。上市公司在享受对外担保的益处的同时，还应防范对外担保带来的风险。特别是国有企业上市公司，由于其对外担保既涉及国有资产的使用，还存在上市公司对投资者权益的保护问题，更应在对外担保过程中加强防范。本文通过透视山东海龙违规担保事件，分析国有企业上市公司对外担保的风险与启示。

一、案例背景

山东海龙股份有限公司是于 1988 年以社会募集方式设立的股份有限公司，主要从事化纤用浆粕、粘胶纤维和空心砖的生产、销售。后于 1996 年 12 月 26 日在深圳证券交易所挂牌交易（股票代码：000677）。作为老牌国有企业，山东海龙一直稳居化纤行业领跑者的地位，然而其财务丑闻却屡见报端。2011 年 6 月 1 日，山东海龙由于多项违规，收到了《中国证券监督管理委员会调查通知书》，因涉嫌违反证券法律法规，山东证监局决定对其展开立案调查。同年 9 月 5 日，山东海龙被实行特别处理，股票简称由“山东海龙”变更为“ST 海龙”。虽然被处理，但山东海龙的对外担保步伐并没有减速，反而愈演愈烈。截至 2011 年 12 月，山东海龙公司及控股子公司对外担保额为人民币 37.01

亿元，占最近一期经审计净资产的717.2%。

山东海龙对外担保的数额巨大且相互担保现象严重。2010年末，山东海龙公司及控股子公司对外担保12.33亿元，占2010年期末经审计净资产的106.7%，其中违规担保4.23亿元，占2010年期末经审计净资产的36.6%。并且，山东海龙在被山东证监局明确指出存在对外担保履行程序不规范后，仍在2011年上半年新增违规担保1亿元，违规担保总额达5.23亿元。在接下来的半年，山东海龙的对外担保活动依旧活跃。据山东海龙2011年7月1日发布的公告显示，其与山东海龙进出口有限责任公司（下称"海龙进出口"）、山东海龙博莱特化纤有限责任公司（下称"海龙博莱特"）、新疆海龙化纤有限公司（下称"海龙化纤"）、阿拉尔新农棉浆有限公司（下称"阿拉尔新农"）、潍坊特钢集团有限公司（下称"潍坊特钢"）签订正式担保协议，山东海龙及控股子公司对外担保额将为30.96亿元（占最近一期经审计净资产的421.2%）。

2011年8月30日，山东海龙在第八届董事会第二十八次会议上全票通过了公司以两宗土地抵押为海龙纺织向建行寒亭支行办理国内信用证业务提供不超过1 500万元额度的担保。接着，11月17日，山东海龙在第八届董事会第三十三次会议上全票通过了对海龙博莱特的5 000万元担保、山东海龙置业有限公司（下称"海龙置地"）以两宗土地抵押为山东海龙提供46 500万元担保，海阳港务有限公司（下称"海阳港务"）以海域使用权为山东海龙提供8 000万元担保的审议。上述担保协议正式签署后，公司及控股子公司对外担保额为人民币36.71亿元，占最近一期经审计净资产的711.4%。随后，12月27日，山东海龙又通过了由公司全资子公司海龙博莱特对山东海龙向寒亭农信联社申请融资5 900万元人民币提供担保、由山东海龙为潍坊特钢向民生银行潍坊分行申请的3 000万元人民币贷款提供担保、由山东海龙为海龙博莱特向进出口银行青岛分行申请的3 000万元人民币贷款提供担保的审议。上述担保协议正式签署后，公司及控股子公司对外担保额为人民币37.01亿元，占最近一期经审计净资产的717.2%。

2012年11月23日，山东海龙召开了第八届董事会第三次临时会议，会议通过了山东海龙为海龙博莱特分别向山东安丘农村商业银行、中国银行安丘支行、中信银行潍坊分行、上海浦东发展银行济南分行、潍坊银行安丘支行担保共计1.1亿元，上述担保协议正式签署后，公司及控股子公司对外实际担保余额为人民币12.07亿元。根据山东海龙公布的2012年9月30日的季报显示，公司负债数额已超过资产总额12.57亿元，山东海龙已亏损十分严重。

根据山东海龙的公告显示，近10年来，山东海龙先后为其全资子公司甚至没有任何关联关系的近二十家企业提供担保，并互为担保。其相互担保的全资子公司有海龙进出口、海龙博莱特、海龙置业、海阳港务等，与其相互担保但并无关联关系的企业有山东巨力集团、山东海化集团、潍坊弘润石化助剂有限公司、潍坊特钢及其子公司华奥焦化、潍坊恒联铜版纸有限公司、歌尔声学等7家潍坊本地公司和山东铁雄冶金科技有限公司、青岛礁石国际贸易有限公司、佛山南海锦泰纺织实业有限公司、吴江汇谦纺织有限公司。为山东海龙办理担保的金融机构也多达十余家，有建行、工行、交行、招商银行、深发展、青岛银行、日照银行、威海商行、天津银行、华润银行、潍坊银行、恒丰银行、民生银行及远在新疆的乌鲁木齐商业银行等。担保的金额最高达36.71亿元，远远超过公司净资产的7倍有余，风险之大不言而喻。

二、山东海龙违规担保的风险

（一）对外担保形成“担保圈”威胁经济安全

山东海龙对外担保的一大特点是相互担保。这就形成了以山东海龙为中心的覆盖近二十家公司和十多家金融机构的担保圈，在这个担保圈中，由于相互担保造成担保额度虚增，多数企业的担保数额超过其公司净资产的一倍以上，更有甚者公司内部已被掏空，但仍依靠担保来维持企业生产，严重危及企业的生产经营安全，还为社会的经济安全造成了隐患。因为一旦一家公司不能承担债务，导致破产，那么会在这个担保圈中拖累至少两三家公司，甚至会拖累到整个担保圈，造成局部资金周转困难，严重时甚至会造成“多米诺骨牌效应”，引起当地经济震荡，严重威胁着社会的经济安全。

（二）对外担保数额过大增加投资者风险

一般而言，上市公司对外担保数额占净资产比例超过50%，就被认为风险过大。而如山东海龙一般，对外担保数额超过净资产数倍的风险就如同盲人走在钢丝上一样。对于上市公司来说，尽管对外担保时公司均强调“被担保公司有足够的偿债能力，担保事项风险小”，但担保风险的最大特点是突发性，即超出担保当事人的控制能力。面对突发性这一特征，担保数额巨大的山东海龙的担保风险更是高出很多倍。而对于投资者来说，山东海龙不顾中小股东权益，一而再、再而三地增加对外担保数额，并且利用其子公司和其他公司相互担保，这种忽视投资者风险的行为，是对投资者权益不负责任的表现，并且让投资者的投资风险增大许多，甚至会对投资者造成损失。

（三）国有资产流失，股东利益受到侵害

山东海龙作为近年不景气的化纤行业一员，连年亏损却还能大动作地对外担保，其国有企业背景自然为其对外担保提供了便利，然而在这种大额对外担保情况下，一旦被担保方无力偿还甚至恶意逃避银行债务，那么该债务就会转嫁到为其提供担保的国有企业身上。国有企业在承担担保责任后，多数情况是作为坏账核销，恶果由国有资产负担，从而造成国有资产大量流失、股东利益受到侵害。在山东海龙的对外担保活动中，其担保对象多为其全资子公司或与其有中间机构（如潍坊市国资委）搭线的公司（如潍坊特钢）。这些公司不仅对外担保，还会相互担保，一旦有一家公司不能承担债务，那么提供担保的企业就将承担后果，最后造成严重亏损，资不抵债。此外，一些公司或个人为攫取非法利益，利用违规担保犯罪，给企业和股东带来的损失更大。

（四）对外担保数额过大，危及公司正常生产经营秩序

对外担保数额过大，甚至超过公司净资产的数倍以上，就如同在企业的生产经营道路上埋下了一颗不知何时可能会引爆的炸弹，一旦引爆后果往往十分严重。适当地对外担保能起到杠杆作用，但是如同山东海龙这样数额巨大的对外担保，很可能使公司陷入财务危机，资金链断裂，进而危及公司的正常生产经营秩序。此外，山东海龙的违规担保现象十分严重，违规担保数额占到公司对外担保总额的1/3，这表明山东海龙的内部控制十分薄弱，形同虚设，公司的管理制度存在严重问题，从长远来看必将影响公司的生产经营。

三、山东海龙违规担保数额巨大的根源

（一）金融机构发放贷款管理不严，缺乏监督

目前我国金融机构在发放贷款的过程中，为了防范金融风险，防止不良贷款的发生，通常要求借款方提供抵押等形式的担保。但即使是有抵押的担保，仍不能防止相互担保、虚增担保额度的发生。归根到底，是某些金融机构及其工作人员放松对担保方主体资格及合规性的审查，对发放贷款管理不严，缺乏监督，才导致这种高风险的对外担保、甚至是违规担保的发生。参与山东海龙担保活动的金融机构有十余家，且多为本地金融机构，对于山东海龙恶劣的担保状况不可能全然不知，唯一的解释就是这些金融机构故意放松对山东海龙的担保放贷条件。

（二）为满足资金周转，企业相互提供担保

担保作为企业经营管理过程中的一项重要经济事项，往往会对企业的生存发展产生重大影响，因此，企业应在认真调查、权衡利弊的基础上进行科学决策。从山东海龙对外担保的对象可发现，这些企业是以山东海龙为中心，既有对外担保，也有相互担保。在董事会上通过的担保审议多数是出于解决被担保企业资金周转的需要。可见，山东海龙对外担保数额巨大，是由于企业资金周转困难，为了资金周转的需要而相互提供担保。

（三）企业的内部控制薄弱

作为关系到企业生存发展的一项重大经济事项，企业往往通过内部控制制度对担保行为进行授权与约束。而事实上，虽然一些国有企业制定了比较完善的内部控制制度，但由于内部控制本身存在固有限制，即内部控制的有效性无法超越制定、监督制度的人的操守及价值观，一旦企业内部行使控制职能的管理人员滥用职权、蓄意营私舞弊，即使具有设计良好的内部控制，也会失去其应有的效果。目前，我国的国有企业在内部监督制约机制不健全的情况下，企业管理者的权力空间往往出现监督的死角，在某些企业管理者法律意识、风险意识淡薄的情况下，违规担保就难免发生了。山东海龙的内部控制明显薄弱，内部控制指数仅

达到9.18。

四、山东海龙违规担保的启示

（一）规范金融机构信贷担保机制，严格监督管理

金融机构在贷款前需要对担保方的担保资格及能力进行审查，这是堵塞违规担保漏洞的一个重要环节，因此，应强化贷前审查的力度，不仅取得担保方的营业执照、财务报表等资料，而且应采取必要措施切实调查担保方是否具备担保资格，是否在授权范围内担保，是否经过企业的集体决策程序等，这将为提高金融机构信贷质量，将违规担保拒之门外，防范金融风险，降低不良贷款打下良好的基础。此外，金融机构应重点审查企业是否有相互担保的情况，以此来控制企业相互担保，虚增担保额度，从而降低企业资金风险。

（二）生产企业应拓展多种渠道缓解资金周转问题

国有企业上市公司每每遇到资金周转问题都会使用少数几个方法来缓解资金的压力，如相互担保、发行短期融资债券等。相互担保作为成本较低的快速融资方式获得了国有企业的青睐，却给投资者带来了巨大风险。为了缓解企业资金周转问题，企业应扩展多种渠道融资，并且长短期融资组合搭配，以可持续发展的视角处理企业资金周转问题，而不是用高风险的巨额担保来冒险。

（三）完善企业监督制约机制，确保内部控制的有效性

国有企业的国有资产性质，导致一些国有企业不能够完全按照公司制的法人治理结构进行管理，即使国有企业上市后引进先进的管理机制，但是部分管理活动仍能越过内部控制制度，这是国有企业内控频频失效的根本原因。因此，首先要优化国有企业的治理结构，完善内部控制，强化对企业管理者的监督制约机制。同时，引入对公司管理层的约束惩戒机制，将管理层个人利益与企业的利益紧密结合起来，从而加大民事、刑事的处罚力度，增加管理层越权违规的成本。另外，通过增强企业决策行为的透明性、民主性与科学性，让中小股东参与到企业的决策和监督中，切实保护投资者的权益不受侵害。

参考文献:

［1］郑海英:《降低上市公司对外担保风险的措施》,载《财会通讯》2004 年第 12 期。

［2］路广、邹燕:《上市公司违规担保的风险防范》,载《现代金融》2006 年第 9 期。

［3］高正昶、李国安:《我国上市公司违规担保现象探源》,载《财务与会计》2006 年第 8 期。

中海油并购尼克森的风险分析及防范

张明瑞

北京工商大学

自2008年以来，我国越来越多的企业走上了海外并购的道路，然而，在错综复杂的国际经济形式下，海外并购是一把双刃剑，往往蕴藏着巨大的风险，因此，风险的规避就显得格外重要。2013年，中海油成功并购尼克森成为我国迄今为止最大的海外并购交易。本文首先对案例进行回顾，结合理论和实际对其并购风险进行评估，并揭示中海油规避相关并购风险的防范措施，最后从风险防范角度得出此类海外并购的启示。

一、案例背景

中海油是中国海洋石油有限公司的控股子公司，是中国最大的海上石油及天然气生产商，也是全球最大的独立油气勘探及生产商。有数据显示，中国对进口石油的依赖度2011年已经突破56.5%，本土油气储量处于下滑的阶段。就中海油而言，以目前产量看，中海油的石油储量仅仅够开采9年，这一比例处于世界主要石油企业的低等水平，因此，寻求海外油气资源成为其主要的战略之一。中海油并购尼克森一旦完成，中海油将增加30%的石油储量，并且将在全球石油定价体系中扮演重要角色。同时，获得先进技术是中国石油企业走向世界的重大驱动力，中海油收购尼克森将有助于中海油在不依赖外国公司的情况下，获得钻探深海水域的专业技能。显然，中海油并购尼克森动力十足。

尼克森公司成立于1971年，在纽约和多伦多两地上市，是加拿大第十四大石油公司。尼克森受到金融危机的严重影响，财务状况一蹶不振。例如其净收入起伏不定，呈下降趋势，2008年17.15亿加元，2009年跌至5.36亿加元，2010年回升至11.27亿加元，2011年又跌至6.97亿加元。财务困境和管理决策的失误（例如重点开发重油）使得尼克森步步被动，急需大量资金的注入。

此次并购对于双方都有利可图，中海油提出的27.5美元的报价是2008年金融危机爆发以来公司股票的最高价，双方的高管层一拍即合。2012年7月23日，中海油宣布，中海油、CNOOC Canada Holding和尼克森拟签订并购协议，该协议规定，中海油通过买方来收购尼克森并遵循《加拿大商业公司法》，以每股27.50美元的价格，现金收购尼克森的普通股、优先股。总对价约为151亿美元，同时中海油还应承担尼克森大约43亿美元的债务。2012年9月20日，尼克森召开股东大会，87%的优先股持有人和99%的普通股持有人赞成并批准了该项收购协议。同日，加拿大法院批准该项协议。2012年10月11日，加拿大政府决定将审批期限延长30天至11月10日。2012年11月2日，加拿大政府宣布，将审批期限再次延长至12月10日。2012年12月8日，加拿大政府批准了中海油收购尼克森的申请，但称由于尼克森在美国也拥有油气资源，所以中海油并购尼克森还需获得美国监管部门的批准。2013年1月18日，国家发展和改革委员会宣布，已于2012年12月批准中海油整体收购加拿大尼克森公司。2013年2月12日，美国外国投资委员会正式批准中海油对尼克森公司位于美国墨西哥湾资产的收购建议。2013年2月26日，经过长达7个月的谈判和商议，中海油获得了加拿大、美国和中国有关当局的批准，中海油并购尼克森议案终于成功收官。

二、中海油并购尼克森的风险分析

我国企业在海外并购时面临的主要风险有：并购准备阶段的政治风险和决策风险；并购交易阶段的财务风险；并购整合阶段的整合风险。政治风险是指因国家意识形态和制度差异所导致的种种阻力，也指未能预期的政治事件对国际投资环境造成的不确定性。政治风险往往是海外并购的主要障碍。决策风险是指选取并购目标时所面临的风险，要"要买自己所需的，买能解决自身问题的"，它是并购能否成功的基石。财务风险是指与并购资金保证和资本结构有关的资金来源的风险，具体包括能否按时足额地筹集到资金保证并购顺利进行，融资方式是否适合并购动机，债务负担是否会影响企业正常的生产经营等。整合风险是指来自于受到企业并购冲击的现存体制与利益格局方面的制约。整合风险能否成功规避影响到企业的日后经营和管理。

中海油并购尼克森究竟是否存在风险，以及中海油的风险承受能力有多大？以下将通过定性和定量的方式，对中海油并购尼克森这一案例进行风险分析，深究其成功背后的风险。

1. 政治风险分析

政治风险历来都是中国企业海外并购的重大阻力，例如2005年中海油收购优尼科，被美国政府以保护国家安全为由阻止。"中国威胁论"在世界范围内一直存在，加之中国的意识形态以及国有企业的国家控股，政治风险不容小觑。中海油收购尼克森的消息一出，加拿大的政界和民众间就风浪四起。加拿大的新民主党认为，此次并购可能会对加拿大的环境问题和就业产生巨大压力，并担心其国有资源被掠夺，核心技术被掌握，强烈主张要对该案进行公开听证。而在民间，反对的声音也是此起彼伏。有关民意调查显示，在受访的民众中超过半数的民众认为，中国石油巨头收购尼克森会对加拿大不利，政府应该出面阻止。显然，中海油并购尼克森一案中的政治风险不容忽视。

2. 决策风险分析

并购成功的根基在于并购对象选取的合理和准确。中海油将尼克森作为并购对象并且获得成功，可能基于以下两个因素：

（1）中海油迫切需要拓展海外业务。截至2011年12月，中海油拥有约3 190百万桶油当量的净探明储量，2012年中海油净产量为342.4百万桶油当量，由此可见，中海油国内的储备仅仅够开采9年。在中海油的净产量中，中国海域的产量贡献为267百万桶油当量，海外产量的贡献为75.4百万桶油当量，海外产量贡献比率仅为22%，而同年中石油海外产量的贡献比率约为32%。显而易见，国内储备的不足和限制迫使中海油"走出去"，拓展国际市场和业务，通过海外并购来摆脱资源的制约。

位于加拿大西部的尼克森恰恰可以满足中海油对资源的需求。截至2011 年 12 月，尼克森的证实储量达到 900 百万桶油当量，概算储量高达 1 122 百万桶油当量，最佳估计潜在资源量突破 5 000 百万桶油当量。据统计，石油公司合并带来的协同效益总额每年约 100 亿美元，若将节省的成本资本化则可以给股东创造几近 1 000 亿美元的价值。对于中海油而言，收购尼克森意义重大，势在必得，其证实储量较并购前将提升30%，整体产量将增加 25% 左右，每股盈利也将获得增长。

（2）尼克森资金短缺，急需注入资金。自 2008 年金融危机以来，全球经济不断走低，油气的价格和需求不断萎缩，全球资产价格“去泡沫化”，尼克森靠自身的能力再融资极为困难。再加上尼克森战略重点在于重油开发，该项目投资巨大并且回收期极长，这使得尼克森的资金链条几近断裂。这为中海油收购尼克森提供了时不再来的机会。

综上所述，基于战略的目标，中海油并购尼克森具有合理性和正确性，此次海外并购的决策风险较小，可以排除。

3. 财务风险分析

根据双方的协议，中海油并购尼克森的总对价为 151 亿美元，这是对中海油财务状况的巨大挑战。

2011 ~2012 年间，中海油的股本基本保持 150. 36 百万美元不变，作为中海油的控股股东，中国海洋石油总公司为了保证其控股地位，保证股权不被稀释，近几年从未通过配股或增发新股的方式来融资。由此看出，151 亿美元的对价只能通过债权或者其他方式进行融资，这样中海油的负债将会大幅度增加，增加约为 60%。支付风险油然而生，一旦中海油无法到期支付本息，将严重影响公司的信誉和公司的经营状况，后果将不堪设想。显然，中海油收购尼克森的财务风险巨大。

4. 整合风险分析

整合风险主要包括文化整合、人力资源整合和生产经营整合。我国与加拿大在文化底蕴和风俗习惯方面有着很大的差异，在未来企业的价值、治理模式和制度制定等方面很难达成共识。中海油是我国的国有企业，现代公司治理制度还有待完善，需要不断适应新的国际竞争和国际市场。并购也可能会造成原来员工的职位调动或变更，这些人力资源的整合风险是一个巨大的挑战。同时，原来目标企业的供应商和客户也很可能因为并购产生顾虑，失去与公司继续合作的信心。中海油并购尼克森的整合风险会在日后不断显现，因此需加以重视。

三、中海油并购尼克森的风险防范措施

1. 对政治风险的防范

在海外并购中，政治风险往往是制约并购成功的重要因素。针对政治风险，中海油采取了下列措施进行防范：

（1）注重选择目标企业的国度。一直以来，加拿大与我国外交关系友好，经济往来充分，两国的经济发展观点较为一致，因此中海油选择加拿大的尼克森作为并购对象，可以减少谈判和交易过程中的冲突和摩擦。当时，加拿大保守党是执政党，而邀请中国石油企业到加拿大投资的正是保守党自然资源部的部长乔－奥利弗（Joe Oliver）。尽管反对党反对中海油并购尼克森的交易，但是作为执政党的保守党拥有多数席位，对表决结果具有一定的控制权。因此，有利的外部政治环境为中海油成功并购尼克森提供了保障。

（2）采用间接并购的措施，减小政治阻力。由于意识形态的差异以及近年来的“中国威胁论”的蔓延，中国企业，尤其是国有企业在海外并购时总是遇到阻力，海外并购常常被西方国家的政府、大众误认为是政治行为而非商业行为。为了减小这方面的政治压力，中海油采用了间接并购的方式，有效利用了中海油在加拿大的一家全资附属公司，即买方 CNOOC Canada Holding Ltd 来进行并购。如此一来，虽然政治压力仍然存在，但最终还是取得了加拿大方面的认可和批准，成功地完成了对尼克森的并购。

2. 对融资风险的防范

中海油收购尼克森的 151 亿美元的巨额对价，加大了中海油的支付风险。支付方式的选择对并购双方，尤其是对中海油，会产生显著的影响，恰当的支付方式能降低支付风险。企业应尽可能进行多渠道融资。中海油主要采取了内部融资和债务融资相结合的融资方式，大约 91 亿美元来自企业的内部资金，属于内部融资，其余的 60 亿美元来自银行短期贷款。经过分析发现，中海油的融资策略是科学的。

（1）充足的营业现金流量是内部融资的有力保障。表 1 列出了中海油 2011 年到 2012 年度的营业现金流量情况。

表 1　　中海油营业现金流量情况　　单位：百万美元

	2012 年	2011 年
营业收入	39 234.25	38 183.22
净利润	10 091.26	11 131.27
折旧及摊销	5 213.18	4 835.78
营业现金流量	15 304.44	15 967.05

从表 1 可以看出，中海油 2011 ~ 2012 年的营业现金流量基本稳定，均超过 150 亿美元，其中 2012 年高达 153 亿美元，因此即使中海油在 2012 年支付 91 亿美元的对价，仍有约 60 亿美元营业现金流的结余。这反映出中海油的现金流量充足，91 亿美元的对价支付不会对其现金流量和正常的财务状况造成影响。内部融资具有融资速度快、成本低的优点，所以中海油将 91 亿美元的内部融资作为第一选择是科学的。

（2）较强的短期偿债能力为债务融资铺平道路。中海油将剩下的 60 亿美元采用短期负债的筹资方式，这对于中海油的短期偿债能力有极高的要求，一旦短期偿债能力不足，就会面临严重的支付风险，甚至会造成资金链的断裂和正常经营活动的崩溃。表 2 分析了中海油的短期偿债能力：

表 2　　中海油、中石油和中石化的短期偿债能力比较

偿债能力指标	中海油		中石油		中石化	
	2012 年	2011 年	2012 年	2011 年	2012 年	2011 年
流动比率	2.07	1.88	0.73	0.69	0.7	0.76
速动比率	2.01	2.21	0.35	0.36	0.26	0.29
资产负债率（%）	32.08	31.59	45.56	43.54	55.86	54.91

从表 2 可以看出，从横向而言，相对于中石油和中石化，中海油 2011 年和 2012 年都有较高的流动比率和速动比率，而资产负债率则低于其他两大石油巨头，这说明中海油的短期偿债能力很强，并且有着稳定的资本结构，负债比率较低。即使加上 60 亿美元短期贷款的负债，其资产负债率将变为 37.27%，仍然处于低水平；同时，流动比率和速动比率分别变为 1.42 和 1.38。可见，60 亿美元的短期负债不会在很大

程度上影响中海油的资本结构和偿债能力。

3. 对整合风险的防范

为了获得尼克森的资源产品，增加自身的储备量和提高自身的石油定价权，中海油在并购尼克森时极力规避整合风险。人力资源整合方面，中海油承诺，保留尼克森的所有雇员，并给其带来新的发展机遇，重视尼克森原有熟知市场的人才；生产经营整合方面，中海油表示注重营销整合，对于原来的供应商和客户，运用有效的途径向其说明公司的政策和经营思想的稳定性，使其消除后顾之忧，继续合作；文化整合方面，中海油积极制定能为双方所接受的文化融合方案，力争在企业文化、企业价值和管理模式上达成共识。总之，中海油的并购充分尊重了东道国的利益，获得了加拿大政府和尼克森董事会的赞许。

四、风险防范的经验和启示

通过分析中海油并购尼克森的案例，我们可以看出，资源性企业在海外并购时应关注以下几点：

1. 注重政治风险的规避

海外并购中的政治风险主要涉及东道国的意识形态和政治体制、政权的稳定性以及一定时期内的政策等。我国资源性企业进行海外并购的政治风险往往难以控制，难以避免，因此要注重政治风险的规避。第一，了解东道国与我国的外交关系，熟悉其对待海外并购的态度，要选择与我国有良好外交关系的国家作为东道国，减少不必要的政治摩擦；第二，熟知东道国的法律法规和政策，并购前尽量了解东道国的法律体系，聘请当地的律师和会计师作为咨询顾问，避免发生大的法律纠纷；第三，尊重东道国和目标企业的利益，尽量获得东道国政府和目标企业的满意。

2. 谨慎制定融资策略，加强财务风险的防范

常用的融资方式包括内部融资和外部融资，而外部融资又分为负债融资、权益融资和混合融资。为了降低海外并购的风险，并保证并购后正常的财务状况，必须对自身的财务情况进行详尽的分析和了解，结合自身的偿债能力、资本结构和资金来源分散化等因素选择合理的、适合自身情况的融资渠道。尽量采用多种融资渠道，在海外并购的融资战略设计时，要综合分析各种融资来源和融资成本，并根据自身的状况选择对公司有力的融资方式。海外并购中可以运用外汇市场来规避汇率风险，例如运用货币互换、期货和期权交易等工具。总之，企业应该权衡利弊，谨慎进行决策，制定有利于自身的融资策略，选择效用最大的融资方式。

3. 提高整合风险的防范能力

综合提高经营整合风险、人力资源整合风险和文化整合风险的防范能力。第一，经营整合方面，经营整合包括生产整合和营销整合。生产整合中要将企业内部的资源如生产设备等进行重新分配，提高资源的利用效率，营销整合中要从整体的视角重新完善销售渠道，巩固原来的并发展新的供应商以及客户，完善上、中、下游产业链。第二，人力资源整合方面，尽量保留原有企业的雇员，尤其是其中了解当地市场和行情的专业人士；加强雇员间的交流，让新老雇员充分意识到并购带给他们的新的发展空间。第三，文化整合方面，充分尊重两国的文化和习惯，培养双方的管理层接受不同的思维方式和管理模式，不断增强企业的凝聚力。

参考文献：

[1] 高鸣飞：《中国企业海外并购与风险防控》，中国法制出版社 2012 年版。
[2] 黄中文：《海外并购》，对外经济贸易大学出版社 2008 年版。

上市公司的大股东侵害及其投资者保护策略：以安妮股份为例

郑美玲

北京工商大学商学院

我国特殊的历史背景形成的股权分置结构，导致了严重的大股东侵占小股东利益的行为。2005 年的股权分置改革解决了我国资本市场的内生性缺陷，使大小股东利益趋于一致，从而使两者之间的代理问题有所减弱，但由于种种原因，我国上市公司仍存在较严重的大股东侵害行为，给公司及小股东带来严重损失。本文试图通过对安妮股份（002235）的深度分析，研究大股东侵害的原因、手段及后果，并提出保护中小投资者利益的对策。

一、安妮股份的大股东侵害：过程及手段

厦门安妮股份有限公司（股票代码：002235，以下称“安妮股份”）是以商务信息用纸的研发、生产、销售以及综合应用服务为主的大型企业集团，于 2008 年 5 月 16 日在深圳交易所上市。

安妮股份自上市以来，一直备受关注，风波不断。大股东为了能够获得私利，不断地粉饰其财务报表，并利用关联交易造假。安妮股份的第一大客户是厦门鑫盛捷企业有限公司，鑫盛捷公司一直是安妮股份利润增长的功臣。2008 年年报显示，鑫盛捷公司在安妮股份的购买金额为 4 606.98 万元，占其年度采购总金额的 9.45%，而 2009 年则不再披露。其实鑫盛捷公司的法定代表人张云峰曾担任安妮股份的董事，而安

妮股份的大股东张杰、林旭曦亦是鑫盛捷公司的股东。但是安妮招股说明书的“是否存在关联关系”一栏中，却赫然填写着“否”。这足以证明安妮股份大股东张杰夫妇在利用关联交易来为其公司业绩造假。更有甚者，安妮股份的前五大客户有三家为关联方企业。2008 年安妮股份通过关联交易虚增营业收入 6 901 万元，占营业收入的 14. 14%。虚增利润 1 609 万元，占利润总额的 26. 82%。其营业收入和利润总额的实际数额分别是4. 19 亿元和3 921 万元，其中利润总额较2007 年的5 319 万元下降了 26. 28%。财务造假被曝光后，安妮股份被证监会处以警告及 50 万元罚款的处罚。而 2010 年 8 月 26 日至 10 月 11 日期间，安妮股份 2009 年的年报再次被查出存在会计差错，最终安妮股份再次调减利润 213 万元。此事直到 2010 年 4 月 27 日，安妮股份才予以公告。另外，2009 年公司还存在资产不实 1. 3 亿元、负债不实 2 791 万元等会计违规问题，少缴各项税款 68 万元。截至 2009 年末，安妮股份少结转固定资产 2 402 万元；2009 年已销售商品未及时确认收入 502 万元。安妮股份及下属企业厦门安妮企业有限公司还将公司资金 4 147 万元存入员工个人账户，涉嫌避税。两年的财务违规行为导致安妮股份 2010 年的业绩一落千丈，长期低迷。安妮股份大股东为了其股价造势，又出现操纵利润表行为，2011 年安妮通过出售子公司而获得的投资收益来创造高利润，2011 年 9 月 10 日，安妮股份转让内蒙古至岁安全印务有限公司 70% 股权。9 月 22 日，安妮股份又转让了中冶美隆 95% 股权，转让价格总额为 1 490 万元。安妮股份通过出售子公司，取得了投资收益 476 万元，让人不免为安妮股份装饰报表的“高招”所叹服。大股东频繁的操纵财务报表就是为其股价造势，待时机成熟再进行减持套现，从而获得大量的非法收益。

安妮公司频频更换会计师事务所和财务总监，也是大股东侵害的表现，为其造假行为创造条件。2008 年、2009 年安妮股份会计师事务所为中审国际会计师事务所。2010 年变更为深圳市鹏城会计师事务所。2011 年欲聘请北京兴华会计师事务所（下称兴华所）。2011 年 12 月 12 日召开的股东大会中，对聘请兴华所一事以全票否决，公司的解释是审计费用谈不拢。但最终却在 12 月 16 日的董事会中以更高的审计费用同意聘请立信会计师事务所，涨价另聘立信可见安妮股份财务造假的端倪。2011 年 5 月，安妮股份原财务总监杨秦涛卸职，财务造假昭然若揭。此外，大股东还操纵募集资金输送利益，其操纵行为严重地损害了投资者和公司的利益。

二、大股东侵害：原因分析

（一）内部治理机制与外部治理机制的不完善

安妮股份是由林旭曦夫妇共同持股，两人持股比例达 60% 以上，处于绝对控股地位。安妮股份近乎家族企业，大股东林旭曦兼任公司总经理，副总张慧是大股东张杰的姐姐，可见大股东对公司有绝对控制权。这种一股独大的股权治理结构很容易产生大股东侵害的行为，大股东与管理层勾结，通过转移上市公司资金，关联交易等方式侵害小股东的利益。这三人同时还是董事会成员，可以掌握董事会的决策权，而独立董事多数并不参与决策，监事会也很难在公司治理中保持独立性。董事会和监事会的作用得不到有效发挥。而且我国信息披露制度不完善，信息披露存在不完全、不真实、不及时等问题，安妮股份大量的信息未披露或未得到及时披露，比如与鑫盛捷公司的关联关系，与中冶美隆的大额交易等。同时其外部审计制度也不规范，审计机构很难保持其独立性，并且任由公司频繁地更换会计师事务所，容易导致企业的财务舞弊问题不易发现及对外披露。

（二）中小投资者保护法律机制的不完善

我国对中小投资者进行法律保护的条文寥寥无几，对上市公司大股东及经营者的诚信问题没有明确的标准和界定，也没有有效的法律惩罚。当中小投资者的权益受到侵害时，他们没有法律依据来保护自己的权益。从安妮股份来看，财务造假行为确实给小股民造成了极大的损失，安妮股份虽为其行为付出代价，但处罚轻，涉及刑事处罚少，证监会只对其处以几十万元的罚款，对于上市公司大股东而言，不能触动其根本利益，甚至其获得的利润远高于其被罚成本，根本无法对其进行有效的警告和遏制，导致公司肆无忌惮地屡次违规，一而再、再而三地做出资本市场的违规操作行为。而且，安妮股份虽通过网络向投资者道歉，但全然未提为小股民赔偿的问题，小股民的利益无从申诉，而股东诉讼门槛高且就算诉讼成功也要很长时间得到判决，小股东根本不能通过法律手段来保护自己的利益，我国公司法并没有对小股东有实质性保护的条款。

（三）利益驱动——安妮股份关联交易造假，推高股价进而减持套现

很多上市公司依靠财务造假粉饰报表来虚增利润，以推高股价，为股票解禁高价套现，以达到其不为人知的目的。安妮股份的大股东就是在上市的前两年通过不透明的关联交易等方式虚增收入，虚增高额利润来操纵公司的股价，从而在减持时获得高额的价差收益，最终中小投资者在股价大幅下跌时蒙受巨大损失，不仅侵害中小投资者的利益，同时也侵蚀了上市公司的利益。果然不出三年，安妮股份就多次出现大宗交易（见表1），仅2011年11月28、29两日就出现9笔大宗交易，实质是控股股东操纵减持，成交额达1.27万亿之多。该公司张杰、林旭曦夫妻共同持有的股份比例达60%，在公司处于绝对控股地位，有很强的减持动力，因而很可能通过减持来套现。而且，减持前的几个交易日，公司股价确实在迅猛上涨。实际上，安妮股份自2008年5月上市以来，股价表现一直很强势，仅从套现来看，大股东的减持收益就不菲。而2013年又上减持大戏，公司副总张慧也进行减持。安妮股份高层不断地进行大幅减持，极有可能是他们了解公司的真实情况，并不看好公司的发展，因而减持套现或者寻求重大资产重组。不管怎样，最终受害的还是处于弱势的中小投资者。

表1　安妮股份高管增减持股变动

日期	变动人	变动股数	成交均价	变动金额（万元）	变动比例（‰）	变动后持股数
2013-01-28	张慧	-522 113	7.70	-402.03	2.6775	1 566 337
2011-11-29	林旭曦	-4 750 000	13.93	-6 616.75	24.3590	77 597 550
2011-11-28	林旭曦	-4 250 000	14.31	-6 081.75	21.7949	82 347 550

三、大股东侵害：后果分析

（一）中小投资者的利益受到侵害

经历两年大股东操纵的财务造假行为，安妮股份股价大幅下跌。经查明，2009年4月8日，是安妮股份行政处罚违法事实的虚假陈述实

施日，受此拖累，当日收盘价为 17.89 元。2010 年 2 月 23 日，是安妮股份行政处罚违法事实的虚假陈述揭露日或者更正日，受此拖累，当日收盘价为 15.15 元。2010 年 3 月 22 日，是安妮股份行政处罚违法事实的虚假陈述基准日，受此拖累，当日收盘价为 15.93 元。股价的大幅下跌给小股东造成了严重的损失。同时财务造假后，安妮有很大的人事波动，公司董秘及财务总监等很多高层纷纷离职，无疑对公司的经营是雪上加霜，而高管的这种不负责任也让我们为安妮股份的公司治理情况担忧。2012 年安妮股份又出现产品质量问题，质量问题频出，使市场对其失去信心，其公司经营势必会受到极大的打击。然而即使安妮股份深陷财务丑闻，经营状况不佳，但股价仍然很强势。这也许与大股东操纵密不可分，大股东将股价炒高再质押给银行、证券公司贷款，通过滚动操作，将股价越炒越高，当企业资金链断裂时就会股价泡沫破裂，小股东的利益会受到更大损害。

（二）企业价值受损

企业的资金任由大股东操纵，与控股子公司之间的交易很可能是大股东输送利益的一种手段，将上市公司抽干从中获益，严重损害了股民的利益和公司的价值。安妮大股东滥用资金于控股子公司一览无遗，安妮股份曾经多次为中冶美隆提供资金支持。早在 2008 年，在未经董事会审议的情况下，安妮股份为中冶美隆提供约 1.4 亿元的资金支持，业务交往异常，大额业务交易上市公司也未曾披露。在对于子公司的应收账款回收方面，安妮股份的内控也很差，2008 年末中冶美隆仍拖欠安妮约 1 600 万元的资金。应收账款这一环节有很大的不妥之处，会给企业造成很大危害。

2010 年 9 月 6 日，安妮股份发出公告，调减“项目开发中心扩建项目”投资额度 1 000 万元，调减“多渠道营销配送网络扩建项目”投资额度 1 500 万元，并调增票据印务扩建项目投资额，剩余的资金用于永久性补充流动资金。2012 年 4 月 13 日，安妮股份又发布公告称拟终止募集资金投资项目“项目开发中心扩建项目”及“多渠道营销配送网络扩建项目”。然而安妮股份已投入近半的资金于项目开发中心扩建项目。更甚的是，“多渠道营销配送网络扩建项目”拟投入 4 882 万元，如今已投入 4 072.82 万元，项目资金几乎已全部投入，才要投产从而获取收益，也被叫停。募集资金根据大股东的意愿随意改动，安妮股份的经营理念实在让人难以捉摸，经营毫无效率可言，企业的总资产周转率在逐渐减少，经营效率逐渐降低（见表2）。

表2　安妮股份经营效率分析

年份	2007年	2008年	2009年	2010年	2011年	2012年
总资产周转率（%）	1.54	0.89	0.77	0.77	0.74	0.52

安妮股份大股东操纵滥用资金、经营无效率，导致企业现金流严重吃紧。公司曾多次使用部分闲置募集资金补充流动资金，而且安妮股份的控股股东也不断将自己的股份进行质押，且质押股份比例偏大（见表3）。截至2012年7月30日，张杰累计质押安妮股份股票3 300万股，占公司股份总数的16.92%。截至2013年2月1日，林旭曦质押公司股票5 249万股，占公司总股本的26.92%。如果他们有足够的现金流支撑，完全没有必要采用股权质押的方式来对上述合同进行履约担保；从大多数的情况来看，采用股权质押的方式都是因为资金短缺。2012年12月29日，安妮股份又发布了一则向关联人购买房产的公告。公司拟由子公司厦门安妮股份有限公司向公司控股股东张杰、林旭曦和关联人高玲购买厦门安妮商务信息用纸有限公司及北京分公司现使用的房产，交易总价款1698.78万元。此次向上市公司出售房产极有可能是资金恶化，资金填补短缺，现金流严重不足。分析公司的财务报表也可发现公司这几年现金流急剧减少（见图1）。

表3　实际控制人股份质押一览

股东名称	质押方	质押股份比例（%）	公告日期	解押日期
林旭曦	陕西省国际信托	11	2010/5/28	
张杰	陕西省国际信托	6.79	2010/12/22	2012/7/2
张杰	陕西省国际信托	2.31	2011/3/1	
林旭曦	吉林省信托	10.46	2011/5/9	2012/8/6
林旭曦	洪城水业	8.21	2012/6/25	
林旭曦	吉林省信托	9.23	2011/12/19	
林旭曦	吉林省信托	1.54	2012/1/10	2012/8/6
张杰	南昌水业	16.92	2012/7/30	
林旭曦	吉林省信托	2.76	2012/8/6	
林旭曦	南昌公交总公司	4.67	2012/10/29	
林旭曦	自然人刘龙	12.82	2013/1/8	
林旭曦	华鑫国际信托	14.05	2013/1/31	

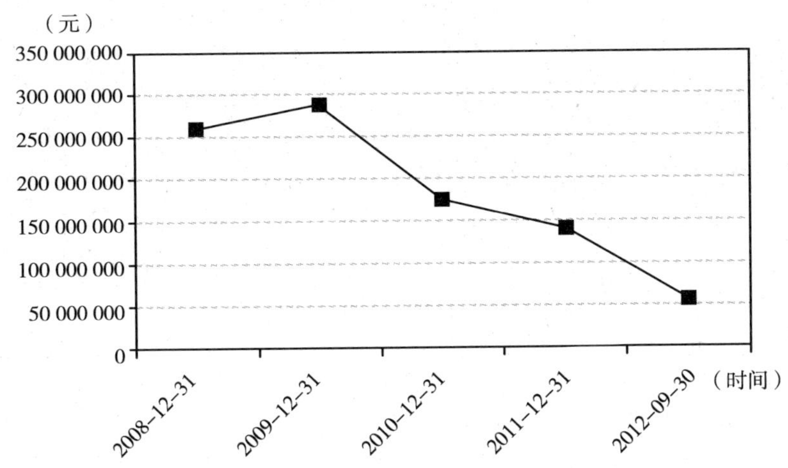

图1　安妮股份期末现金及现金等价物余额

四、案例启示

通过对安妮股份自上市以来的种种行为、种种现象进行分析，我们得出结论：安妮股份财务造假是大股东操纵行为，其目的就是为了隐瞒关联交易，通过关联交易来虚增利润、粉饰报表，或者通过各种方式如转让股权来掩盖其真实经营情况，从而为其股票造势来迷惑广大中小投资者，最终大股东进行减持套现，获得大量的非法收益。而为造假行为买单的，当然还是处于弱势的中小投资者，他们的利益被无情地侵害，却很难通过对上市公司提出诉讼来维护。我国上市公司大股东的侵害行为严重，加强中小投资者保护更加迫切。

加强投资者保护可以减少公司代理冲突成本，提高公司的效率和外部融资能力从而提升企业的价值，良好的投资者保护还可以促进证券市场的健康发展，提高资源使用效率，合理资源配置，推动社会进步。因此，为了保护中小投资者的利益不受侵害，我们提出以下建议：

（1）规范公司内部治理结构，加强公司董事会和监事会的监督作用，建立健全高质量、高效率的公司内部控制体系。

（2）监管部门应认真审查上市公司的信息披露是否完全、真实，切实帮助提高上市公司信息披露的质量和水平。审计机构应保持其独立性，客观地对企业财务状况和经营成果给予评价。

（3）中小股民应对业绩频繁“变脸”的上市公司谨慎投资，不要一味相信证券机构分析师的分析。

（4）对大股东侵害中小投资者利益的行为进行严惩，将投资者保护提升到法律层面，加大财务造假行为的刑事处罚力度。

参考文献：

［1］赵琳：《安妮股份：控股股东资金链紧绷　房产左手倒右手套现》，载《股市动态分析》2013 年第 2 期。

［2］张玉香：《安妮股份关联关系存疑》，载《中国经营报》，2011 年 10 月 17 日。

［3］吴侨发：《安妮股份：高营业利润的空皮囊》，载机构投资网，2012 年 6 月 21 日。

［4］刘秀丽：《安妮股份：财务造假惯犯》，载《投资者报》2011 年第 42 期。

［5］吴玉函：《安妮股份屡现大宗交易　分析称股东减持动力很强》，载《深圳商报》，2011 年 11 月 30 日。

从久其软件“业绩变脸”看上市公司业绩预告制度与投资者保护

马　双

北京工商大学商学院

一、久其软件“业绩变脸”事件回顾

北京久其软件股份有限公司（以下简称久其软件）是位于北京经济技术开发区的一家管理软件供应商，主要从事报表管理软件、电子政务软件、商业智能软件的研究与开发，长期致力于为政府部门和企业集团提供咨询及信息化管理解决方案。2009 年 8 月 11 日，久其软件在深圳证券交易所挂牌交易（股票名称：久其软件；股票代码：002279）。

久其软件于 2012 年 4 月 27 日披露的《2012 年第一季度季度报告全文》中预计：2012 年 1 ~ 6 月归属于上市公司股东的净利润比上年同期增减变动幅度为 -10% ~ 20%，2011 年 1 ~ 6 月归属于上市公司股东的净利润为 281.27 万元。而在 2012 年一季度，其净利润为亏损 3 376.73万元。有股民于 6 月 15 日提出质疑，对此，6 月 18 日，久其软件的解释为：2012 年二季度，公司将继续围绕 2012 年度经营规划，在加大产品研发投入和市场拓展力度的同时，加快培育新产品和新业务，促进业务体系不断完善及咨询服务实力的提升，为实现全年业绩目标打下基础。而 6 月 28 日晚间，公司又发布了业绩修正公告称，久其软件修正后预计 2012 年 1 ~ 6 月亏损 5 000 万 ~ 5 500 万元。短短两个月，净利润比上年同期增减变动幅度由预告的 -10% ~ 20% 修正至 -1 877.65% ~ 2 011.41%，更大大超出了一季度报告中 2012 年 1 ~ 6

月归属于上市公司股东的净利润比上年同期增减变动幅度小于30%的预计，此种业绩过山车似的“变脸”不禁让投资者大跌眼镜，并被媒体封为“变脸王”。

与久其软件业绩过山车似的“变脸”相呼应的是其股票价格的过山车走势。在久其软件发布业绩修正公告前10个交易日，该公司股价一直处于小幅震荡或上涨状态，尤其是在6月18日，公司回复股民关于业绩预告扭亏为盈的质疑后，股价小幅上涨1.67%，最高价达到10.9元，更在6月20日涨停，收盘价为12.50元，而久其软件的首次较大幅度下跌发生在6月28日，跌幅达4.46%，在此后两个交易日，股价触及跌停价，由于6月28日、29日和7月2日，久其软件股票连续三个交易日收盘价格跌幅偏离值累计达到20%，按照规定，公司股票于7月3日开盘被停牌一小时。久其软件2012年5月~7月股价走势如图1所示。如此业绩预告“变脸”导致的股票价格大幅下跌，无疑在给市场带来巨大波动的同时极大地损害了投资者的利益，中小投资者对此愤愤不平，并引发股民争议。

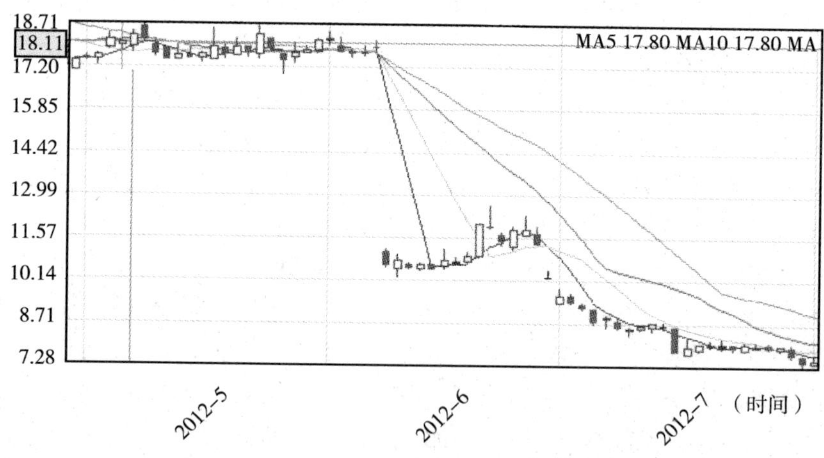

图1　久其软件2012年5~7月股价k线图

二、久其软件“业绩变脸”原因分析

业绩预告属于上市公司披露的关于未来业绩的预测，不可避免就会出现偏差，继而就会有修正。上市公司出现一定的业绩偏差是可以理解的，也是合理的，但久其软件这样大幅下调预计利润，从投资者保护的角度来讲，探究其原因十分必要。本文主要从以下几个方面分析久其软件“业绩变脸”的原因。

（一）外部环境对经营业绩的影响

外部环境作为企业生存和发展的空间，会对企业产生重要的影响。外部环境通常包括宏观经济形势、技术壁垒、法律政策管制等企业不可控的因素。受近年来经济形势下行、物价上涨等因素的影响，企业通常受到收入下降、成本上升的双挤压，从而利润下降。

从其2012年半年报中可以看出，久其软件2012年上半年营业总收入为45 345 513.93元，同比下降40.77%，而其营业成本为2 922 214.52元，同比增加86.99%（见表1、表2）。软件行业上市公司上半年业绩萎靡，笔者统计，2012年A股上市的软件行业公司共51家，2012年上半年净利润较上年同期下降的公司有20家之数，而业绩同比上涨的公司中，上涨幅度大多也较小。除去久其软件，软件行业50家上市公司净利润平均增长率为-11.1%，而久其软件净利润下滑幅度为行业平均值的200倍之多。久其软件在其业绩修正公告中也提及外部环境因素。

表1　　久其软件2012年上半年营业收入明细及变化情况

项目	本期发生额（元）	同比变动比率（%）
主营业务收入	44 839 493.93	-41.17
其他业务收入	506 020.00	51.09
营业收入合计	45 345 513.93	-40.77

表2　　久其软件2012年上半年营业成本明细及变化情况

项目	本期发生额（元）	同比变动比率（%）
主营业务成本	2 922 214.52	86.00
其他业务成本	0	0
营业收入合计	2 922 214.52	86.99

然而，通常，宏观环境对企业的影响不是一朝一夕的，经济形势下

滑并非短时间内突发的情形，公司应该且能够在一定程度上考虑到这些外部因素的存在，预测其对经营业绩的影响，出于谨慎性原则，及时向投资者披露相关信息，而不是在6月18日回复股民质疑时仍然坚持其一季度报告中利润为正的预计。更进一步地讲，经济环境对市场上所有企业都有影响，对同行业的影响更是相近，而久其软件“业绩变脸”如此之大，可见除了宏观环境的影响，其“业绩变脸”也是公司信息披露不及时的结果。总之，外部环境对其业绩产生一定的负影响作用，但是，不能否认久其软件本身信息披露存在问题。

（二）内部管理对经营业绩的影响

打铁还需自身硬。在经济不景气的情况下，企业为了求得生存与发展，更需要加强自身管理。久其软件三大主营业务：软件销售、硬件销售和技术服务中，技术服务实现收入19 859 346.08元，同比下降52.55%，其对应的成本为2 026 144.50元，同比增加229.97%，相比硬件销售收入与成本以56%同比例下降，技术服务对净利润减少的影响较大。表3为久其软件分项收入明细及变动。技术服务成本的特点是人工成本所占比重较高，并且属于技术密集型的软件行业，人力资源的利益和挖掘程度是企业核心竞争力的主要来源，所以公司人力资源管理与成本控制有待提高。久其软件2012年上半年销售费用为9 369 406.93元，同比增长47.45%；管理费用86 152 972.17元，同比增长26.64%（见表4）。工资及福利的增长仍然是销售费用和管理费用增长的主要原因，研究开发费用的增长占管理费用增长的比例也较大。因此，久其软件应加强内部项目管理、销售管理及研发管理，降低人力资源成本与费用。

表3　久其软件2012年上半年主营业务分项收入与成本明细及其变动

产品名称	主营业务收入（元）	主营业务收入同比变动比率（%）	主营业务成本（元）	主营业务成本同比变动比率（%）
软件销售	24 825 615.37	-27.01	753 321.17	20.98
硬件销售	154 532.48	-56.79	142 748.85	-56.22
技术服务	19 859 346.08	-52.55	2 026 144.50	229.97
合计	44 839 493.93	-41.17	2 922 214.52	86.99

表 4　　久其软件 2012 年上半年销售费用及管理费用变动

项目	本期发生额（元）	变动比率（%）
销售费用	9 369 406. 93	47. 45
管理费用	86 152 972. 17	26. 64

（三）证券市场监管力量薄弱，责任追究机制不完善

我国的证券市场经过十多年的发展，已经初步建立了一个较为合理的上市公司会计信息披露监管体系，但是只有监管体系还不足以在合理的水平上杜绝信息披露问题的存在，若要创建一个健康有序的证券市场，及时发现问题并追责是十分必要的。现阶段，上市公司信息披露存在监管力量薄弱、责任追究机制不完善而导致处罚不力等问题。一方面，由于监管部门精力有限、人力不足等原因，上市公司信息披露中存在的违规违法等问题不能被监管部门及时发现，这就为上市公司信息披露中存在的侥幸心理提供了可乘之机。另一方面，对上市公司信息披露违规的处罚力度还需加强。对上市公司的处罚主要有行政责任、刑事责任和民事责任三种，但在实践中，我国证券监管对违法违规行为一般采取行政处罚的方式，而能够给直接受害者带来补偿的民事责任的追究尚不完善，存在举证困难、法律执行受阻等问题，这在一定程度上也纵容了上市公司不重视信息披露与股东利益，从而导致“业绩变脸”现象的发生。

三、“业绩变脸”对业绩预告制度的影响

业绩预告是上市公司管理人员在定期财务报告正式对外公布之前，向公众披露本公司报告期的估计盈余或者同期盈余变化程度的报告。我国的业绩预告制度始于 1998 年，至 2002 年逐步完善，并于 2002 年后逐步改进。作为定期报告制度的重要补充，业绩预告制度要求，当上市公司在定期报告披露前预计上一报告期业绩为亏损、上升或下降 50%以上或者扭亏为盈，或预计经营业绩与已披露的业绩预告差异较大的，应当及时披露业绩预告或业绩预告修正公告。业绩预告制度能够减轻相关公司定期报告披露时业绩突变对投资者心理预期的影响，避免公司业绩突变造成股价剧烈震荡，旨在改善上市公司信息披露质量，增强信息

透明度和及时性，保护中小投资者等信息弱势群体的利益。

近年来，像久其软件这样“业绩变脸”的上市公司并不在少数，而新上市的公司首份财务报告的“业绩变脸”问题尤为严重。当然“业绩变脸”并非都是坏事，也有部分公司正向调增业绩预告。据统计，2012 年上半年上市的 123 家公司中，半年报业绩同比负增长的公司有 36 家。另外，半年报及三季度报前，多家公司发布业绩预告变更公告。2011 年年报披露前，377 家公司发布业绩预告，76 家公司发布业绩预告变更公告，其中 22 家公司发布业绩变脸预告。据《证券日报》市场研究中心数据统计，截至 2012 年 1 月 28 日，共有 62 家上市公司业绩预告“变脸”，其中，40 家“变脸”公司向下修正业绩，占比 64.52%；有 22 家“变脸”公司向上修正业绩，占比 35.48%。

近年来资本市场中，绝大部分上市公司业绩预告修正都是负向“变脸”，甚至存在反复“变脸”的情形，引发股市震荡，影响了业绩预告风险释放作用的发挥。总体来讲，上市公司“业绩变脸”主要从以下两个方面对业绩预告制度提出了挑战。

（一）业绩预告制度的严肃性

业绩预告制度是通过对未来盈利的预期而满足对投资者决策有用的信息需求。投资者购买股票，更注重的是公司未来盈利及风险状况，而公司会计报表只代表了公司过去的经营及盈利状况，业绩预告制度是对会计报表只反映过去这一缺陷的补充。同时，《股票上市规则》又规定，上市公司预计本期业绩与已披露的盈利预测有重大差异的，应当及时披露盈利预测修正公告。上市公司“业绩变脸”使业绩预告制度形同虚设，不仅没有实现设置该制度的初衷，反而容易被个别上市公司利用，操作股价，加剧股市的震荡，侵犯中小股东的利益。

（二）业绩预测的准确性

业绩预告制度作为一种会计信息披露的方式，业绩预测必然要满足以“决策有用性”为目的的两个基本质量特征：相关性与可靠性。从监管部门设置业绩预告制度的目的与出发点——降低市场投资者与上市公司的信息不对称程度，提前释放业绩风险，保护中小投资者利益——来看，该制度的设立更倾向于提高会计信息的相关性。业绩预测是面向未来的，并且是一种估算，如何实现准确、可靠预测，以及如何衡量其准确性是一个难以解决的问题。而上市公司上演的“变脸”大戏对这一问题提出了更大的挑战。无法实现预测准确性，企业就有了“业绩变脸”的借口与托词，“业绩变脸”就仍会上演。业绩预告，是一门技术，更是一门艺术。

四、久其软件“业绩变脸”事件的启示

综上所述，久其软件“业绩变脸”是宏观经济环境、企业内部管理及监管等共同作用的结果，并且企业本身存在一定的信息披露问题，引发股市震荡，损害了投资者利益，给业绩预告制度带来了挑战。该事件的启示如下：

（一）准确把握宏观经济形势，调整企业战略

宏观环境的动态性及复杂性往往会对企业产生意想不到的影响，而历史的经验表明，企业只有适应环境才能生存，这就需要企业管理人员敏锐洞察环境的变化，制定或调整相应的经营战略，做出既适应宏观环境又符合本企业经营情况的决策。例如，在云计算技术的开发中，久其软件可以根据宏观环境的走低以及企业经营不如预期的情况下，调整该项目的开发战略，使企业渡过难关。另外，企业把握宏观环境直接关系到业绩预测的方向，可以使企业的业绩预告更具准确性。

（二）加强管理，提升公司管理水平

企业也应从自身内部管理入手，改善公司管理水平，提高公司营运能力与效率，降低管理费用，从而提高公司抵御风险能力及盈利能力，向投资者交一份满意的答卷。首先，公司应注重人力资源的开发与利用，提高人力资源投入产出比，控制人力资源成本，以使人力资源投入有效地转化为企业收益，从而将人力资源这一核心竞争力转化为企业的实际竞争力，避免投入的浪费与业绩预测的偏差。同时，管理者应加强自身业绩预测水平，实时充分掌握公司经营环境和实际经营情况，对其有可靠、及时的预测，并及时向投资者公告。

（三）加强信息披露，保护中小投资者利益

上市公司“业绩变脸”已不是一朝一夕之功，严重损害着中小投

资者的利益。中小投资者作为上市公司披露信息的主要消费者，也是披露低质量信息的主要受害者。由于投资者对会计信息的决策依赖性，低质量甚至虚假的会计信息披露引发证券市场的动荡，一方面影响整个金融体系的安全；另一方面，将严重挫伤中小投资者的信心，从而影响证券市场的进一步发展。只有及时、完整、真实、公开的会计信息披露才有利于保护投资者的利益。由于会计信息质量与投资者权益保护的密切相关性，决定了保护投资者的最重要方面是强化会计信息披露，即保证投资者在做出投资选择时是知情的。投资者尤其是中小投资者，由于信息不对称、持股比例小，相对于控股股东和管理层处于弱势地位，需要重点保护。

信息披露可以分为强制性信息披露与自愿性信息披露。强制性信息披露是指由公司法、证券法、会计准则、会计制度及其行政法规、部门规章等明确规定的上市公司必须进行的信息披露。自愿性披露信息是出于公司形象、投资者关系或其他利益的考虑而主动披露的信息。一方面，监管部门应完善信息披露制度，并保证制度的执行，明确企业信息披露的责任；另一方面，企业应建立自愿信息披露的意识，努力与投资者建立良好的沟通关系。

（四）完善业绩预告制度，加大惩罚力度

业绩预告制度作为定期报告制度的重要补充，必须保证其执行的效力。应将业绩预告制度纳入信息披露考核体系中，加大对那些应披露而实际不披露的上市公司的惩罚力度，调查上市公司业绩大幅“变脸”的原因，进一步强化上市公司进行业绩预告的压力和动力，形成并完善对恶意业绩“变脸”公司的惩罚与追责机制，提高对上市公司的激励和震慑力。2013 年，证监会严查上市公司“业绩变脸”行为，新年第一把火“烧”新股业绩变脸，并在短时间对多家上市公司因“业绩变脸”信息披露问题进行处罚。完善我国的业绩预告制度，应从以下两方面入手。

（1）改变以“上年净利润”作为业绩下滑的单一衡量标准的现状。由于公司非经常损益、会计政策调整等的存在，净利润本身并不能完全代表企业业绩，净利润的变化也不能完全真实地反映企业业绩的变化，按照现在的制度要求，公司净利润的变化向市场传达了业绩的变动，这无疑影响了业绩预告信息的可靠性。美国注册会计师协会曾就财务预测

信息披露的内容作过规定，包括：①销售收入；②毛利；③所得税；④企业某些处置及特殊、偶发性项目；⑤净收益；⑥每股收益。

（2）明确业绩预告注册会计师审计。我国目前对上市公司业绩预告是否需要注册会计师审计是实行自愿原则，因而上市公司在这方面做得很不理想，据统计，业绩预告公告中的“是否经注册会计师审计”这一栏形同虚设，有99%的公司填否。而加强业绩预告的注册会计师审计，提高业绩预告的可靠性与准确性，可以有效减少“业绩变脸”现象的发生。因此，建议在上市公司业绩预告制度中对上市公司业绩预告是否需要注册会计师审计做出明确规定，如对“业绩变脸”公司未来若干个报告期的业绩预告实行审计，核查其业绩预告与财务报告的可靠性、准确性，由注册会计师出具业绩预告审计意见，进而提高信息披露的质量。

参考文献：

[1] 谢志华：《关于上市公司信息披露的若干问题》，载《财会学习》2007年第12期。

[2] 孙燕东、苗永菁：《证券市场投资者保护与会计信息披露问题探讨》，载《经济问题》2007年第5期。

[3] 徐文学、刘畅：《基于盈余管理视角的IPO公司“变脸”分析》，载《财会通讯》2010年第3期。

[4] 路春梅：《对我国上市公司业绩预告制度的思考》，载《中国证券期货》2012年第2期。

[5] 曹颖：《浅析我国证券市场监管中存在的主要问题》，载《经济研究资料》2001年第3期。

财务运行篇

“高送转”与投资者保护
——基于苏宁电器与国海证券的案例分析

黄同鹤

北京工商大学商学院

一、引　言

通常所说的“高送转”，是“送股”和“转股”的合称，而“送股”与“转股”之和达到5以上，就是我们所说的“高送转”，具体来说，是指大比例送红股或大比例以资本公积金转增股本，比如每10股送6股，或每10股转增8股，或每10股送5股转增5股。“高送转”的实质是股东权益的内部结构调整，对净资产收益率没有影响，对公司的盈利能力也并没有任何实质性影响，“高送转”后，公司股本总数虽然扩大了，但公司的股东权益并不会因此而增加，总的来说，上市公司送股、转增股票既不会对当期现金流产生影响，也不会影响其未来现金流，这种分红行为本质上并不影响公司价值。在不影响公司价值的情况下，上市公司又为何频发“高送转”方案？从上市公司的角度看，“高送转”的目的有三：一是公司通过“高送转”实现股本扩张，使上市公司达到做大做强的目的；二是降低每股市价，促进股票交易和流通；三是通过“高送转”粉饰公司形象，炒作公司股票，与相关机构投资者配合，将公司股价抬高后抛售，获取高额回报。从投资者的角度看，“高送转”产生的效应有二：一是中小投资者通过对发布“高送转”信息的上市公司的经营业绩、成长性、股本规模、股价和每股收益等指标的全面科学评估，做出了正确的投资决策。二是中小投资者未对发布“高送转”信息的上市公司进行理性分析，做出了非理性的投机行为，导致投资失败，损失巨大。可见，“高送转”虽然不直接改变公司价值，但是这种数学游戏产生的效果会使大量中小投资者产生投资倾向，从而使得上市公司实现自己的目的，但是，对中小投资者而言，积极影响与消极影响共存，而且消极影响远远大于积极影响。

二、基于苏宁电器的案例分析

苏宁电器是“高送转”成功个股的典范。2004 年 7 月 21 日，苏宁电器在中小板上市时，总股本为 9 316 万股，流通股份只有 2 500 万股，按当日收盘价 32.7 元计算，总市值只有 30 亿元左右。但在此后近 5 年时间里，苏宁电器通过一次 2 500 万元的定向增发和 6 次“高送转”（2004 年 7 月 21 日，苏宁电器以 16.33 元每股的发行价上市。随后公司“高送转”序幕便正式拉开：2004 年末期，公布并实施了 10 转增 10 派 1.0 元；2005 年中期，“高送转”方案为 10 转增 8；2006 年中期，“高送转”方案为 10 转增 10；2007 年末期公布分红方案 10 派 2.0 元；2008 年中期公布“高送转”方案为 10 转增 10 派 1.0 元；2008 年末期则是 10 转增 5 派 0.3 元；2009 年末期公布 10 转增 5 派 0.5 元的分配方案）将中小企业的成长性演绎到了极致：总股本增至 44.86 亿股，增长 45 倍；总市值 826 亿元，增长 27 倍（见图 1、图 2）。

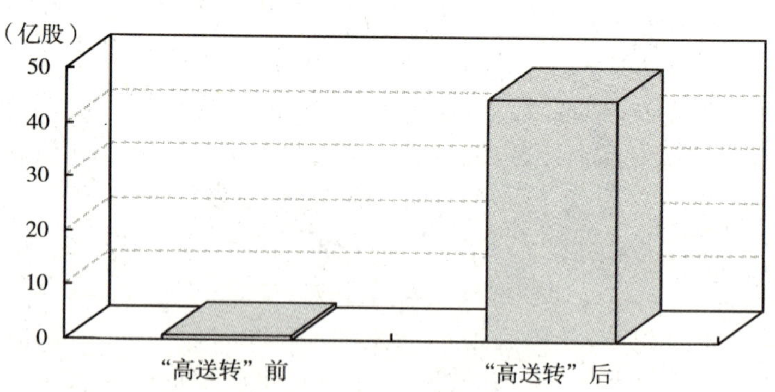

图 1　苏宁电器总股本变化

苏宁电器股本扩张的同时，业绩也保持了同步增长，即使在遭受金

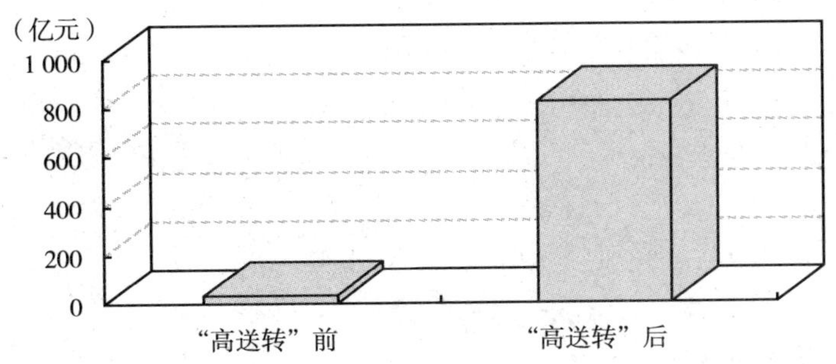

图 2　苏宁电器总市值变化

融危机影响的 2008 年，其每股收益仍然达到 0.74 元，每股经营现金流量 1.28 元。它的高速增长为长期投资者带来了丰厚的回报。

三、基于国海证券的案例分析

国海证券有限责任公司是在 2001 年经中国证监会批准，由原广西证券有限责任公司通过增资扩股脱胎而成，是广西成立的第一家可从事综合类业务的全国性证券公司。近几年，因为高成本上市的国海证券资金短缺，对外融资的欲望强烈，通过一系列融资方案的发布，国海证券正在经历一场过山车式的股价“大跃进”。2012 年 3 月 27 日，国海证券借壳上市之后的第一份年报，公司 2011 年实现净利润 7 552.9 万元，同比下滑高达 83.46%；每股净资产为 3.7 元，每股经营活动产生的现金流量金额高达 -4.99 元；2012 年 1 月公司净利润仅 134.63 万元，2 月的净利润为 302.64 万元。从上述数据可以看出，国海证券的高成本上市并没有为公司带来业绩上的增长，反而加大了公司的融资压力。为了扭转这种不利的局势，国海证券通过定向增发、“高送转”，使股票价格出现了较大变动：

2012 年 3 月 28 日，国海证券发布每 10 股送 13 股、以资本公积转增 2 股并派发现金股利 1.5 元分配方案，加上此前发布的增发方案，国海证券的股价从最低 9.89 元/股已被各路资金炒作到最高 18.88 元/股，尤其是 3 月 28 日至 4 月 6 日五个交易日内，其成交量显著放大，总换手率超过 120%（见图 3）。

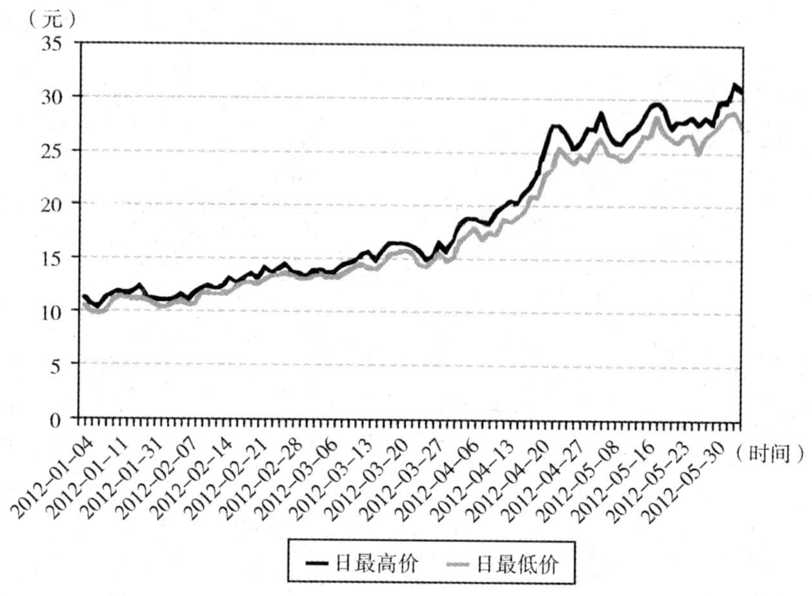

图3　国海证券“高送转”使股价上升

四、苏宁电器与国海证券高送转的真实目的

一般来说，具有发布“高送转”能力的上市公司，在财务方面，未分配利润和资本公积应该充足，即每股未分配利润和每股资本公积金都高于1元，越高则送转股的可能性越大；在经营状况方面，主营业务的增长反映公司的经营状况的稳定；在盈利能力方面，每股经营现金流量是一个衡量公司盈利水平的重要指标，该比值为正数且越大时，派发现金红利的期望值就越大。通过以上几个指标的对比，可以大致分析出两个上市公司发布“高送转”的真实目的。

（一）财务方面比较

从图4、图5可以看出，两个上市公司在发布“高送转”前期、期中的每股公积金和每股未分配利润变化情况。苏宁电器有着较为充足的资本公积金和未分配利润来发布“高送转”方案，而国海证券发布“高送转”方案则有些牵强，其每股公积金和每股未分配利润并没有达到发布“高送转”的条件。

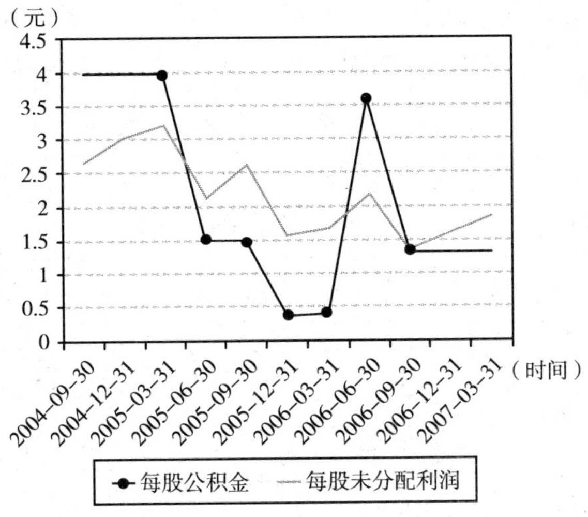

图 4　苏宁电器每股公积金和每股未分配利润

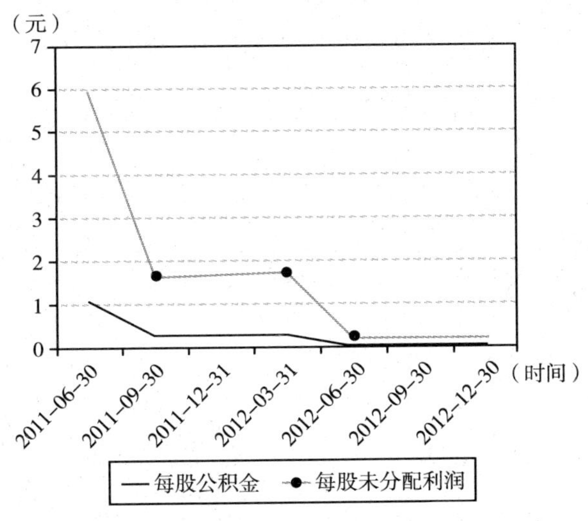

图 5　国海证券每股公积金和每股未分配利润

（二）盈利能力比较

从图 6、图 7 可以看出，在每股经营活动现金流量这个指标上，苏宁电器比国海证券更适合发布“高送转”分配方案。苏宁电器有着充足的经营活动现金流来分配红利，而国海证券在每股经营活动现金净流量为负的情况下仍然发布“高送转”分配方案，其意图值得探究。

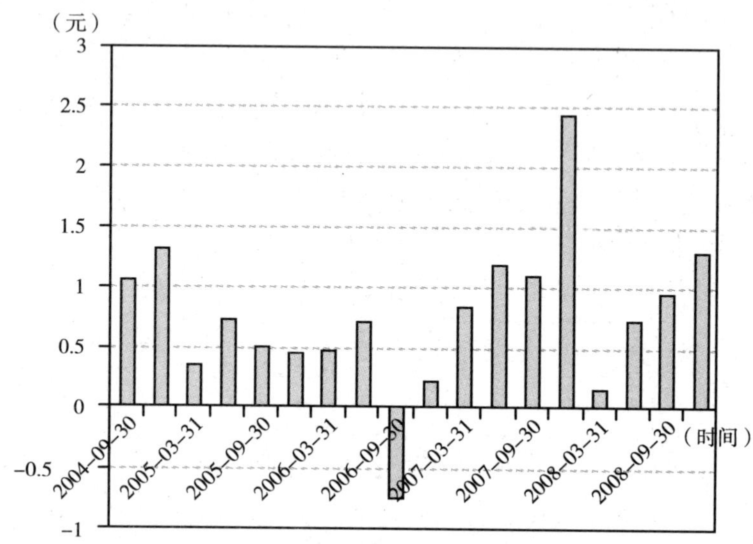

图 6　苏宁电器每股经营活动现金流量

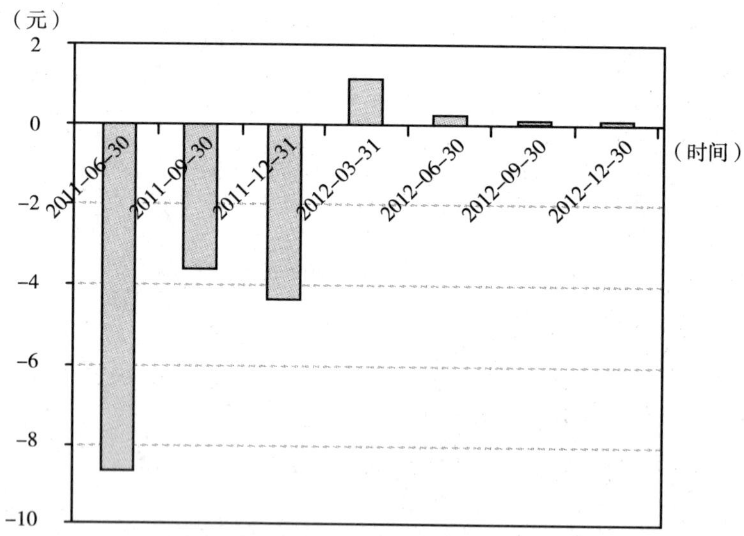

图 7　国海证券每股经营活动现金流量

（三）经营状况比较

从图 8、图 9 可以看出，苏宁电器营业收入一直处于增长状态，可见公司的经营状况一直很稳定，具备发布"高送转"方案的条件。国海证券营业收入则处于萎缩状态，说明公司的经营状况并不是很稳定，发布"高送转"的基本要求并未达到。

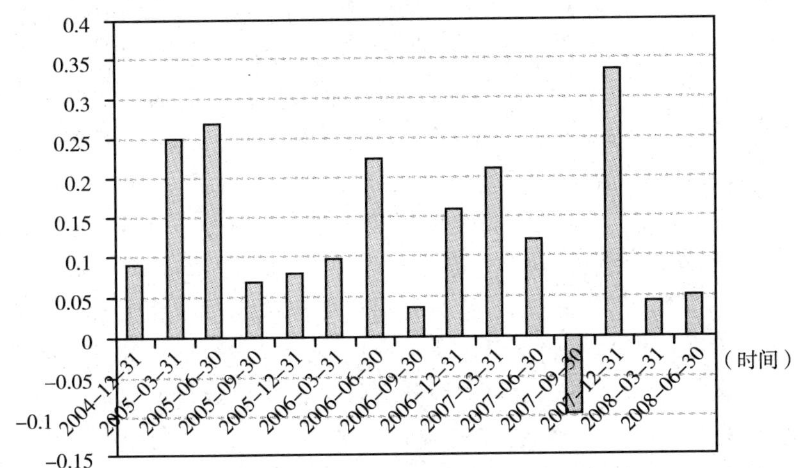

图 8　苏宁电器营业收入增长率

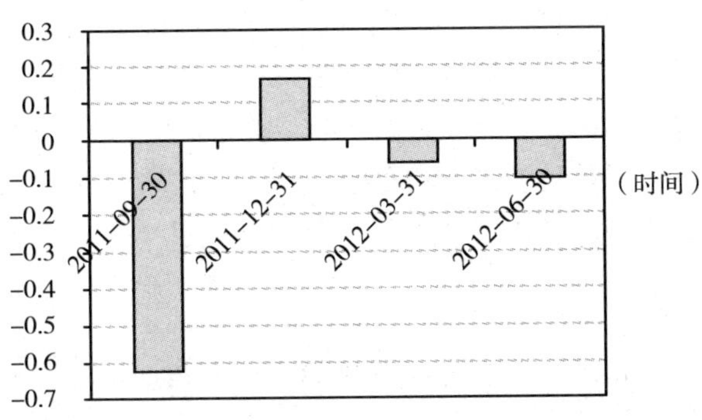

图 9　国海证券营业收入增长率

从上述分析可以看出，苏宁电器是在真正具备充足条件下发布"高送转"分配方案的，通过 6 次"高送转"使股本扩张，公司迅速成长，同时，也给中小投资者带来了丰厚的回报。国海证券在并不具备"高送转"的条件下仍然发布"高送转"分配方案，这就需要投资者谨慎对待，其目的有二：一是为公司发展融得资金，填补高成本上市所产生的资金缺口。国海证券上市的过程十分漫长，借壳多年，成本花费巨大，与国海证券同规模的上市券商，大多是 IPO 上市，早已经募集到资金，而国海证券正处于青黄不接的阶段，若不尽快利用增发再融资，其后期发展无疑会受到限制，不排除退市的可能，这样国海证券的上市将会前功尽弃，而“高送转”政策的抛出，迅速吸引了投资者的注意，大量资金涌入，为国海证券及时融得大量资金，缓解了公司燃眉之急；二是游资和机构或在进行投机牟利。从交易所公开信息显示，3月30日、4月5日两个交易日内，一些散户（个人）和机构大量买入卖出股票，比如，4月5日，机构席位净买入1 953.33万元，而“游资”集中的长城证券有限责任公司苏州东吴北路证券营业部卖出1 944.46万元，这是明显的机构通过“高送转”非法牟利。

综上所述，国海证券的“高送转”政策的初衷并不是投资者想象的那样——国海证券有充足的资金，对公司未来的发展壮大有着非常强烈的信心。通过上述举例，可以看出：一方面，国海证券的发展前景并不乐观，正是因为公司现阶段发展缺少资金，所以国海证券需要加大融资力度，在增发之后，通过“高送转”使融资力度大大加强，可以说国海证券的“高送转”政策相当于一个融资加速器，在国海证券上市初期，较短的时间内融得资金，为公司未来发展做准备；另一方面，一些机构希望通过对国海证券的注资，对股票进行炒作，吸引大量中小投资者的眼球，抬高股价，适时抛售股票，从中赚取巨大差价，而大多数中小投资者都被国海证券这只股票套死，损失惨重。无论是国海证券融资、发展需要，还是机构投资者通过炒作股票谋取利益，对投资者总是不利的，因此，投资者对上市公司发布的“高送转”政策必须进行再认识。

五、“高送转”与投资者保护

（一）从投资者角度出发

首先，投资者应该理性看待上市公司发布的“高送转”政策。前面已提到，“高送转”的实质是股东权益的内部结构调整，对净资产收益率没有影响，对公司的盈利能力也并没有任何实质性影响，即“高送转”只是对公司内部权益的重新分配，并非对投资者的真正回报。因此，投资者不应该把上市公司发布的“高送转”政策与上市公司的高盈利或者高成长等同。

其次，投资者应该对上市公司发布“高送转”的真实目的进行区别对待，仔细分析各家上市公司的真实成长性。自“高送转”行情出现以来，各公司的股价表现已经出现分化，投资者在选择股票的时候，不应盲目期待填权行情，而应该对各家上市公司发布“高送转”的真实目的进行分析，以免被套死。国海证券第一、二季度的净利润指标呈下降趋势，在公司经营不佳、盈利指标下降的情况下，4 月 6 日抛出“高送转”政策，其“圈钱”的意图十分明显，投资者应该理性分析上市公司的盈利水平和经营状况，挖掘上市公司发布“高送转”的真实目的。

最后，警惕上市公司出于配合二级市场炒作，或者配合大股东和高管出售股票等采取的违法牟利行为。

（二）从市场监督角度出发

由于我国的金融市场建立时间较晚，一些配套的法律法规还没有能够跟进市场发展的节奏，这些外部因素为“高送转”这类非法牟利提供了生存的空间，相关的监督机制、法律法规亟待完善。

首先，应该减少行政干预，加强法制监管。“高送转”屡见不鲜的背后，必定是由于监管部门遇到一定的阻力。例如，联创节能曾两次通过“高送转”炒作股票，深交所对其第一次炒作进行了停牌公告，要求联创节能披露年报信息，寻找炒作证据，但联创节能的年报却可以回避这一话题，并未就此做出任何澄清，特别是复牌之后股价继续大幅拉升，深交所再一次令其停牌。监管机构依然习惯于行政干预，看谁涨得太多，就该停牌核查一下，意思就是我注意到你了，你得收敛一下了。这种行政干预不仅不会减少监管部门的阻力，相反，可能会进一步加大其遇到的阻力，因为每一次纵容都会增加下一次执法的难度。而美国证券交易委员会在对待内幕交易问题上，以严厉处罚为世人称道，法制监管的到位带来的是市场的有效性的提高。

其次，从法治的角度出发，法律法规亟待完善。没有规矩，不成方圆，没有具体详细完善的制度来约束上市公司的行为，那么市场就会陷入混乱。交易所应该制定相应规定来控制上市公司滥用“高送转”。例如，证券交易所可以要求上市公司年报送股上限不能超过 10 送 10 股，即一定送股限额，这个限额必须根据上市公司的发展、经营、信用等情况来做出具体规定。通过这种类似信用卡额度的措施，能够对上市公司滥用“高送转”起到一定的遏制作用。

参考文献:

[1] 赵峰:《国海证券“高送转”惹上“圈钱”嫌疑》,载《中国证券报》2012 年 4 月 16 日。

[2] 熊义明、陈欣、陈普、许红伟:《中国上市公司送转行为动因研究——基于高送转样本的检验》,载《经济与管理研究》,2012 年第 5 期。

[3] 刘大进:《创业板上市公司“高送转”动机与效应分析》,载《集美大学学报》(哲学社会科学版) 2011 年第 1 期。

多元化使企业价值提升还是毁损？
——基于云南白药的案例分析[①]

贺　珊

北京工商大学商学院

近年来，随着市场竞争的日趋激烈，多元化经营成为越来越多上市公司、民营企业的主要战略行为。企业进行多元化经营的主要目的是想通过多元化的“多头盈利，分散风险”来获得最大的经济效益和长期稳定经营。但事实确实如此吗？多元化经营真能使企业获得最大效益并能长期稳定经营下去吗？它真能使企业分散风险吗？它到底使企业价值提升了还是毁损了呢？

一、云南白药集团多元化历程及其后果

1. 云南白药集团多元化历程

云南白药始创于1902年，于1971年6月在云南省成立云南白药厂，1993年5月3日云南白药厂进行现代企业制度改革，成立云南白药实业股份有限公司，1993年12月25日在深圳证券交易所A股上市交易。1996年10月，公司更名为云南白药集团股份有限公司（股票简称“云南白药”，股票代码000538）。公司以经营云南白药系列产品和

① 基金项目：教育部人文社科项目“跨组织控制：激励模式与合作绩效研究”（11YJA630080）；北京市教委项目“企业价值链成本战略驱动因素分析”（M201110011003）；北京市教委科研基地——会计与投资者保护项目（PXM－014213－000031）。

天然植物药系列产品为主。

云南白药自1993年上市以来，以白药类药品打开市场，股价不断攀升。2000年以后开始其多元化投资，于2004年进入日化领域，推出云南白药牙膏，随后也延伸至创可贴、洗发水、面膜、沐浴露等领域。2006年，成立云南白药置业有限公司，主营房地产业。2011年又推出了“养元青”洗发水，2012年12月19日，云南白药投资38亿元的大理“双溪健身苑”项目动工，正式介入旅游地产。

现在云南白药的经营范围涉及医药业、房地产业、食品业、咨询业、建筑业、日化用品以及其他行业。医药业包括化学原料药、化学药制剂、中成药、中药材等的研制、生产以及销售；房地产行业包括房地产开发、城市建设投资及相关项目开发；食品业包括保健食品的研发、生产以及销售；咨询业包括科技以及经济技术咨询服务；而建筑业则包括建筑材料，装饰材料的批发、零售和代购代销；日化用品包括云南白药牙膏、创可贴、洗发水等；而其他行业涉及旅游、物业经营管理以及酒店等领域。

2. 云南白药集团多元化后果

伴随着多元化的进程，云南白药的主营业务不断受到质疑，2012年12月19日，四川省食品药品监督管理局公布了2012年第二期药品抽验的36个不合格批次药品，其中由泸州红岭医院监测的云南白药胶囊（20110213批次，规格0.25g×16粒）被查出水分不合格。这不是第一次爆出云南白药因药品质量登上食药监管局黑榜，事实上，近5年来，云南白药多次因药品质量问题被各地食药监管局曝光：2007年湖北省食品药品监督管理局发布药品质量不合格名单中，云南白药集团的“田七花叶颗粒”（批号2004066），“检查干燥失重”不合格；“热毒清片”（复方批号：20050310），“性状”不合格；2008年1月，北京市药监局监测结果显示，云南白药集团无锡药业生产的“云南白药创可贴”属“擅自篡改审批内容、发布违规药品广告”；2008年10月河北省河间市食品药品监督管理局发布抽验不合格药品通报中，云南白药集团昆明云健制药有限公司的“灯盏花素片”（批号：20070470），“性状”不合格；2009年广东省食品药品监督管理局发布称云南白药集团丽江药业有限公司的“开胸消食片”（00309005批次）存在“重量差异”不合格情况；2009年10月，辽宁省药监局发布的违法药品广告公告中，云南白药集团文山七花有限责任公司的“气血康口服液”被指

“夸大产品适应证、功能主治或含有不科学地表示功效断言、保证”。2012 年 7 月，云南白药子公司大理药业有限责任公司生产的清肺抑火片（100726 批号）因重量差异被广东省食药监局列入“黑榜”。

继 2012 年 12 月 19 日四川省药监局曝出云南白药胶囊产品水分项目不合格后，2013 年 1 月 9 日，四川药械采购与监管官网发布最新消息称，取消云南白药生产的云南白药胶囊的基本药物中标资格，且三年内不再参加四川基药招标采购，企业亦被列入“黑名单”。

众所周知，云南白药目前有一百多年的历史，并被列为国家“一级保护中药”，其处方是中国政府经济知识产权领域的秘密，云南白药更是家喻户晓，是极具知名度的国内制药品牌。但近些年来，企业不断进军其他行业，结果却是不断地出现药品的质量问题，这些问题对企业的价值来说无疑是沉重的打击，那这些问题是如何产生的呢？对企业价值又有什么影响呢？

二、云南白药集团多元化的影响及其分析

本来云南白药集团进行多元化投资，进军日化产业、房地产、食品业、咨询业以及旅游地产等行业是为了分散风险，不把鸡蛋放在同一个篮子里，以免孤注一掷，但是就目前来看，事实或许并非如此。虽然部分多元化产品，比如云南白药牙膏、创可贴等获得了一定的成功，但这些成功也让云南白药集团付出了巨大的代价。

（一）集团投资于不相关产业，对集团长期发展来说是好是坏

集团自成立以来，经过 40 多年的发展，公司从一个小规模的生产企业成长为一个总资产达 90.91 亿多，总销售逾 113.12 亿元的企业集团，其盈利能力不容忽视。集团于 2000 年开始多元化投资，经营涉及房地产业、日化用品以及咨询业等方面。

从表 1 中可以看出，集团的营业利润从 2007 年的 39 332 万元上升到 2011 年的 137 272 万元，在五年内增加了 97 940 万元。但如果我们从集团的各行业来看，医药业每年的营业利润都比集团整体的利润要多得多；而其他行业的营业利润不但没有上升，反而从 -87 730 万元下降到 -200 984.6 万元！

表 1　　集团近五年来营业利润　　单位：万元

行业	2011 年	2010 年	2009 年	2008 年	2007 年
医药	334 379.9	300 828	217 358	175 974	127 062
房地产	3 876.7	5 652	0	0	0
其他	-200 984.6	-202 170	-148 174	-123 086	-87 730
总计	137 272	104 310	69 184	52 888	39 332

集团其他行业的营业利润在 2007 年时已是 -87 730 万元，公司却继续对其进行投资，而且历年来也并没有改善其经营状况，营业利润在 2011 年竟已经达到 -20 亿元！如果我们放弃这些巨亏行业，近 5 年来的集团营业利润平均每年能增加 152 429 万元。既然这些非主营业务年年亏损，那集团为什么每年还要继续对其投资而不是放弃呢？

我们来具体看看云南白药集团的房地产行业。集团于 2006 年成立控股子公司云南白药置业有限公司，该公司注册资本 1 000 万元人民币，主营房地产开发等项目。但它直到 2010 年才以占公司主营业务收入的 10% 的产品被列入年报中，从公司年报中获得的数据如表 2 所示：

表 2　　2010 年和 2011 年集团各行业的营业指标　　单位：万元

年度	行业	营业收入	营业成本	毛利率（%）
2010 年	房地产	50 236.00	44 584.00	11.25
	医药	954 235.00	653 407.00	31.53
	其他	133.00	111.00	16.54
2011 年	房地产	21 413.80	17 537.10	18.10
	医药	1 103 351.89	768 971.99	30.31
	其他	0	0	0.00

从表 2 中我们可以看出，2011 年房地产的毛利率比 2010 年增长了 6.85%，但是与地产行业普遍高达 30% 以上的毛利率相比，云南白药在地产开发行业仍处于一个较低的水平。而且在 2012 年的半年报中，房地产业在主营业务收入中突然消失了，更为重要的是，截至 2012 年 6 月 30 日，置业公司的期末总资产为 92 721 万元，净资产却是 -730 万元，这一数据表明，云南白药置业公司已经资不抵债。在没有主营业

务收入的情况下，如此多的负债很显然对公司的长期发展来说是很不利的。

房地产行业对于集团来说，是一个相对陌生的环境，集团或许并不熟悉其运作模式，不能因为它是一个热门行业，看到很多房地产商获得了巨大利润就盲目地进行投资。

我们再来看看房地产行业、医药业以及其他占企业营业收入10%以上的主营业的毛利率，从图1中我们可以看到，2010年，房地产行业的毛利率11.25%以及其他行业的16.54%都要比医药行业的31.53%低；2011年，房地产行业的毛利率18.10%同样比医药行业的30.31%要低得多。医药业一直都是云南白药集团的主营以及优势业务，房产地业以及其他行业相对来说就显得薄弱些，集团将部分资金投资于房地产以及其他行业，不仅没有获得比医药行业高的毛利率，反而分散了管理层的精力，不利于整个集团的内部管理和控制。如果集团将资金继续投资于医药行业，起码能保证有高于房地产以及其他行业的毛利率，况且，医药业一直是国家重点扶持的对象，如果集团能利用这部分资金进行进一步的药品研发，一旦研制出有利于大众的新产品或者新配方，其带给集团的收益将不可估量。

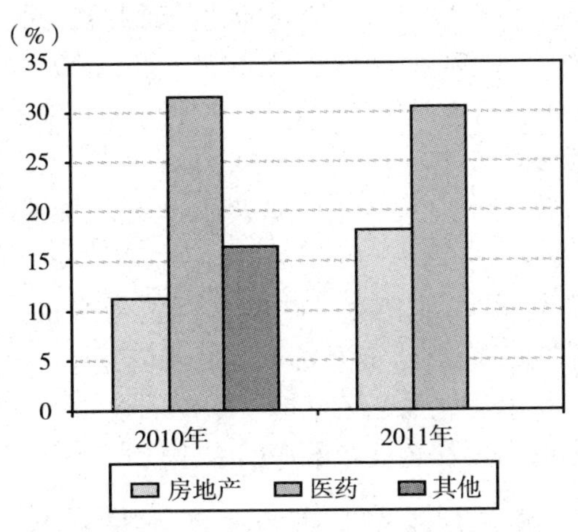

图1　2010年、2011年各行业毛利率分析

既然这样，云南白药集团为什么要去投资毛利率相对来说较低的房地产以及其他行业而不是继续致力于其擅长的医药行业呢？这一点值得我们深思。

(二) 多元化使企业核心产品的竞争力下降

随着云南白药集团的不断发展，企业不断地进行多元化投资，集团的各种药类产品的市场份额以及盈利能力也在不断地发生着变化。从企业近 7 年来的年报中可获得如表 3 所示数据。

表 3　　云南白药集团近 7 年来医药业的营业指标　　单位：万元

年份	营业收入	占全部营业收入比例（%）	营业利润	占全部营业利润比例（%）
2005 年	244 245. 10	99. 75	67 126. 90	99. 71
2006 年	319 388. 00	99. 80	90 789. 00	99. 5
2007 年	410 007. 00	99. 86	127 062. 00	99. 89
2008 年	570 845. 00	99. 90	175 974. 00	99. 88
2009 年	716 094. 00	99. 96	217 358. 00	99. 97
2010 年	954 235. 00	94. 99	300 828. 00	79. 48
2011 年	1 103 351. 89	98. 10	334 379. 90	98. 85

从表 3 中我们可以看出，该公司的药品营业收入所占比例和营业利润所占比例从 2005 年到 2009 年变化不大，但在 2010 年，营业收入比例下降到 94. 99%，营业利润比例更是降到 79. 48%，虽然在 2011 年营业比例回升到了 98. 85%，但到了 2012 年上半年，药品事业部的营业收入是 150 901. 72 万元，仅为上半年营业收入的 24. 83%。药品产业竞争力明显下降。

明星产品利润的来回波动，再加上近些年来的“质量门”以及 2013 年的四川省将云南白药集团划入“黑名单”，这一切不仅给云南白药的发展蒙上一层阴影，而且还削弱了集团的核心产品竞争力。集团或许应该将更多的精力放在企业核心产品未来的发展上。

(三) 进行多元化投资使企业承担了更大的风险

一个集团的总资源和管理层的精力是有限的，一旦进行多行业的投资，平均到每个行业的资源和精力就少了，那么集团也就不能很好地控制和管理每个行业，如果某一行业中的某一产品出现了问题，整个集团就要跟着蒙受损失。

虽然公司于2012年12月24日就云南白药胶囊水分不合格的情况发出了公告，称此批产品的各项指标均符合质量标准，水分不合格的原因极有可能是流通环节的运输、储存、保管过程中受到外界物理或极端环境影响所致。而且本着对消费者负责的态度，公司对发往该区域的该批次产品，已进行召回工作。但是四川省药械集中采购工作联席会议办公室（简称川药采联办）仍然取消了白药胶囊在川基本药物中标资格以及集中上网采购资格，这与2012年12月19日集团药品被查出水分不合格一事有着直接联系。

由此可看出，四川省对云南白药集团发出的公告和补救措施并不认同，他们并不相信云南白药胶囊真如公告所说的各项指标均符合质量标准，公司将问题归结于物流有推卸责任的嫌疑。川药采联办将云南白药公司列入“黑名单”，这一消息很可能会影响公司其他药品在四川的销售，令人担忧的是这种情况很可能会扩散到全国其他地区。

这一连串的“质量门”事件及云南白药被列入四川基药“黑名单”，使公司失去的不仅仅是一个省未来3年的市场，而且对公司信誉度也会造成严重的损伤。一个企业被类似负面的消息笼罩，即便之前拥有再好的口碑，如果没能及时采取较好的危机公关措施，那么它最终也将承担着失去市场的风险。

最后，从公司分红情况来看，2008年现金分红16 022万元，2009年现金分红10 681万元，2010年现金分红仅仅是6 943万元。公司现金分红逐年减少，这无疑打击了广大投资者的积极性。

三、结论与建议

云南白药集团进行多元化投资时，虽然扩张了经营领域，但同时也阻碍了“主业”的发展，进而损害了股东的利益，最终也势必将影响集团的整体发展、损害企业的整体价值。在此，提出以下建议。

（1）企业在进行多元化投资时，不能盲目地跟风跨界。俗话说“隔行如隔山”，企业若随心所欲地投资于自己不熟悉的行业，所做的决策往往是不明智的。失误的决策不仅会使更多的支柱产业难以建立起来，反而会为原有的支柱产业增加许多负担。云南白药集团就应好好考虑是否要继续投资于房地产行业。

（2）企业在进行多元化投资时，应合理配置企业资源。首先做好市场调查，然后利用企业闲置的资源去生产出市场最需要的产品，最好该产品能融合本企业的独特资源。就像云南白药牙膏，它内含云南白药活性成分，而该成分具有帮助减轻牙龈问题、修复黏膜损伤、营养牙龈和改善牙周健康的作用，而云南白药是企业的核心竞争产品，具有相当大的竞争力，牙膏和云南白药相结合，取得了成功。

（3）企业在进行多元化投资时，培养和壮大核心竞争力是关键。不论企业实施何种形式的多元化，独特而具有竞争优势的核心资源是企业获取利润的重要源泉，是企业生存的基础。企业应该保持和扩大自己熟悉的业务，努力塑造企业品牌，产生品牌效应。不能为了眼前短暂的利益而放弃企业未来的发展，不能为了多元化经营战略，而放弃医药业的进一步发展。在一次次的质检出问题后，企业应把更多的精力放在医药行业上，要在保证药品行业持续不断健康发展的前提下去考虑其他行业的投资，切忌“捡了芝麻，丢了西瓜。”

重组是投资者保护的稻草吗?
——基于 ST 丰华的分析

刘　月

北京工商大学商学院

随着我国经济体制改革的逐步深入，在资本经营的推动下，许多企业选择重组以获得规模经济效益，突出主业，或实现融资需求，但对于房地产行业而言，在政策总体偏紧的背景下，不得不权衡扩张中的成本效应，并从“重组救命稻草”的旧思维中跳出来。目前，我国城镇化进程加速，对于房地产行业而言，这无疑是个利好的消息，应抓住机会，把握时机，推进主业改进，提高企业资产质量，形成核心竞争力。以下我们以入驻房地产行业的 ST 丰华为例，分析该公司跌宕起伏的重组路。

一、案例背景

上海丰华（集团）股份有限公司（以下简称“ST 丰华”）前身为丰华圆珠笔厂，1992 年 9 月 10 日，公司 A 股在上海证券交易所上市交易，股票代码为 600615。上市当日，“丰华圆珠”便以 169.5 元/股的高价收盘。1992 年上市初期，公司形势一片大好，股价居高不下，曾一度攀升到 180 元/股。1992 年 12 月 10 日，公司还对股票进行过一次大幅拆分，将 1 股“丰华圆珠”分割为 10 股，增强了公司股票的流动性，也从侧面反映出公司当时骄人的业绩与市场表现。直到 1998 年，公司每年都向股东分派现金红利或股票股利。2005 年，公司还被评为“2005 年度中国行业十强企业”。但在 2001 年～2005 年间，丰华经历了三次谴责、一次批评、一次罚款，并在2004年一度跌停。尽管ST丰华多年来名称始终是上海丰华（集团）股份有限公司，但公司的实际控制人却在8年内走马灯似的更换了上海轻工控股、上海冠生园集团、上海烟草集团、汉骐集团、三河东方科技（上海久昌实业）、沿海地产投资（中国）有限公司（以下简称“沿海投资”）6个。

此前因为子公司连发失控，使丰华股份遭受上证所三次谴责，2004年2月，丰华大股东汉骐集团与其子公司红狮因经营管理的财产产权归属关系，再次使上市公司卷入一场民事案件中，公司形象尽毁，3月16日，法院拍卖了汉骐集团持有的*ST丰华3 100万法人股，买受人上海久昌实业有限公司因此成为*ST丰华第二大股东。随后，三河东方科技发展有限公司以21.125%的持股比例占据第一大股东的位置，但却神龙见首不见尾，在与其失去联系之后，身为第二大股东的上海久昌实业成了该公司的实际控制人，并积极主导重组，但因无法取得过多的控制地位，公司并没有取得实质性的发展。2006年6月14日，ST丰华原第一大股东淄博三河东方科技发展有限公司持有的3 177.5万股国有法人股划转沿海地产，据此，沿海地产持有ST丰华21.13%股份，成为ST丰华第一大股东，ST丰华将受让沿海投资全资子公司鞍山公司的全部股权，从而入驻房地产行业，该股权资产评估值为11 129.26万元，但双方约定公司支付的转让价款仅为5 600万元。该转让价款与基于评估值的转让价格之间的差额5 529.26万元，沿海投资不再收取，即ST丰华获得重组中5 529.26万元差额。但2007年7月，转型房地产后，因规模始终有限，经营能力较差，地产股经历了新一轮调整后，ST股份一度成为领跌板块，净利润跌幅为-94.6%。从2005年至2007年净利润的走势，我们能判断此次增长并非公司的实质性发展，而是重组差额带来的。

2008年，丰华股份以17.40元/股的价格向第一大股东沿海地产投资（中国）有限公司非公开发行不超过6亿股A股股票，用于购买沿海地产合法拥有的住宅房地产开发业务相关资产。且根据实际交易支付价格，重组的结果将使ST丰华产生8 800万元的结余。从表1可以看出，2008年净利润涨幅高达2 113.2%。但从2009年数据分析，丰华股份只有辽宁鞍山一个项目处于正常的销售，导致2009年净利润又如过山车般再一次下降，降幅达-94.5%，这可以看出重组成了2008年增长的主要推动力。

而2010年11月29日，丰华股份股东大会通过了公司拟向上海沿海绿色家园置业有限公司以 8 850 万元的价格（含债权）转让持有的北京联海房地产开发有限公司 50% 的股权，让出了这块香饽饽。北京联海房地产的唯一项目是投资于北京通州商务园 18.75% 的股权，这样就意味着丰华股份直接持有通州商务园 9.375% 的股权，也就是说，丰华股份持有通州商务园一期项目的一级土地开发价值约有 8.32 亿元。早在 2008 年，丰华股份就希望通过收购北京联海参与到北京通州商务园的土地一级开发并获取土地一级开发经验，做好公司业务转型准备。据地产专业人士分析可能是由于自身能力有限，但更重要的原因，是出让带来的经济利益。据众联资产评估相关人士估算，按 5% 的出让金计算，这次转让返点为 4 160 万元，这足以弥补前三季度亏损 944 万元。且鉴于上海沿海绿色家园置业有限公司的实际控制人为沿海绿色家园有限公司，丰华股份第一大股东沿海地产投资有限公司的实际控制人也是沿海绿色家园有限公司，此次交易构成关联交易。同时我们也看出 2010 年是 2009 年 ~2011 年期间的又一个净利润波峰值。2011 年 8 月 9 日，公司宣布与侨昌化学原本打算通过资产置换和定向增发方式完成重大资产重组，但在公司停牌筹划重大资产重组事项期间，受国家相关部门进一步加强对房地产宏观调控的政策影响，致使重大资产重组事项无法继续实施，公司决定中止重组事项。而在 2011 年 9 月 24 日公司再次宣布，将向公司第一大股东出售全资子公司沿海绿色家园发展（鞍山）有限公司 100% 股权，为后续重组扫清障碍。我们不得不怀疑丰华只是通过重组来维持年报中的利润增长，而公司本身并没有得到实质性的发展。在 2012 年公司先后通过中国建设银行股份有限公司深圳分行营业部和广东发展银行深圳分行向沈阳陶瓷大世界集团有限公司委托贷款 1.8 亿元，委托贷款年化收益率 12%，利息按季给付。2012 年 3 月，经第六届董事会 2012 年第一次临时会议和 2012 年第一次临时股东大会审议通过，上述委托贷款展期一年。此时丰华只得依靠放贷度日。

二、重组不是解救上市公司及保护投资者保护者的手段原因分析

（一）经营能力不足

我们可以从最近两年来的数据管中窥豹，由下列 ST 丰华主营业务

收入与房地产行业主营业务收入均值进行比较，我们很难相信 ST 丰华管理层有效进行管理经营活动（见图 1）。通过对核心指标权益净利率进行分解，我们可以初步找到问题所在。

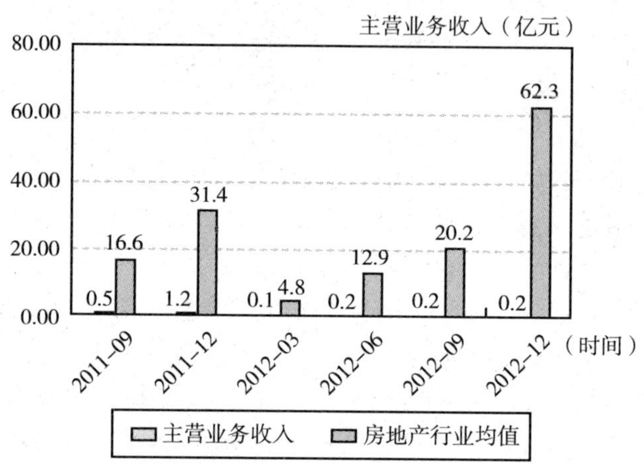

图 1　ST 丰华主营业务收入与房产行业主营业务收入均值比较

$$权益净利率=\frac{净利润}{股东权益总额}=\frac{净利润}{总资产}\times\frac{总资产}{股东权益总额}$$
$$=资产净利率\times权益乘数$$

根据上述公式，权益净利率的变动由资产净利率与权益乘数的变动引起，权益净利率的变动原因也可以归结为资产净利率与权益乘数的波动。我们将权益净利率、资产净利率、权益乘数、资产负债率四个指标描绘在一张折线图中（见图 2），我们可以看出在权益乘数、资产负债率比较稳定的时候，权益净利率的变动直接因为资产净利率的变动引起。

$$资产净利率=\frac{净利润}{总资产}=\frac{净利润}{主营业务收入}\times\frac{主营业务收入}{总资产}$$
$$=销售净利率\times总资产周转率$$

为了找到资产净利率的变动原因，我们还必须进一步将其分解为销售净利率和总资产周转率，同样，利用一张折线图（见图 3）将这三个指标表示出来。虽然总资产周转率期间也有变化，但基本平稳不变，所以，我们明显能够看出销售净利率的变动趋势与资产净利率的变动更为吻合，从而我们可以认定引起资产净利率大幅波动的原因在于销售净利率的不稳定性。

所以，我们认为可能是企业的获利性下降造成了丰华的权益净利率的波动，即企业在经营效率和销售政策上存在问题。这不得不让我们怀疑该公司经理层是否存在经营不善之嫌。

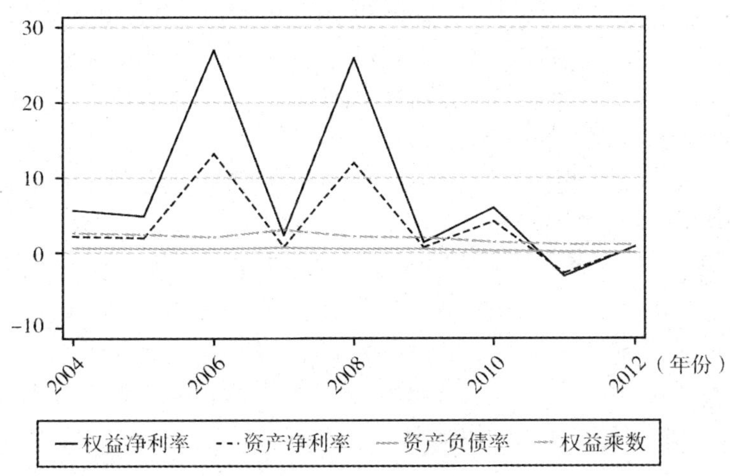

图 2　权益净利率、资产净利率、权益乘数、资产负债率与年份之间的关系

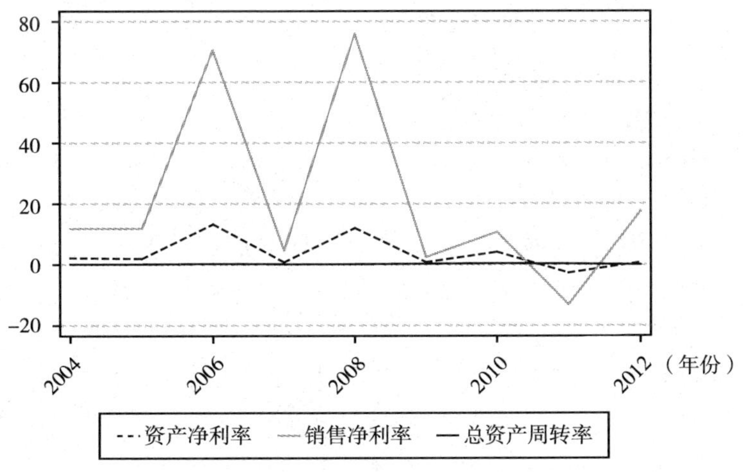

图 3　资产净利率、销售净利率、总资产周转率随年份的变化

（二）财务频频过山车

我们分析得知获利高峰年均为重组所在年份：

2006 年，ST 丰华受让沿海投资全资子公司鞍山公司的全部股权，该股权资产评估值为 11 129.26 万元，但双方约定公司支付的转让价款仅为 5 600 万元。该转让价款与基于评估值的转让价格之间的差额 5 529.26 万元，沿海投资不再收取，即 ST 丰华获得重组中 5 529.26 万元差额。从表 1 中，我们看出 2006 年净利润涨幅为 460.0%。

2008 年，丰华股份以 17.40 元/股的价格向第一大股东沿海地产投资（中国）有限公司非公开发行不超过 6 亿股 A 股股票，用于购买沿海地产合法拥有的住宅房地产开发业务相关资产。且根据实际交易支付价格，重组的结果将使 ST 丰华产生 8 800 万元的结余。从表 1 中可以看出 2008 年净利润涨幅出奇的高为 2 113.2%。

2010 年，丰华股份股东大会通过了公司拟向上海沿海绿色家园置业有限公司以 8 850 万元的价格（含债权）转让持有的北京联海房地产开发有限公司 50% 的股权，据众联资产评估相关人士估算，按 5% 的出让金返点为 4 160 万元，这足以弥补前三季度亏损 944 万元，同时我们看出 2010 年净利润涨幅为 502.9%。

表 1　　2004～2012 年 ST 丰华资产负债表

年度	净利润（元）	销售净利率	资产净利率	权益净利率	净利润变动率（%）	权益乘数
2004	14 841 623.28	11.878	2.141	5.643456	—	2.6359
2005	13 583 757.93	11.8072	1.9731	4.828103	8.48	2.44696
2006	76 068 549.05	70.492	13.1881	26.99992	460.0	2.04729
2007	4 093 123.83	4.5752	0.7844	2.365414	94.6	3.01557
2008	90 587 166.52	75.89799	12.0053	25.92052	2 113.2	2.15909
2009	5 008 407.34	2.4631	0.7038	1.412763	94.5	2.00734
2010	30 194 899	10.7345	4.1713	5.963111	502.9	1.42956
2011	-15 087 074.18	-13.1334	-2.6595	-3.071021	150.0	1.15474
2012	4 103 916.32	17.5503	0.7701	0.828403	127.2	1.075708

（三）管理效率低下

“三费”就像是一面“潜望镜”，把上市公司管理层管理能力的高低，从“里”反射到了“外”边。Wind 数据显示，截至 26 日，沪深两市有 807 家 A 股上市公司披露 2011 年年报。剔除金融类公司后，其余789家上市公司的“三费”占营业收入的比重（期间费用率）2010年为8.82%，2011年下降至2011年的8.21%；“三费”占营业成本的比重由2010年同期的11.12%下降至2011年的10.13%。三费中任何一项费用提高都会对上市公司业绩产生较大影响，在收入增长的同时，控制好三费的增长是考验上市公司管理能力的一个重要指标。从下列表2中我们可以看到ST丰华历年来三费占营业总收入的比例，显然这一比例明显高于上市公司统计数值，尤其在2007年、2008年三费占营业成本比例高达26.95663%及35.44197%，即使是三费最低比例也为2010年的9.15682%，我们有理由认为这主要是由于公司营业总收入过低引起的，显示出其高管管理能力的不足。

表2　　2006~2012年ST丰华三费及占营业收入比重

年度	营业总收入（元）	营业总成本（元）	三费总和（元）	三费/营业成本（%）	三费/营业收入（%）
2012	23 400 000	22 100 000	-7 190 000	-0.3253394	-0.307265
2011	115 000 000	159 000 000	16 700 000	0.1047799	0.1448696
2010	281 000 000	268 000 000	24 500 000	0.0915682	0.087332
2009	203 000 000	191 000 000	24 600 000	0.1286387	0.1210345
2008	119 000 000	104 000 000	36 900 000	0.3544197	0.309745
2007	89 500 000	76 100 000	20 500 000	0.2695663	0.2292067
2006	269 000 000	176 000 000	21 900 000	0.1245455	0.081487

（四）治理效率低下

公司治理是一项长期的工作。公司应坚持严格按照监管部门的要求，不断提高公司治理水平，积累公司治理经验，建立健全各项内控制度，完善公司治理各项有关工作，进一步提高公司规范运作水平。在此基础上，认真做好信息披露和投资者关系管理工作，以公司价值和全体股东利益最大化为目标，做一个诚信、规范的上市公司。美国印第安纳大学的贝纳什在《利润操纵的识别》中研究了董事会特征与会计信息的关系，发现非舞弊公司比舞弊公司有更多的外部董事会成员（Beasley，1996）。我国新政策也出台，要求进行企业改革，并增加外部董事在公司所占比例。2003年、2007年、2010年、2013年ST丰华独立董事占所有董事比例分别为0.21、0.15、0.19、0.25，且于2007年、2008年均受到上海证监局的整改通知，分别就董事会专门委员会的有效运作问题及公司内部审计部门的问题、公司制定募集资金管理制度的问题、公司董事、监事各一名违反规定买卖本公司股票的问题等作出批示。

三、案例启示

丰华的重组并未带来公司资产质量的提高或运营能力的改善，反而导致经营能力下降，财务风险过高，管理能力不足，公司治理能力较低等问题，盲目重组导致的企业价值下降无疑严重影响到投资者的利益。入驻房地产行业的ST丰华可谓是筋疲力尽，如今出台的国八条、京十五条、金融房贷紧缩政策、征收房产税政策的实施，并不利于规模、实力均没有竞争优势的ST丰华，与其留下来让其苟延残喘，不如直接退市，退市虽然不能保护投资者，但会保护更广泛意义上的投资者，即使市场更有效，公司治理更规范。从宏观环境来看，在经历了十三大、十四大期间，商品房销售年增长率16%，以及十五大期间，24.7%的年增长率，到2009年曾一度攀升44%，如今受国内外环境和自然规律影响，房地产行业过去三十年的经济高速增长难以持续。预计未来5~10年宏观政策将更加注重调整经济结构和转变经济发展方式，与此密切相关的房地产调控政策总体偏紧的可能性较大。大型房地产企业集团在资产重组活动中，应慎重作出公司发展战略规划。在经历了市场扩张时期众多房地产公司借机重组以扩大企业自身规模，如今面临不同的宏观经济政策，房地产企业应根据行业发展现状，针对房地产市场快速发展时期房地产上市公司经营范围过于宽泛等情况，进行剥离不良资产，突出主业，提高资产质量等活动，以规范公司运营，优化房地产市场。

参考文献：

[1] 葛佳：《丰华股份：望彻底变身地产股》，载《东方早报》2008年4月9日。

[2] 白宝玉：《丰华股份净利润同比降85.6%　重组是唯一出路》，载《证券日报》2009年7月20日。

[3] 陈静：《丰华股份放贷度日　下半年或主营缺失》，载《中国证券报》2012年7月31日。

[4] 李小宁:《丰华股份董事会管理层宣战　浮出“新老股东”背后交易》,载《21 世纪经济报道》2003 年 4 月 14 日。

[5] 蔡锋:《汉骐重组丰华　两年套现 3.68 亿》,载《国际金融报》2003 年 4 月 5 日。

[6] 徐国杰:《ST 丰华残局中的利益对决》,载《中国证券报》2004 年 6 月 10 日。

企业财务困境与公司治理问题探析
——基于无锡尚德破产的案例分析

李 越

北京工商大学商学院

2013 年 3 月 20 日，无锡市中级人民法院依据《破产法》裁定，对无锡尚德太阳能电力有限公司实施破产重整。这家曾经的光伏巨头终因盲目扩张导致严重的资不抵债，最终宣告破产。作为全球四大光伏企业之一的尚德破产的原因究竟是什么？它的破产重组会带给我们什么样的思考与启示呢？本文在讨论公司治理、财务困境关系的基础上，根据各种财务指标，对企业破产的财务因素及非财务因素进行分析，探究企业财务困境的深层次解释，并试图提供较有价值的参考建议。

一、案例背景

尚德电力控股有限公司是全球领先的太阳能光伏企业，由施正荣博士于 2001 年 1 月建立，是一家集研发、生产、销售为一体的外商独资高新技术光伏企业，主要从事晶体硅太阳电池、组件、光伏系统工程、光伏应用产品的研究、制造、销售和售后服务。2002 年尚德还处于亏损运营；2003 年就实现收入 1 400 万美元，利润 90 万美元；2005 年 12 月，尚德电力在美国纽约证券交易所挂牌，成为在纽交所成功上市的第一家中国民营企业。而随着公司股价的上升，施正荣在 2006 年一度以 160 亿元的身家成为中国首富。尚德电力取得过骄人的成绩，到 2005 年 1 ~ 9 月，尚德的收入达到 1. 37 亿美元，净利润也达到 3 197 万美元，2005~2007 年，其销售额从 2 亿美元增加到 13.48 亿美元，利润从 3 000 多万美元增加到 1.7 亿美元，年复合增长率达到 130%~140%。2008 年，公司已形成 1 000 兆瓦太阳电池生产能力，跻身世界光伏前三强。

自 2001 年公司成立，到 2010 年近 10 年的光伏产业黄金期，尚德电力从无锡小厂一跃而至全国第一、全球第四大龙头企业。但 2011 年起，由于光伏电池和光伏组件市场竞争环境日益激烈，导致外来进口的硅原材料供应不足出现瓶颈问题，光伏产业正遭遇历史上最严重的危机。

2010 年前三季度，无锡尚德净亏损为 9 755.6 万美元，主要原因是 2010 年第 2 季度亏损 1.74 亿美元，主要是存在两大项支出：非晶硅电池板生产线关闭和投资太阳能硅片生产商顺达有限公司。关闭生产线产生了 5 000 万~5 500 万美元的费用，投资顺达则花费 1.06 亿~1.26 亿美元。2011 年尚德总收入增长至 31.46 亿美元，而当年其净亏损也达到 10.06 亿美元。2012 年，无锡尚德公司的负债总额已达到 35.82 亿美元，资产负债率高达 81.8%，尚德市值已从上市之初的 49.22 亿美元跌到如今的 1.49 亿美元，股价更是下跌到了 1 美元之下，8 月 1 日，华尔街投资机构 Maxim Group 随即将尚德的目标价由 0.5 美元下调至 0 美元，已是到了退市的边缘。而到 2013 年 3 月 19 日，无锡尚德 5.41 亿美元可转债确定违约，到 2013 年 3 月 20 日，无锡尚德正式依法实施破产重组。

二、无锡尚德破产的原因分析

财务困境是经济低迷、行业进入衰退期以及管理不善等因素导致的结果，可以将企业陷入破产的原因区分为外部原因与内部原因，外因通过内因起作用，因此，内部原因是企业破产的主要原因。内部原因包括财务因素和非财务因素，其中非财务因素是诱发财务困境的深层次原因，是因为财务因素是受企业战略及经营管理决策所影响，是企业决策的后果表现，而非财务因素往往代表企业的决策行为和决策过程，对企业财务状况产生较为深刻的影响。

（一）过高的成本和盈利能力不足是导致其破产的财务因素

根据表 1 可见，公司成本与总收入几乎相同，可见该公司在规模扩张的同时，没有做好成本控制，使得边际贡献反而降低了。

表 1　　无锡尚德 2008～2011 年的盈利状况　　单位：百万美元

	2011 年	2010 年	2009 年	2008 年
收入	3 014	2 766.3	1 606.3	1 785.8
其他收入	132.6	135.6	87	137.7
总收入	3 146.6	2 901.9	1 693.3	1 923.5
成本总计	2 760	2 358.8	1 331.3	1 573.7
毛利	254	407.5	275	212.1
营业费用合计	3 791.8	2 704.7	1 519.3	1 741
营业收入	-645.2	197.2	174	182.5
净利润	-1 018.6	236.9	85.6	32.4

财务比率不理想也显示光伏行业非常不景气，其毛利率和净利润率都远远落后于市场平均水平，而无锡尚德公司更加严重，几个比率都明显低于行业平均水平，这表明无锡尚德的盈利能力非常差。影响无锡尚德的毛利率主要有两大因素：一是光伏产品的平均售价近年来在下滑；二是多晶硅和硅片成本较高。多晶硅和硅片属于光伏产业链的上游环节，而无锡尚德的主要产品集中在产业链中下游——光伏电池和光伏组件，光伏产业链上游毛利率较高，而中下游毛利率较低。无锡尚德的多晶硅和硅片等原材料主要通过和上游供货商签订长期供货协议来保障，由于没有自己的原料厂商，使得尚德的毛利较低；而近年来光伏行业的激烈竞争，使得光伏产品的平均售价一直在下滑，也影响了尚德的毛利率。

1. 高负债率导致再融资困难

资产负债率是指公司年末的负债总额同资产总额的比率，表示公司总资产中有多少是通过负债筹集的，是评价公司负债水平的综合指标。同时也是一项衡量公司利用债权人资金进行经营活动能力的指标，反映债权人发放贷款的安全程度。截止到 2013 年 1 月尚德电力资产负债率高达 81.8%。较为成熟的上市公司资产负债率一般在 30% 左右，高资产负债率让无锡尚德无论是采取股权融资还是债券融资都难以实施，而受欧美对中国光伏产品实施“双反”的影响，其在海外融资的能力也非常有限。

流动比率反映了一个企业的短期偿债能力，流动比率越高，企业的短期偿债能力就越强，债权人的权益就越有保证，也能说明企业拥有的营运资金多，可用作抵偿债务，债权人遭受的损失风险小。一般来说2∶1的流动比例比较合适，而无锡尚德的流动比率一直在1左右甚至以下（见表2），这说明尚德公司的偿债能力非常差，最终导致了破产。

表2　　无锡尚德2009～2011年部分财务指标

	2009年	2010年	2011年
流动比率（%）	1.42	1.02	80
速动比率（%）	1.11	66.3	44.8
资产负债率（%）	59.9	64.2	79.1

2. 关联交易和利益输送

关联交易是指在关联方之间转移资源或者义务的事项，而不论是否收取价款。关联交易通常能在一般商业条款中使参与双方受益，但在某些情况下，关联交易是为了使交易的一方受益而进行的。关联交易本身是中性的，是企业集团产生的必然产物，公允的关联交易能节约企业的交易成本，提高企业的营运效率，使企业集团更有竞争力，但是非公允关联交易产生了新的代理问题，控股股东通过关联交易粉饰报表、转移利润、逃避税收等，提供虚假信息，损害投资者利益，不公允关联交易成为大股东侵害少数中小股东利益的重要手段之一，控制性股东利用关联交易进行利益输送最常见的就是通过销售产品与劳务的方式进行。商品交易与劳务是指上市公司与其关联企业之间购销商品或提供劳务的行为，控股股东通过向上市公司高价提供原材料、向上市公司高价转让低质资产等关联购销的方式，转移上市公司资产或者利润。

亚洲硅业是尚德的主要硅料供应商之一，其高管是施正荣的亲信，而无锡尚德的董事长正是施正荣。2010年，硅价已经开始下滑，但亚洲硅业和无锡尚德却签署了总额为15亿美元、为期7年的长期供货合同，这在日后导致硅料价格急剧下跌时，无锡尚德仍以远高于市场价的水平向亚洲硅业采购。2011年，由施正荣家族私有的D&M Technologies Limited收购了亚洲硅业91.3%的股份，这造成了一种局面，即尚德和无锡尚德均在苦苦挣扎时，亚洲硅业却依靠过去与无锡尚德签订的长期合同而继续盈利。这使得施正荣可以实现从尚德电力到亚洲硅业的利益输送，可见，施正荣控股的亚洲硅业成为了公司进行利润转移的隐秘渠道之一。

3. 盲目扩张下激进的战略决策是导致破产的深层次原因

无锡尚德破产如此迅速与公司的战略失误有关，拥有太阳能博士头衔的施正荣，曾一度把生产晶硅电池的尚德电力打造成了世界最大的光伏电池厂商。2006 年，因为太阳能组件需求暴增，加上国内公司的不断哄抬，主要原材料多晶硅价格开始暴涨。国内的一些太阳能企业选择向上游拓展，自建多晶硅项目；而施正荣为了锁住成本，选择了签订长期协议，其中同美国 MEMC 签订的多晶硅协议长达十年，供货价 100 美元/公斤。另外，施正荣判断失误，投入巨资用于非主流的薄膜电池的研发和建厂，多头作战开始让尚德入不敷出。但在 2009 年，尚德突然叫停了薄膜项目并改建为晶硅电池工厂，理由是薄膜项目前景黯然，数亿元投资灰飞烟灭。同时，在 2010 年和 2011 年，多晶硅价格从 100 多美元迅速跌破 30 美元，而 2006 年的长单成为无锡尚德的负担。无锡尚德不得不在 2011 年以支付 2 亿美元的代价终结了这份长单。

无锡尚德的财务资源积累远不足以支持长期的大规模的扩张活动，长期采取快速扩张型财务战略并不适合无锡尚德。分析该公司近 4 年的现金流量数据可知，无锡尚德经营活动的现金流入远小于投资活动的现金流出，说明公司近年进行大量的产能扩张等投资活动，并不能从自身的经营业务产生的财务资源得到弥补。所以公司的现金流主要依靠外部筹资，如多家内外资银行的有息贷款，然而，一旦遇到行业危机时，盲目扩张的投资决策就会超过其承载能力，这不仅让企业盈利水平下降，企业经营杠杆不断增加，背负沉重的财务负担，并且高额利息在经营环境不利的时期极易造成企业的财务困境，也是企业长期经营风险增大的主要原因。在内部财务资源不足、大规模投资扩张不符合实际的情况下，企业更应当考虑立足实际，由单纯的规模投资扩张转向充分利用已有财务资源，回归核心业务核心市场的精耕细作，为企业未来快速扩张打下扎实基础。然而无锡尚德坚持快速扩张型财务战略，而自身缺乏创造现金流的能力，仅靠外部资金维持企业运转，在金融危机的背景下出现财务危机甚至破产清算也不足为怪了。

同时，分析企业在现金、应收账款及存货方面的短期经营风险（见表 3）可以发现，企业的应收账款在 2009 年发生显著变化，存货在 2010 年前后显著变化，凸显出企业日常经营能力管理缺乏持续性，也反映了企业战略管理对于企业日常经营的影响。由于激进的战略规划，导致企业盲目投资，一方面增大了企业的资金需求；另一方面产能的扩张不仅未能带来销售的增长，反而导致库存商品的积压严重，存货周转率下降，企业存货并不能适销对路。这些都是造成公司破产的深层次原因。

表 3　　无锡尚德 2008～2011 年现金流量表数据　　单位：百万美元

	2011 年	2010 年	2009 年	2008 年
经营活动产生的现金流量	93.3	-30	292.9	-171.3
投资活动的现金	-567.5	-238.6	-441.9	-641.8
筹资活动产生的现金流量	102.1	303	479.4	795.2
现金净增减额	-380.1	39.3	325.4	-13.2
现金及现金等价物	492.4	872.5	833.2	507.8
净应收账款	534.3	571	569.9	314.1
应收账款总计	639.4	682.4	650.4	436.6
库存总额	516.5	558.2	280.1	231.9

三、思考与启示

通过对以上案例的分析，可以得出一定的启示与企业发展的建议。

（一）公司要保持合适的资产负债率

资产负债率一旦接近 100%，极易造成资不抵债等情况的发生，在融资紧缩的情况下，资金将成为公司发展的大问题。因此，企业要保持合适的资产负债率，加强财务预算，优化企业资本结构和融资进度管理，来提高抗风险能力，获得一个企业长期的可持续发展。

（二）在大规模扩张时一定要控制好现金流

企业在发展的过程中，要想实现高额利润，离不开投资活动和现金流的流出，但是如果公司的现金不能支付巨额的营业费用和成本支出，甚至投资活动产生的现金流出一直低于经营活动产生的现金流入，最终必然导致企业的财务困境。因此，企业在大规模投资时要做好现金流的预算控制，控制发展需要的资金，避免激进盲目投资。

（三）完善公司治理，多方面听取决策意见

公司战略决策失误是导致公司破产的深层次因素，无锡尚德的公司治理缺陷主要表现在施正荣“一股独大”问题严重，从而造成了企业的决策和管理完全由大股东控制而缺少必要的监管和制衡，一旦独董缺乏对风险的识别、评估和控制能力，将导致企业处于被动状态，最终陷入财务困境。因此，在做重大决策时，要多方面听取意见，并进行审慎的市场调研，增强企业决策的科学性。此外，目前，我国大股东掏空和控制问题仍然存在，关联交易和利益输入反映出我国资本市场还不太完善，因此，我国政府要尽快出台法律法规，完善公司治理的制衡机制，通过提高第二、第三股东股权比例，使其有能力和动力监督大股东的掏空和控制行为，促进机构投资者积极投入公司治理和管理、健全中小股东权益保护的法律机制等手段来实现。

参考文献：

［1］洪少华：《中国企业红筹上市　境外重组模式研究》，北京交通大学学位论文，2008 年。

［2］罗宇浩等：《无锡尚德：全球“太阳王”》，载《东方企业文化》2010 年第 7 期。

［3］刘伟等：《企业短期偿债能力分析》，载《统计与咨询》2011 年第 1 期。

［4］邓德梅：《企业扩张性财务风险及其防范》，载《财会通讯》2008 年第 3 期。

股票回购的动机和影响
——以宝钢为例

张文海

北京工商大学商学院

由于钢铁行业极为不景气，2012 年上半年我国钢铁企业利润大幅下滑，亏损面不断扩大。由于我国熊冠全球的股市和滑入低谷的钢铁企业业绩，上市钢铁企业股价陷于低迷。不少上市钢铁企业都发行债券，如武钢于 2012 年 8 月 24 日发行 60 亿元人民币的中期票据，此前的两个月其已接连发行了 20 亿元和 30 亿元两期票据，希望渡过难关。而宝钢股份却拟斥资 50 亿元进行股票回购，A 股市场上近四年来的首例回购可谓是一石激起千层浪，受到社会广泛地关注。那么，在钢铁行业进入寒冬之际，宝钢股份大手笔进行股票回购的动机是什么，又将带来什么影响呢？

一、宝钢股票回购背景介绍

2012 年 8 月 28 日公告显示，8 月 27 日宝山钢铁股份有限公司（以下简称“宝钢股份”）召开了公司第五届董事会第二次会议，为维护广大股东利益，增强投资者信心，维护公司股价，考虑投资者的建议和公司的财务状况，公司拟以不超过每股 5 元的价格回购公司股票，回购总金额最高不超过人民币 50 亿元。

2012 年 9 月 18 日公告显示，9 月 17 日宝钢股份召开的 2012 年第 2 次临时股东大会决议通过了本次回购方案。回购股票的方式为上海证券交易所集中竞价交易方式，回购的股票将注销以减少注册资本，用于回购的资金总额最高不超过人民币50亿元，资金来源为自有资金，回购股票的种类为本公司发行的A股股票，自股东大会审议通过本次股票回购方案之日起12个月内实施。在回购资金总额不超过人民币50亿元、回购股票价格不超过5元的条件下，预计回购股票约10亿股，占公司总股本约5.7%，占社会公众股约22.8%。

为了更清楚地反映宝钢股份本次回购进程，表1列示了截止到2013年1月4日的回购进程表。

表1　宝钢股票回购进程

日期	累计回购股票数量（股）	占公司总股本比例（%）	回购价格（元/股）		支付总金额（含佣金）（万元）
			最高价	最低价	
2012年					
9月21日	14 891 100	0.09	4.65	4.62	6 909
10月8日	131 009 969	0.75	4.65	4.51	59 986
10月15日	217 009 969	1.20	4.65	4.51	99 800
11月1日	242 573 103	1.40	4.67	4.51	111 700
11月22日	352 215 758	2.00	4.69	4.51	162 500
12月3日	393 087 277	2.20	4.69	4.51	181 000
2013年					
1月4日	414 055 508	2.30	4.87	4.51	192 000

2012年12月19日股份变动报告显示，宝钢股份拟将该部分回购股票中的390 000 000股注销，本次股份变动将减少公司股本39 000万元，减少公司资本公积141 074万元。

2013年1月10日宝钢股份2012年度业绩快报显示，因处理资产和股权收益95.8亿元，2012年实现净利润103.05亿元，同比增长39.98%。在利好刺激下，宝钢股份股价已经突破5元，超过公司回购的最高价格，该回购暂时“搁浅”。

二、股票回购动机分析

股票回购是指上市公司从股票市场上购回一定数额本公司发行在外

股票的行为。股票回购的方式主要有公开市场回购（open market repurchase，OMR）、要约回购（tender offer）和私下转让（private transaction）等方式。其中，OMR 指公司在股票市场以投资者的身份，按照公司股票的当前市场价格进行回购，是常见的回购方式。

万斯利、莱恩和萨尔卡（Wansley、Lane and Sarkar，1989）认为，最重要的股票回购动机有股价被市场低估、向投资者传递管理层对公司未来盈余和股价水平信心的信号、提高公司财务杠杆、处理多余现金和满足员工股票期权计划的需要等，而一般的回购动机有增加内部人持股比例、吸引市场注意力、买回大股东持有的股权、替代现金股利和缓解股票大量抛售的压力等。迪特马（Dittmar，2000）从股票回购与分配、投资、资本结构、公司控制和公司报酬政策之间关系的角度，分别提出了资本过剩假说、价值低估假说、优化财务杠杆假说、防御接管假说和管理层激励假说等回购动机假说。他研究发现，公司股价被低估是导致公司股票回购最常见的原因，其次是处理多余资金，再次是利用回购调整公司财务杠杆比率、防御接管和抵消股票期权稀释效应，但没有发现以股票回购替代股利的充分证据。

在钢铁行业如此不景气，上市钢铁企业股市低迷时，宝钢股份大手笔进行股票回购的动机是什么？

（一）价值低估信号假说

价值低估信号假说建立在内部管理者与投资者之间信息不对称前提下，当管理层和投资者之间存在信息不对称时，如果管理层认为，股票价值被低估或公司未来盈余好于市场预期，公司就可能通过股票回购来向市场或投资者发送信号。

受我国股市处于熊市和钢铁行业进入寒冬影响，2012 年宝钢股份股价一直在低位运行，2012 年 6 月以后股价在波动中继续下降，几乎要跌破 4 元大关。宝钢股份 2012 年 3 月 31 日每股净资产为 6.15 元，2012 年6 月30 日每股净资产为6.43 元。可见股价已经远远低于每股净资产，出现“破净”现象，管理层认为公司价值存在严重低估。公司控股股东宝钢集团和公司管理层在之前都曾增持宝钢股份，力图提升股价，但效果不明显。本次股票回购，将传递对公司未来盈利和发展有信心，向外界传达自身股价被低估的信息，增强投资者信心，从而维护和提高股价到合理水平。

（二）自由现金流假说

自由现金流假说认为，当企业拥有多余现金而又缺乏好的投资机会时，可采用股票回购方式来处理闲置资金。通过股票回购把多余现金分配给股东，可以避免现金闲置，降低管理层动用自由现金过度投资的相关代理成本。因此，股票回购被认为是一种旨在降低代理成本的自由现金支付方式。

宝钢股份2012年半年报显示，公司由于上半年出售不锈钢、特钢事业部相关资产及股权收益，实现净利润103.05亿元，留存超过180亿元的现金。在当前钢铁需求放缓、出现严重过剩时，宝钢股份通过自有资金进行OMR，可以分配满足正常投资需要后仍有多余的现金给投资者。一方面避免现金的闲置，提高资金使用效率，另一方面减少了管理层可以自由支配的现金，从而减少管理层浪费公司资金和过度投资的机会，降低代理成本。

（三）财务杠杆假说

财务杠杆假说认为，公司通过股票回购可以减少权益资本，从而提高财务杠杆比率，以获得公司债务利息费用的抵税效应，进而优化资本结构和增加公司价值。与最优负债比率相比，负债比率越低，公司就越倾向于股票回购。

宝钢股份当前资产负债率为47.08%，相比同期同行业其他钢铁巨头则比较低（包钢76.97%，武钢63.82%，首钢53.01%，鞍钢52.63%）。而且，相比于宝钢股份2012年上半年资产负债率的降低（年初数据50.9%），包钢、武钢和鞍钢在2011年年末以来都持续大幅提高了资产负债率。宝钢股份总经理马国强在2012年业绩说明会上对公司资金的分配使用做了进一步阐述："湛江项目预计静态投资400亿元，资本金按200亿元考虑，其余所需资金应由湛江项目通过直接融资或间接融资来筹集。公司自有资金足够建设湛江项目，不需要股本融资。湛江项目除资本金外的部分需要融资，应该会以银行贷款为主。"宝钢股份一边用自有资金大手笔进行股票回购，而一边又有耗资巨大而需要融资的湛江项目。可以看出，宝钢股份有意提高负债比率，股票回购和负债融资双管齐下，将优化资本结构。

（四）财务灵活性假说

股票回购可以使管理者充分利用财务弹性，避免向股东持续支付现金股利，保证财务上的灵活性。股票回购所固有的灵活性是源于其有时可替代股利的形式。当公司有较稳定的现金流增量时会选择增加股利；若现金流增加只是暂时性的，则倾向于采用股票回购，而减少由于现金股利下降甚至停止而带来的负面效应。

宝钢股份的 OMR 计划，拟用自有资金以不超过每股 5.00 元的价格回购公司股份，回购总金额最高不超过人民币 50 亿元，在 12 个月内进行。公告预计回购股份约 10 亿股，但没有确定具体回购的价格和时间，且当股价突破 5 元时将停止回购。那么，公司管理层可以根据公司现金流量状况，灵活选择回购时机，自主决定具体分几次回购，何时回购，每次回购多少等。宝钢股份 2004 年度股东大会审议通过《关于宝山钢铁股份有限公司现金股利政策的议案》，每年分派现金股利不低于当年净利润的 40%。2012 年业绩快报中显示，2012 年宝钢股份净利润的主要贡献是出售不锈钢、特钢事业部相关资产及股权收益，而主营业务的营业利润同比下降 52.3 亿元，减幅为 59%，出现了较大的波动。宝钢股份进行股票回购可能是部分出于财务灵活性和现金股利的替代。

（五）财富转移假说

财富转移假说认为，股票回购并非真正意义上的投资决策行为，而只是一种零和博弈，只能造成相关利益主体之间的财富转移，并不能产生新的价值。这种财富转移主要表现为债权人向股东、出售股票的股东向持有股票的股东以及同行业非回购公司向回购公司的转移。

宝钢股份用自有资金进行股票回购，而不是通过举债进行股票回购，所以不存在债权人向股东转移财富的倾向。当前宝钢股份母公司宝钢集团持有股份达 74.97%，处于绝对控股地位，宝钢股份此次大手笔股票回购是采用 OMR 形式，股票回购后宝钢集团对宝钢股份的持股比例将进一步增加，反之，其他股东的持股比例将减少。股票回购后股票的增值，将使财富从不了解公司内在价值而出售股票的股东向了解公司内在价值而未出售股票的大股东转移。

（六）政治动机

宝钢股份的母公司是宝钢集团（宝钢集团系国务院国有资产监督管理委员会百分之百控股、监管的国有企业），股票回购前持股比例达74.97%。2012 年 8 月 1 日，中证网发表一篇题为《证监会：鼓励上市公司回购股票》的文章，文中称证监会有关部门负责人 7 月 31 日表示，“证监会鼓励现金条件许可的上市公司回购自己的股票”。8 月 2 日全景网转发了上海证券报《证监会呼吁破净上市公司回购股份》的文章，文中称证监会有关部门负责人说，“在市净率已经如此低的情况下，上市公司无论从自身出发，还是从保护持股股东权益出发，如果现金情况允许，都应该考虑回购股份。对于已经破净的公司，有增长潜力、有资金条件的，更有义务来办这件事情”。在我国钢铁行业“惨淡经营”，股票市场进入低谷的情况下，若鼓励上市公司进行股票回购，将闲置资金返还给投资者，可以在一定程度上提升投资者信心，增强市场的流动性，有利于公司合理股价的形成。作为钢铁行业龙头的央企，当前国内盈利能力最强的钢铁企业之一，宝钢在回购政策放松情况下，积极响应证监会“鼓励现金条件许可的上市公司回购股票”的政策号召，可以看到国家产业资本的影子，所以不排除有其政治动机。

综上所述，宝钢股份此次选择大手笔进行股票回购的动机可能是出于多方面的考虑，是多方面动机综合作用的结果。

三、股票回购影响分析

针对宝钢股份此次多方面动机综合作用而出台的股票回购行为，将带来哪些影响呢？

（一）股票回购与股价

图 1 显示了宝钢股票回购前后股价的波动。2012 年 8 月 28 日宝钢股份董事会披露拟以每股不超过 5 元的价格回购公司股份，回购总金额不超过 50 亿元，受此消息影响，公司股票开盘不久后即涨停，随后虽多次打开但收盘仍封住涨停。从图 1 中股价折线可看出，公告前宝钢股份股价一直处于震荡下降中，公告回购消息后股价几乎直线上涨（8 月 28 日股价 4.48 元，较前一天涨幅超过 10%），此后公司分几个阶段实

施了股票回购，股价行情一路向好，2013 年 1 月 10 日已突破 5 元，与之前股价低迷存在很大的反差。

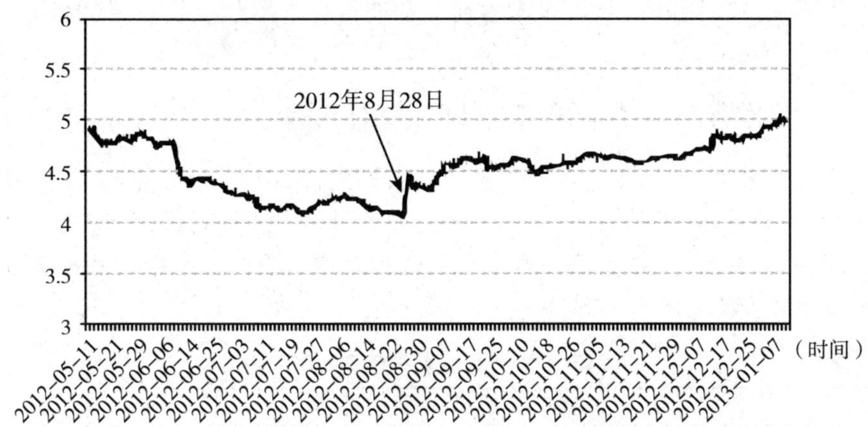

图 1　宝钢股票回购前后股价的波动（2012 年 5 月 11 日 ~ 2013 年 1 月 11 日）

图 2 显示了宝钢股票回购后与首钢、武钢、鞍钢股价的比较。通过比较我国钢铁行业四大企业 2012 年下半年的股票行情，宝钢股票回购提升股价的影响也十分明显。2012 年 8 月 28 日宝钢股份董事会披露回购公告，股票大涨，而其他三只股票都处于低位且不断下降。宝钢股份近半

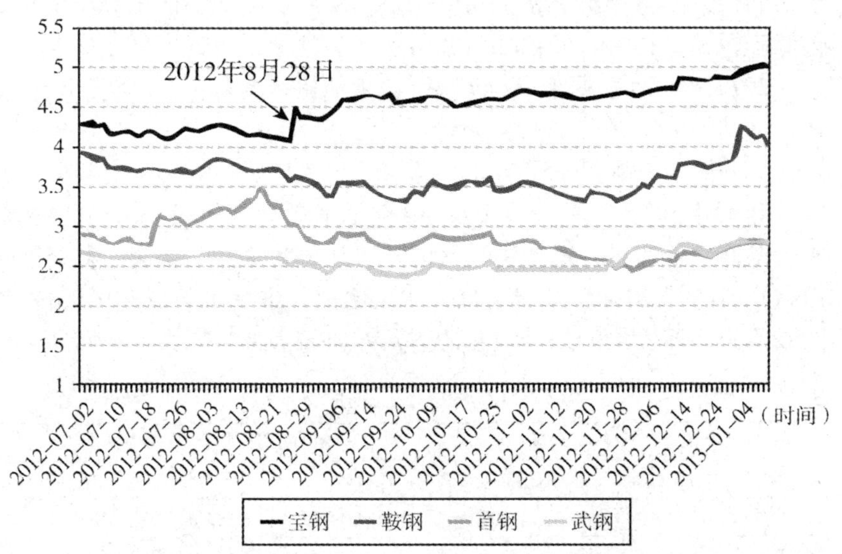

图 2　宝钢与首钢、武钢、鞍钢股价比较（2012 年 7 月 2 日 ~ 2013 年 1 月 11 日）

年来股价持续走高，而首钢和武钢股价都持续处于低迷之中，鞍钢股价在2012年年末开始明显上升是其受资产置换和股权转让事项的影响。

可见，宝钢股票回购基本达到了预期目标，增强了投资者的信心，提升了公司股价。

（二）股票回购与资本结构、股权结构

以下数据将以2012年半年报为基数，比较2012年12月19日宝钢股份将回购股票中的390 000 000股注销，并假设了公司最终50亿元回购股票的情况，考虑股票回购带来的资本结构和股权结构变化，测算结果如表2、表3和图3所示。

表2　　宝钢股份资产负债率和产权比率变动　　单位：%

	资产负债率	产权比率
2012年6月30日	47.09	88.99
2012年12月19日注销回购股票后	47.47	90.35
50亿元回购股票后	48.15	92.87

从表2可看出，股票回购后，资产负债率从47.09%提高到47.47%和48.15%，产权比率由88.99%提高到90.35%和92.87%。股票回购带来的直接影响是公司资产负债率和产权比率的提高，但提高后仍低于包钢、首钢、武钢和鞍钢的资产负债率，也远远低于行业平均数据（2012年9月数据为66.474%），负债比率的小幅合理提高将优化公司资本结构。

表3和图3分别显示了宝钢股份2012年12月19日注销部分回购股票后和预计50亿回购10亿股或12亿股股票后公司股权结构的变动。本次股票回购，使母公司宝钢集团的持股比例将进一步提高，甚至有可能提高到80%，相反，其他股东的持股比例将进一步降低。可以预计，本次股票回购后股价的提升引起的财富效应将大部分向大股东转移。

表3　　2012年12月19日宝钢股份变动

	本次变动前		本次注销	本次变动后	
	数量	比例（%）	数量	数量	比例（%）
股份总数	17 512 048 088	100	390 000 000	17 122 048 088	100
宝钢集团	13 128 825 267	74.97		13 128 825 267	76.68
其他股东	4 383 222 821	25.03		3 993 222 821	23.32

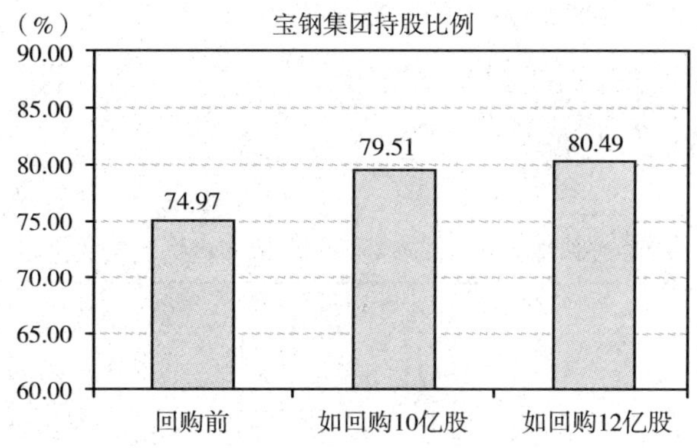

图3　预计回购后宝钢股权结构

（三）股票回购与每股收益、每股净资产和净资产收益率

表4显示了股票回购前与12月19日注销回购股票和预计50亿回购10亿股股票后盈利指标的比较。宝钢股份实行股票回购将直接使每股收益、每股净资产和净资产收益率都明显提高，每股收益从0.550元提高到0.561元和0.582元，每股净资产从6.430元提高到6.472元和6.517元，净资产收益率从8.53%提高到8.67%和8.93%。股票回购后宝钢股份的盈利状况和盈利指标将有所改善，并进一步拉大与行业数据的差距（根据2012年9月数据，每股净资产3.757，每股收益和净资产收益率是负值），巩固行业领头羊的地位。

表4　股票回购前后每股收益、每股净资产和净资产收益率的比较

	每股收益（元）	每股净资产（元）	净资产收益率（%）
2012年6月30日	0.550	6.430	8.53
2012年12月19日注销回购股票后	0.561	6.472	8.67
50亿回购股票后	0.582	6.517	8.93

（四）股票回购和营运能力

表5显示了股票回购前与12月19日注销回购股票和预计50亿回购10亿股股票后的比较。公司流动资产周转率和总资产周转率都有所

提高，流动资产周转率从 1.199 提高到 1.212 和 1.237，总资产周转率从 0.428 提高到 0.430 和 0.433。这主要得益于宝钢股份用自有资金进行股票回购，避免了资金的闲置，提高了资金使用效率。流动资产周转率和总资产周转率的提高，说明公司的营运能力有所增强。

表 5　　股票回购前后流动资产周转率和总资产周转率的比较

	流动资产周转率（%）	总资产周转率（%）
2012 年 6 月 30 日	1.199	0.428
2012 年 12 月 19 日注销回购股票后	1.212	0.430
50 亿回购股票后	1.237	0.433

（五）股票回购和偿债能力

表 6 显示了股票回购前与 12 月 19 日注销回购股票和预计 50 亿回购 10 亿股股票后的比较。公司的流动比率和速动比率都下降了，流动比率从 0.993 降低到 0.971 和 0.933，速动比率从 0.580 降低到 0.559 和 0.521，速动比率下降幅度较大，均低于行业数据（根据 2012 年 9 月数据，行业流动比率 0.965，速动比率 0.630）。这主要是因为用自有资金进行股票回购，使公司留存现金减少，进而导致速动资产和流动资产的减少。因此，股票回购会影响公司的支付能力和变现能力，短期偿债能力有所降低，使公司面临一定程度的财务风险。但考虑到作为钢铁企业龙头的央企，从银行贷款的融资约束不大，所以本次股票回购的影响不会很大。

表 6　　股票回购前后流动比率和速动比率的比较

	流动比率	速动比率
2012 年 6 月 30 日	0.993	0.580
2012 年 12 月 19 日注销回购股票后	0.971	0.559
50 亿回购股票后	0.933	0.521

综上所述，宝钢股份此次大手笔进行股票回购带来了显著的效果，维护和提升了公司股价，调整了资本结构，改善了一系列财务指标，但也导致了一定的财务风险。

四、结论与启示

股票回购是成熟资本市场上较为常见的资本运作方式，上市公司股票回购是增强投资者信心、维护股价的重要手段之一，也是管理层调整资本结构、处理多余现金等的有效方式。宝钢斥资不超过50亿大手笔股票回购，短期来看带来了显著的效果，取得了一定的成功，但也增加了公司的财务风险。所以，公司选择股票回购，必须谨慎考虑公司是否具备一定财务条件，如充足的现金和适当的资本结构等。在我国A股市场制度尚不健全的背景下，盲目进行股票回购将带来负面效果，尤其一些公司缺乏自律精神，可能存在内幕交易行为等。并且，股票回购效应毕竟是短期的，钢铁企业要度过寒冬还是要做好长期应对的准备，立足市场供求关系，保障产品质量，不断调整产品结构，提高生产经营效率，从而提升公司价值。

参考文献：

[1] Wansley J W. Lane W R, Sarkar S.; Managements' View on Share Repurchase and Tender Offer Premiums [J]. Financial Management. 1989: 97-110.

[2] Dittmar A K.; Why Do Firms Repurchase Stock [J]. The Journal of Business. 2000, 73 (3): 331-355.

定向增发与股东保护：机制及效应
——以重庆百货为例

段恩强

北京工商大学商学院

近年来我国上市公司侵犯股东权利的案例频频发生，尤其是侵犯中小股东权益的现象屡禁不止。通过现有的定向增发理论和代理理论分析大股东主导下的定向增发中与中小股东的利益冲突，有可能使中小股东的利益受到损害。本文以重庆百货（股票代码：600729）对大股东的定向增发为例，研究了上市公司向大股东定向增发的方案实施过程中大股东和中小股东之间的利益匹配问题。并进一步分析了这个定向增发的过程中重庆百货存在的盈余管理问题，我们发现，虽然重庆百货对大股东实行定向增发以后，全额拥有重庆新世纪百货的股份，达到了消除同行业竞争的目的。但并没有带来合并后的资源整合优势，同时一定程度上削弱了中小股的股份额，使中小股东的利益受到损害。通过此案例研究可以为我们提供更为深入的证据并且为相关政策的具体改进和规范提供一定的方向和依据。

一、制度背景

当前上市公司再融资主要以定向增发为主。有 29 家上市公司公布了再融资计划。在这 29 家公司中，23 家选择了定向增发，占近 80%。不包括海南航空和 G 津滨在内，21 家公司定向增发的数量为 37.56 亿股。其中海南航空和 G 津滨已完成再融资，公司以非公开发行方式发行了 46 439 628 股 A 股，募集资金近 6 亿元。

定向增发是指上市公司向符合条件的少数特定投资者非公开发行股份的行为，目前规定要求发行对象不得超过 10 人，发行价不得低于公告前 20 个交易市价的 90%，发行股份 12 个月内（大股东认购的为 36 个月）不得转让。非公开发行的最大好处是，大股东以及有实力的、风险承受能力较强的大投资人可以以接近市价乃至超过市价的价格，为上市公司输送资金，尽量减少小股民的投资风险。

在 2006 年证监会推出的《再融资管理办法》（征求意见稿）中，关于非公开发行部分，除了规定发行对象不得超过 10 人，发行价不得低于市价的 90%，发行股份 12 个月内（大股东认购的为 36 个月）不得转让，募资用途需符合国家产业政策，以及上市公司及其高管不得有违规行为等外，没有其他条件，这就是说，非公开发行并无盈利要求，即使是亏损企业也可申请发行。这就为大股东或实际控制公司的经理人剥夺公司的整体利益提供了可乘之机，从而使投资者的保护机制受到严峻的威胁。

为了规范定向增发的行为，证监会先后出台《上市公司证券发行管理办法》、《关于上市公司做好非公开发行股票的董事会、股东大会决议有关注意事项的函》和《上市公司非公开发行股票实施细则》。监管核心之一就是规范定向增发价格的制定，以及如何更好地保护中小投资者的利益，防止利益输送。

由于目前对定向增发相关理论研究的缺乏，特别是缺少实证研究的支撑和市场的反馈，这使研究大股东主导下的定向增发，大股东与中小股东的利益冲突日益尖锐。本案例研究可以为我们提供更为深入的证据并且为相关政策的具体改进和规范提供一定的方向和依据，有其深刻的研究价值和现实意义。

二、文献回顾

定向增发中一个有趣的现象是增发价格相对于增发时的市价有着较高的折价。SEC（1971）早在其报告中就指出在美国定向增发的发行价格相对于发行时的市价有大约 30% 的折价。其后学者针对不同的期间和样本的研究，也都验证了这一发现表明定向增发存在不同程度的折价且折价率要远高于配股（Arneson，1981a，1981b；Friedlob，1983；

Johnson and Racette, 1981)。现有的文献对于定向增发的折价，主要从基于代理理论的利益协同效应、信息不对称理论和管理层的机会主义行为等几个方面进行解释。而定向增发的折价则是对投资者未来监督公司管理层所付出成本的一种补偿。

赫茨尔和史密斯（Hertzel and Smith，1993）的研究则认为在信息不对称的条件下，新的投资者需要成本来鉴定公司所处的状态，不对称的程度越大公司的情况越难判断，投资者需要的鉴定成本越大。

巴克利、霍尔德内斯和希恩（Barclay，Holderness and Sheehan，2007）则认为管理层的机会主义行为是增发折价最重要的解释。他们的研究发现管理层主要将公司的股票定向增发给那些消极的投资者，即在购买公司股票后不会参与或监督管理行为的投资者，以达到控制公司的目的。定向增发的折价是管理层对这些消极投资者事先的补偿并且损害了没有获得增发机会的原有股东的利益。

陈信元等（2007）的研究发现我国上市公司定向增发的总体折价率要高于美国。这表明不同的制度环境下约束条件的改变可能会影响定向增发的折价。并且已有的文献表明由于法律保护和监管制度的相对落后存在着比较严重的大股东掏空上市公司从而损害中小股东利益的现象(唐宗明、蒋位等，2002；吴江、阮彤，2004；刘峰等，2004；李增泉等，2005)。

当然研究我国的定向增发问题如果仅停留于增发的折价可能尚显不足。一个比较好的方式是以定向增发的定价作为切入点，对增发相关的问题进行综合考察，如大股东是否会操纵增发前的股价以及增发前后的利润，以达到低价增发的目的；定向增发是否会影响之后的股利支付行为等。对于这些问题的考察可以使我们对我国制度背景下的定向增发有更加深刻的认识，并推动相关理论的发展。而深入的案例分析不仅可以为大样本的研究提供方向，还可在一定程度上与后者起到互补的作用。

三、重组过程和结果

商社集团和新天域湖景合计持有新世纪百货100%股权，并于2010年12月24日在重庆市工商行政管理局完成股权过户手续，股权持有人变更为重庆百货。根据重庆百货分别与商社集团、新天域湖景签署的《资产交割确认书》和天健正信出具的天健正信验（2010）综字第

030083 号《验资报告》，截至 2010 年 12 月 24 日，本次交易涉及的股权过户手续已经办理完毕。

本次交易是指重庆百货向商社集团、新天域湖景发行股份，购买其分别持有的新世纪百货 61% 和 39% 股权的行为。交易完成后，新世纪百货成为重庆百货的全资子公司。

1. 重组的具体方案

（1）交易对方。

交易对方为商社集团和新天域湖景。商社集团系重庆百货控股股东，交易涉及向商社集团发行股份购买资产，构成关联交易。

（2）标的资产。

交易的标的资产为新世纪百货 100% 的股权，其中商社集团和新天域湖景分别持有的新世纪百货 61% 和 39% 的股权。

（3）交易标的资产定价情况。

根据重庆华康以 2009 年 8 月 31 日为基准日出具的重康评报字（2009）第 117 号《资产评估报告书》，并经重庆市国资委备案，标的资产新世纪百货 100% 股权的评估值为 392 118.74 万元。本次交易价格参照上述评估结果，确定为 372 512.803 万元。

（4）发行股份情况。

发行股票种类为人民币普通股，发行数量为 169 093 418 股，发行股票面值 1 元，发行价格为决议公告日前二十个交易日的股票交易均价，即 22.03 元/股。

（5）锁定期安排。

商社集团承诺，自完成本次交易股权登记之日起 36 个月内不转让其拥有权益的重庆百货股份（即包括本次交易取得的和原持有的）；新天域湖景承诺，自完成本次交易股权登记之日起 36 个月内不转让其因本次交易拥有的重庆百货股份。

（6）评估基准日至交割完成日期间损益的归属。

根据重庆百货发行股份购买资产暨关联交易实施情况报告书，本次交易完成后，新世纪百货自评估基准日（不含当日）至交割日（包括当日）止（即期间）所产生的净利润，由重庆百货享有。如果该期间新世纪百货净亏损，净亏损额由新世纪百货现有股东商社集团和新天域湖景按 61%、39% 的比例以现金方式向新世纪百货补足；交割日后 30 工作日内重庆百货期间损益聘请会计师事务所做专项审计，在会计师事务所出具审计报告后的 20 个工作日内实施补足。

2. 发行前后上市公司的股权结构

由表 1 可知，本次发行前，商社集团持有上市公司 32.51% 的股份，为上市公司控股股东。重庆百货发行股份购买资产暨关联交易实施情况报告书本次发行后，商社集团持有上市公司 45.42% 的股份，仍为上市公司控股股东。因此，本次发行不会导致上市公司控制权发生变化。

表 1　　本次发行前后上市公司股权结构变动情况

股东类别及名称	本次发行前		本次发行后	
	股份数（股）	股权比例（%）	股份数（股）	股权比例（%）
商社集团	66 329 470	32.51	169 476 455	45.42
新天域湖景	—	—	65 946 433	17.68
其他股东	137 670 530	67.49	137 670 530	36.90
合计	204 000 000	100.00	373 093 418	100.00

四、重组后果分析：基于股权与运营视角

1. 资产流向何方

从重庆百货的股价表现上来看（图 1），2009 年 9 月以前，公司股价走势平稳。但从 9 月 4 日停盘后，到 10 月 12 日开盘，其股价一路上涨，从 20 元/股达到最高的 54.85 元/股，翻了两倍多。对于战略投资者新天域湖景来说，可算是赚了个盆满钵满。这家外商投资企业在 2008 年 4 月末用 3.52 亿元低价买入新世纪 25% 股权，后又增资 3.23 亿元，并最终获得了 39% 的股权。当时，新世纪百货的评估价格为 14.08 亿元，而在不足一年半后，价值迅速暴增了 180.54%. 重庆百货收购新世纪百货用去 39.50 亿元，短短十几个月，新天域湖景便可获得资金 8.66 亿元。

这还只是预估值，实际上新天域湖景用 6.75 亿元换得重庆百货 6 992.7 万股，以 2012 年 11 月 10 日的收盘价 35.51 元/股计算，新天域湖景可获利 24.83 亿元。目前，新天域湖景拥有的重庆百货股权占比 18.24%，已经成为重庆百货第二大股东。虽然在收购新世纪百货股权之前，新天域湖景默默无名，但翻开这家于 2008 年 2 月在香港成立的公司的股东花名册，其深厚的背景让人眼前一亮。其股东花名册上，赫

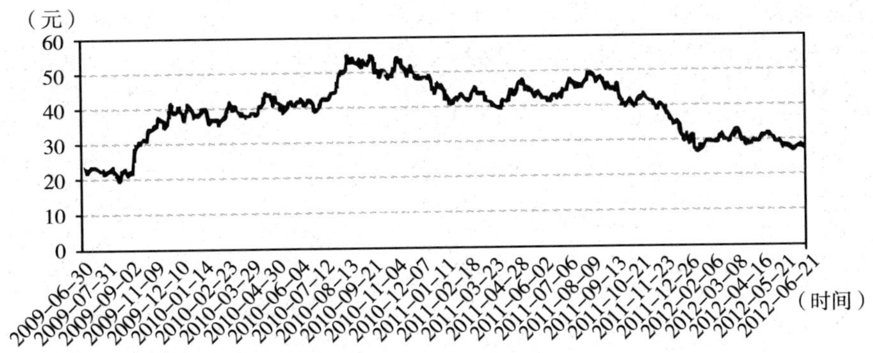

图1　重庆百货2009年6月至2012年6月的股价走势

然印着新加坡政府投资公司，高盛集团子公司，联想控股旗下弘毅三期基金等重量级机构的名字，引入外资来达到个人剥夺公司整体财产、控制公司的目的，其中的关系昭然若揭。

重庆百货发行股份本次发行后的股权结构见图2。

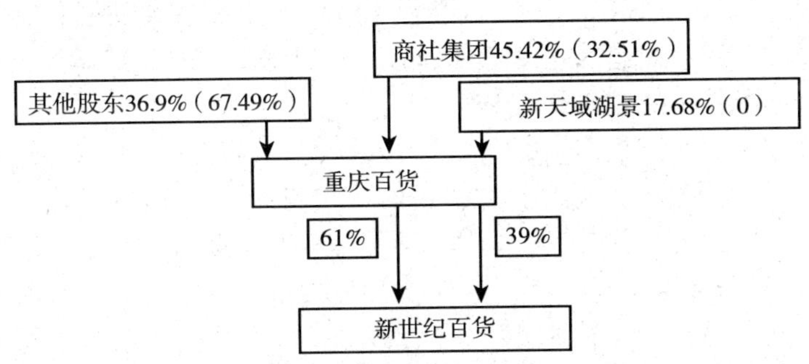

图2　重庆百货定向增发后的股权结构

可见新天域湖景从0股上升到17.68%股价就获利9个多亿。而商社集团是大股东始终未变，中小股东的股份比例从67.49%下降到36.9%，股权下降一半，受到严重伤害。

2. 一路慢跑盈利丰厚

事实上，重庆百货股价的不俗表现，源于重庆两大百货零售巨头的一项重大资产重组事宜。2012年10月10日，重庆百货拟以每股22.03元的价格，向重庆商社，新天域湖景增发约17 930万股，购买它们所持新世纪百货100%的股权。以2009年8月31日为基准日，其前20日的平均股价为22.99元/股，发行价格比较合理。但是公司从开始谋划

定向增发到最后实行，从 2009 年 9 月到 2010 年 12 月，历时很久，有充足的市场信息反映时间。2009 年 8 月至 11 月重庆百货股价走势如图 3 所示。

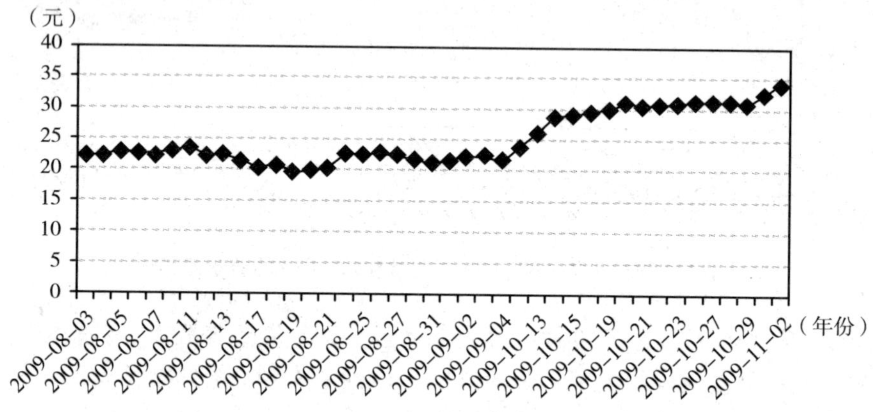

图 3　重庆百货 2009 年 8 月至 2009 年 11 月的股价走势

时间距离拉得很长，是发行进程不顺，还是有意促使股价狂涨？我们不得而知，但其股额解禁时间到 2013 年 12 月，其后续影响还会继续。

3. 公司是否真的需要定向增发

我们分析了公司在这段时期的盈利状况，我们发现公司的销售净利率、净利润与利润总额比、资产报酬率变化不大。ROA 有稍许波动，ROE 有较大变化。特别是 2010 年 12 月 31 日前后，各个指标都有较大波动。销售净利率变化不大，说明全额拥有重庆新百货后，没有带来整体的资源整合优势，净利润与利润总额比、资产报酬率的波动更能表明，重庆百货并没有多余的现金流来支持自己定向发行新股。就如其所述，此次并购的目的就是要消除同业竞争，减少关联交易。通过本次交易，能够在一定程度上解决商社集团及其下属企业与本公司之间的同业竞争问题，大幅减少本公司与关联方之间的关联交易，强化本公司独立性，进一步优化公司治理结构。定向增发的优势效应得到一定范围的显现，然而，公司的现金流不允许商社集团进行此次定向增发，也没有带来预期的资源整合效应，所以是弊大于利的。

五、结　语

本案例针对重庆百货对大股东的定向增发，研究了上市公司向大股东定向增发的方案实施过程中大股东和中小股东之间的利益匹配问题。定向增发作为一把“双刃剑”，一方面能提升公司价值，利用上市公司的市场化估值溢价（相对于母公司资产账面价值而言），将母公司资产通过资本市场放大，从而提升母公司的资产价值，从整体上发挥了积极的作用。特别是大股东可以注入优质资产，消除同业竞争，以及上市公司引入战略投资者和机构投资者改进公司经营和业绩，对于资本市场的长远发展有着重要意义。另一方面由于缺乏一定的机制约束，也助长了大股东套现和利益输送的意图，并在一定程度上损害了中小股东的利益。

本案例研究只是一个开端，今后的研究可致力于分析公司治理、市场治理环境和政府监管等能否有效抑制或减轻大股东在定向增发中的机会主义行为，从而可以使我们对定向增发有更加深刻的认识。我们要提醒广大中小股东对会计学科的关注，使其明白会计在投资者保护中的应有作用，从而可以缓解两权分离下委托人与受托人之间的信息不对称而带来的利益冲突，提高企业应用效率，保证投资者的知情权、决策权和收益权，并最终保障投资者的投资价值。

参考文献：

[1] 李增泉、余谦、王晓坤：《掏空支持与并购重组来自我国上市公司的经验证据》，载《经济研究》2005 年第 1 期。

[2] 刘峰、贺建刚、魏明海：《控制权业绩与利益输送——基于五粮液的案例研究》，载《管理世界》2004 年第 8 期。

[3] 陆建桥：《中国亏损上市公司盈余管理实证研究》，载《会计研究》1999 年第 9 期。

[4] 唐宗明、蒋位：《中国上市公司大股东侵害度实证分析》，载《经济研究》2002 年第 4 期。

[5] 朱红军、何贤杰、陈信元：《定向增发“盛宴”背后的利益输送：现象、理论根源与制度成因——基于驰宏锌锗的案例研究》，载《管理世界》2008 年第 6 期。

图书在版编目（CIP）数据

中国上市公司会计投资者保护案例库.2013/谢志华等编著.
—北京：经济科学出版社，2014.5
（会计与投资者保护系列丛书）
ISBN 978-7-5141-4614-1

Ⅰ.①中… Ⅱ.①谢… Ⅲ.①上市公司-会计分析-案例-中国 Ⅳ.①F279.246

中国版本图书馆CIP数据核字（2014）第085245号

责任编辑：齐伟娜 易 莉
责任校对：杨晓莹
责任印制：李 鹏

中国上市公司会计投资者保护案例库（2013）
谢志华 张宏亮 王峰娟 穆林娟 等/编著
经济科学出版社出版、发行 新华书店经销
社址：北京市海淀区阜成路甲28号 邮编：100142
总编部电话：88191217 发行部电话：88191540
网址：www.esp.com.cn
电子邮箱：esp@esp.com.cn
天猫网店：经济科学出版社旗舰店
网址：http://jjkxcbs.tmall.com
北京季蜂印刷有限公司印装
710×1000 16开 15印张 240000字
2014年5月第1版 2014年5月第1次印刷
ISBN 978-7-5141-4614-1 定价：38.00元
（图书出现印装问题，本社负责调换。电话：88191502）